HANG ON TO YOUR
DREAMS

什麼鳥事都可以輕鬆面對

房仲人生 掌聲響起

活動企劃大全

公益無所不在

有設計有保庇

推薦序

　　很高興看到小慈出書了，幾年前她就跟我提過想要出一本書，我本來以為她只是說說而已，想不到竟然真的完成了！恭喜小慈，不過話說回來，跟她「說到做到」的個性也相符合，所以當小慈希望我幫她的書寫序時，我也就一口答應了。

　　在小慈身上我看不到負面的影子，聽不到抱怨的聲音，永遠充滿熱情的個性，原來是從小慢慢養成的，她在 100 年 12 月加入太平洋房屋到本書出版為止 4 進 3 出公司，為了完成她人生階段性的大事「生孩子」，歷經了千辛萬苦，但我從來沒有聽她喊苦過，這就是造窗的女孩 - 超業小慈，很多人在進入房地產後，對利益看得過重，或許有賺到一些錢，但卻沒什麼知心的朋友，生活也過得不快樂，但就如同小慈在書中所講，她經常義務地幫公司做行銷、企劃、設計、主持活動的工作，這些都是用她自己跑業務的時間來做，從不計較，換作一般人可能會找各種理由推掉，但我想小慈內心所獲得的成就感及快樂，肯定遠超過金錢所帶來的短暫快樂，就如同書中所說，她是一個內心富足的人。

　　本書的出版，我想會激勵許多人產生正面的想法，我一拿到初稿，一個晚上就讀完了，因為本書用詞淺顯易懂，用口語化來描述事情的過程，在書中看到小慈充滿智慧，高 EQ 的處理事情方式、源源不絕的熱情，在逆境中永不妥協的性格，充滿正義感的處事風格，不計較、不抱怨的工作態度等 ..，有許多是時下的年輕人所欠缺的，希望本書能讓更多人有所共鳴，激勵他們以正向的善念去面對工作、生活及家人，因此我極力推薦本書。

太平洋房屋台中區加盟總部　總經理 - 賴坤成

推薦序

　　老鼠籠也可以拿來做行銷工具，讓人會心一笑，達到廣告行銷的效果，這個點子我想只有「超業小慈」想得出來，這位活潑風趣、鬼點子又多的小女生，不僅多才多藝、活力十足、感染力超強，有她在的地方總是歡笑聲不斷，跟她共事後，發現她有「雞婆」的特質，樂於主動幫忙，例如：幫同事拍形象照、設計DM、公司辦公益活動、尾牙等，活動企劃、主持她也都義務幫忙，更提供專業建議以達到最完美的效果。對接案委託的房屋更是用心，給予屋況建議、打掃或裝飾擺設，增加房子的賣相，因而贏得客戶信任及吸引許多的粉絲，房屋仲介的業務人員需要不斷的學習專業及重視服務，工作壓力大，但很有挑戰性，要做好不容易。

　　社會大眾有些人對於房仲有著許多負面的評價，小慈曾說她想寫一本書再拍成電影，以自己從事房仲的實際經驗，來讓大家了解真正的房仲人生，去年一個意外的驚喜，讓她必須足不出戶「危機就是轉機」，反而讓她有時間把「造窗女孩」這本書完成！

　　她筆下的房仲不再是沒人性，為了成交不擇手段的黑心仲介，大多數房仲都和小慈一樣，每天勤奮認真，大熱天揮汗如雨，寒風中不畏天寒，就為完成客戶的託付而忙碌著，小慈用風趣幽默的文筆內容和我們分享她的成長背景及工作。她不是人生勝利組，一路走來跌跌撞撞並不順遂，但她沒有任何抱怨，而是用樂觀、自信與堅持來翻轉人生，更用自己的專長，在付出中不斷學習，累積實力與經驗「自助助人」，有句話「付出才會傑出」，付出是成長的最好機會，因此我推薦這本書給大家。

太平洋房屋七期惠中加盟店　店長－林美華

自序

　　沒有名人推薦，沒有文壇巨擘幫我寫序，更沒有參雜其他人想法的一本裸書，完完全全只想呈現最真實的自己，從寫作、編輯、設計、排版、印刷到出版皆由我一人完成，足足花費將近一年之久，每天關在小房間裡埋頭苦幹，或許更像懷胎十個月的母親，努力生下孩子時所懷抱的一種責任感，而驅使我完成這本書。

　　書名「造窗女孩」是老公想的，我跟他說：「我想寫一本書」他問我是什麼內容？我說：「是一本我的經歷，不管遇到什麼鳥事都可以轉為正能量，希望可以幫助這個社會，讓大家樂觀起來」，他說：「那就叫造窗女孩吧！」我說：「怎麼覺得會被叫（痔瘡）女孩」不過，的確也是「製作窗戶」的女孩啊！哈！大家開心就好！

　　造窗女孩意旨－「老天為你關了一扇門，就會再為你開一扇窗」，但通常老天爺很忙，您必須時時為自己造窗，窗外的美景由你決定，窗是機會、美景是心態的轉換，世界上的美景都因你的心境去改變！現今社會，樂觀才是財富。

**　窮鬼笨小姐如何從文理白痴找到天賦，在不靠任何人的情況下，從零存款到成為房產「百萬經紀人」？**

**　　菜鳥如何在入行一週內，簽到「四億五仟萬」的委託？打破當時公司最高委託金額紀錄。**

**　　被迫六進五出房地產，沒有任何業務技巧，依舊可以成為房仲超業的秘密，真心分享！**

完整描繪我荒唐又奇妙的人生，人生的路上我沒有靠山，只有努力奮鬥才能讓自己擁有安全感，不要輕易把夢想寄託在別人身上，因為未來是你的，只有你能夠為自己造一扇美麗的窗，這一秒不放棄，下一秒就會有奇蹟，命是上天賦予您的，運是自己給的，無論你是誰，希望這本書有那麼二三個句子點醒了你的想法，在你的心靈上、工作上、興趣上有所突破，豐富你們的人生。

寫書的本意是發現周遭許多朋友，整天怨天尤人活得不快樂，我沒辦法一個個帶給他們「正能量」，在某次偶然機會下，一位老師說：既然妳有這個心，何不寫成書跟大家分享呢？也是一種「另類的公益活動」，**散播歡樂、散播愛**的概念，覺得老師說的有道理，我想這是個好方法，希望把這個意念傳遞給需要的朋友，錢夠用就好生活超脫，走出自己想走的路，幫助社會和諧及家人朋友客戶，對於我來說這才是人生中最大的收獲及使命。

馬雲說：「阿里巴巴成功，因為沒有錢、沒有技術、沒有計劃」
而我：「因為本來就一無所有、零存款、零智慧、零技能，所以每件事對我來說，都是加分的」。

火星爺爺說過，別只看你「沒有」的東西，要向你的困境借東西，跟「沒有」借東西。

金.凱瑞（喜劇演員）「做你不想做的事，你可能會失敗，還不如給自己一個機會，做你愛做的事。」

改變從一個念頭開始，你須具備轉念的能力，有了負能量才會轉為正能量，因懶得走路負能量才會發明出汽車變為正能量。

吳淡如說過「當自己的伯樂」，如果成功者是千里馬的話，那根要自己跑快一點的鞭子，百分之九十九是握在自己手中的，方向也是自己操縱的。

　　「自己的名字」是人生最重要的標籤，而不是名校、大企業、高薪、高職位，所以請好好打造自己的品牌！！

　　接著帶領大家一起來看看，我到底如何從一個國英數、地理、歷史、物理、化學都爛到爆炸的學生生活中，找到自己的天賦，在不靠任何人的情況下，從零存款到成為房產「百萬經紀人」的過程，也想證實自己讓父母親知道，不愛讀書、成績爆爛的我，現在非但沒有失業，還有一雙強而有力的翅膀！

　　寫這本書的衝動是因為 104 年 8 月太平洋房屋台中區加盟總部總經理包場請同仁看了「賈伯斯」電影，在故事中賈伯斯的內心世界，似乎喚起我不安的靈魂，他致力於用「**熱情**」讓事情不同，**他要的從來不是錢，他不以自己擁有多少東西來衡量生命的價值。**

　　劇中的他很清楚自己要的是什麼，雖然他一度被蘋果開除，但他依舊鍾愛它。他說：「**他的目的並不是作為最富有的人而死去，而是每天晚上上床的時候，覺得自己跟團隊幹出了非凡的事業**」，電影看到最後一刻，我的眼淚也跟著滑落，因為很像內心的自己，很清楚自己要的是什麼，叛逆的做著自己認為對，而卻一直被大家質疑的事！

　　出這本書時，是我六進五出房地產業，不得以的情況被迫離開五次，但我鍾愛它的心一直沒變，就像賈伯斯所說的「**你必須找到你所鍾愛的東西，因為它是你成功堅持的動力**」。

2017 年的夏天，我懷孕了，但卻沒辦法像一般人一樣分享這份喜悅，一則喜一則憂，喜是因爲我體質特殊，不容易懷孕，若懷孕也會早產，心情在喜與悲之間交替，因爲我曾罹患「子宮頸閉鎖不全」的症狀，這個症狀若您沒有懷孕過，您不會知道您有這樣的症狀，它就像是一顆未吹氣的氣球，您沒有吹大它，您不知道原本它有裂痕！！所以通常第一胎都會失去！！

　　第一胎沒有保住孩子，這次在三個多月時就進行了「環札手術」，手術後大部份的時間都得在床上渡過！每週要到醫院打二針安胎針，環札手術只是預防還是有失敗的風險，所以每天都在數羊，過著渡一天算一天的心情，這時的自己像是沒有翅膀的老鷹相當無助，沒有什麼太大的願望，只求肚子裡的寶寶至少撐到體重不要太輕，若是早產還可以存活，頓時我得面臨最殘酷的事實，我的工作又得放下？但業務單位殘酷的是，沒業績就沒收入，重要的是客戶託付給我的任務，我不想再因爲生孩子的事去擔擱，五年來我已經爲了生孩子、流產、再努力做人，荒廢了三年多的歲月，每一次的重新開始都是如此煎熬，這樣的心情我想只有女人能夠明白！不是女人沒有能力，而是女人需扮演的角色太多。

　　我這匹野馬現在不能在草地奔馳，只能在籠子裡躺著，左手在高職時肌腱發炎，一直沒好過，左翻就酸痛，只剩右翻，吃了東西就要馬上躺在床上，造成胃食道逆流，初期容易餓沒味口又想吐真是無奈，慶幸我的窗邊是一抹綠油油的田園美景，朝東南吹拂著徐徐微風，讓我在床上的這近 8 個月裡的不適，感到一絲絲的溫暖！！

　　這段時間不是在床上寫作、醫院，就是在去醫院的路上，最厭惡打針的我，在這個時刻居然愛上了一週一次的安胎針，才可

以讓我出去透透氣，普通到不行的道路，這時也顯得格外美麗！！

　　我知道自己必須馬上轉念，不可以把負能量積在心中，寶寶也會受到影響，這段期間我沒有你們方便，但身邊的天使倒是挺多的，在哪也沒辦法去的情況下，我開始計劃這八個月的生活，還好雙手雙腳還可以動，我還有腦，還可以設計，還可以 po 文章，還可以打電話聯絡客戶，在家坐著輪椅移動著身軀，請人幫我代購一些信封、信紙、文具，還好網路購物也很方便，希望在自己的努力下，還是可以透過網路，帶給大家歡樂及收獲，也下定決心這次一定要完成這本書！

造窗心情：
我想這是老天設下的陷井，知道我是一匹野馬，無法自行停下腳步好好完成這本好書及學習更多的一技之長，總之感謝老天爺的用心良苦，也謝謝我的家人及老公、老公的家人，體貼的照顧，尊重我的一切 ！！

　　這是第二次懷孕，從我出生到現在，並沒有真正的自然懷孕過，以前是吃排卵藥才懷雙胞胎男孩，可惜五年前因為罹患「子宮頸閉鎖不全」在 20 週的時侯，早產失去了寶寶！！

　　第一段婚姻的失敗，我檢討了自己，對方希望另一半在家做家庭主婦，而我這匹野馬要的卻是有價值的人生！經過一段時間溝通，彼此給了對方祝福，劃下了完美句點，我常常到廟裡也不忘祈禱，他可以找到一個適合他的女孩，為他生個健康寶寶，祝福他永遠幸福美滿！

愛情沒有對錯，分手不是誰不好，只是彼此對於未來的夢想不同，人的心智、思想，隨著年齡改變，在每個階段都會有所調整，用健康的心態去面對曾經的另一半，對於彼此都是一種成長！每個人都該不斷的充實自己，使對方深深被自己吸引著，每個人都是獨立個體，有自己的思想、自己的夢想，是該尊重彼此，才能一起在天空中翱翔。

這次的愛情是我夢寐以求的對象，雖然不是高富帥，但在工作上、心靈上跟我是契合的，一直以來我就希望找一個在工作上與我有所連結，相輔相成，支持我的夢想，對於興趣及夢想我們也有各自的目標，自動自發不互相影響彼此！！

我不害怕考驗，只是沒辦法接受還沒去挑戰就直接放棄，我的體質也被醫生宣告懷孕機率只有 10%，而我也很清楚，八字無食傷也沒什麼機會有孩子，剛好這一年流年走到了食傷，有機會懷孕，過了黃金時期，我想也不會再有機會，如果我沒好好把握這次的機會，我想我的父母也會擔心我未來有沒有人照顧！！一切的一切環環相扣，蝴蝶效應！

我的人生閱歷豐富，但卻有了這個遺憾，實在不甘心，我不喜歡向命運低頭，人生是一場賭注，我相信人在做，天在看的道理！真的沒想到奇蹟真的出現了！！

造窗心情：
正面思考，相信奇蹟，它就會實現，命是上天給的，運是自己改的，佛經裡常常分享許多的小故事，在你無私、心甘情願的奉獻下，福報將在本世就會回到你身上。

「心動奇蹟」

　　二〇一七年某天，591 售屋網上來了一通電話，當時她看的是一間三房的大樓 !! 她一直強調客廳要寬敞，我們約了碰面看屋，帶看的過程中，詢問了一些問題。

我：請問家裡有幾個成員？
她：只有我跟一個孩子。
我：姐姐您的孩子是國小吧 !! 那房間很夠用喔 !!
她：我的孩子才一歲喔！
我瞪大眼看著她：哇 !! 真的假的，姐姐妳怎麼辦到的呀！（覺得自己反應很大真的很瞎！）

　　姐姐覺得我的反應很好笑，二個人瞬間像朋友一樣的聊天，她說她很少跟房仲這樣聊家務事，她說因為我給她感覺像朋友，不像死愛錢的房仲 !!

　　她說：家人剛過逝，心情大受打擊，醫師建議她，如果有個孩子可以幫助她的心情，於是她像我一樣大膽的嘗試了不可能的任務，畢竟她是 40 幾歲，也從沒懷孕過，可以懷孕也是一場奇蹟，至少對於我來說是個傳奇，而且又是聽本人親身體驗！之前都是別人親戚的誰誰誰，都不知道到哪世紀去的人介紹的中醫，我已經看到失去信心，因為每個醫生！握著我的脈搏都說同一句話：妳的身體很虛，很難受孕喔 !!

我：我可以配合吃中藥啊 !! 多久可以有機會？
他：沒辦法跟你保證！
我：我可以吃「煎的藥」

他： 一樣沒辦法保證！

　　這種中藥一帖都好幾百塊，也不知道噴了多少錢去了，這次我請教了姐姐，告訴她我的過去，姐姐也不藏私的分享，在台中市北區有一間「宏安中醫」，她特別警告我，如果沒有毅力可千萬不要嘗試，我心裡奈悶著，但也不疑有他！！

　　當天看診時間是下午三點開始，下午一點半開始掛號拿號碼牌，我一點半掛號拿到的號碼牌居然是 68 號了，怎麼回事？原來這就是姐姐一開始說的，如果沒有毅力可千萬不要嘗試的意義！！好吧，就等吧都來了，總要看看這醫師的盧山真面目才甘心，等到六點才到我，都在現場睡二輪，一個下午都沒了，一開門就傳來強而有力的招呼聲！！

醫師： 怎麼啦！
我頭低低的： 我想懷孕。
醫師： 手拿來！！（按著我的手）有對象了嗎？
我： 有（醫師都問的很直接，但很親切）
醫師： 沒問題，半年內，乖乖吃藥保證讓妳懷孕！（這輩子只有他給了我希望，給了我時間點）
我瞪大了眼： 真的？可是醫師我還有「子宮頸閉鎖不全」的問題
醫師： 小事，先懷孕再做環扎手術，乖乖躺在床上休息就可以了！
我： 好！
醫師： 加油呀！辛苦了！（很有精神的跟我打氣，這才是醫神）

　　終於準備領藥了，先拿了藥粉一天三次，明天再來拿「煎藥」，天啊！！真的是好事多磨，今天已經去了半天，走出中醫診所都天黑了，明天還要再來拿藥，一星期來看一次，根據這次的經驗，

下次要提早出發排隊！第二星期我中午十二點就到了，嘿嘿！！ 第一個了吧！還好我冰雪聰明，準備了洋傘跟折疊小椅凳，頂著 38 度的高溫不到 3 分鐘陸續開始有人在門口排隊了，都是女生！頓時覺得女人真的很偉大！不過，算了一下早點來也是要等到三點，只是等前還是等後罷了，不過我想這個方案是設計出來的，因為醫師知道想要懷孕的人很多，希望利用這樣重重關卡的方式，考驗大家的毅力，因為他希望幫助到的是有恆心有毅力的人，當時還有搭配同事介紹的「清亮婦產科」賴醫師，每次都很細心溫柔的提醒，他也幫許多不孕的女生順利懷孕，診所裡都是感謝函呢！

造窗心情：
雖然明知機會渺茫，但在老天創造機會給你時，你要好好把握機會，老天爺只會給你一扇窗，而要如何開啟及外面的風景就是由您自己決定了，正面積極的態度才會將您帶領至更美好的人生。

重男輕女的時代

　　我出生於一九八三年，那年父母親剛從鄉下南投搬到台中市創業，當初巷口聽媽媽說是一片稻田，沒什麼房子就是個鳥不生蛋的地方，而現在已是精華地段，捷運雙捷站旁！那個年代不曉得是流行重男輕女，還是奶奶個人的喜好，硬是要父母親生個男孩，當時醫學不夠發達，沒能檢驗出我是男是女，我想若當初可以檢驗出男女，今天應該沒有造窗女孩了。

　　我是家中的老么，上面有三個姐姐，可以想像我出生的畫面，大家圍在產房外等消息，護士抱出來還來不及開口，就一群人七嘴八舌的議論紛紛。

A：光頭耶！太好了，肯定是男娃。

B：哭聲這麼嘹亮、中氣十足啊！肯定是個男娃。

C：拳打腳踢的，體型結實，肯定是個男娃。

護士：你們都猜錯了，是女娃。

看見大家失望的眼神望向奶奶，奶奶低頭不發一語回家了，在我不到一歲時，奶奶抱著我，帶著爸爸媽媽想去跟別人交換一個男娃，當奶奶抱起那男娃對著我爸爸說：這個好不好。

爸爸霸氣：要抱的，自己養（台語）。

老媽說那時她覺得老爸帥呆了，男人就是要這樣，在怎麼樣也是自己親生的好。

奶奶的一舉一動肯定傷了我母親，她背負著生男丁的壓力，直到奶奶 97 歲過逝的前一晚，對著我母親說：其實生女兒也不錯啦！體貼又孝順，母親落下了這三十幾年來委曲的淚水，隔天奶奶安詳的離開了人世！這個故事都是長大聽媽媽說的，那時奶奶生了 7 個男孩，一個夭折，所以她覺得生男生很重要，也很容易！

奶奶因為後期生病，都是媳婦在照顧她，畢竟男人照顧媽媽會尷尬，男人幫媽媽洗澡也很怪，所以媳婦就接下來做，奶奶看在眼裡感動了！媽媽這才放下了三十幾年來的壓力！而我也是想證明給奶奶看，誰說男人才能有出息！女人一樣行！

造窗心情：我安慰媽媽，當初男丁都給奶奶生完了！妳當然生不出來啦！反正也沒差，妳生我的時侯一定是一直想著要生男的，所以我除了性別是女生之外，沒有一個部份像女生！可以把我當男生用，惹得老媽哭笑不得。

放對位置很重要

我天生不是讀書料，翻開書本想睡覺。
你讓一隻魚去爬樹，牠只會認為自己是個白痴。

　　媽媽說我從小個性獨立，使她很放心的去工作，幼稚園就讓我自行走路去上學，不好意思學校不是在家的對面，要走上一公里的路程，佩服老媽的勇氣，都不怕我被挷架！

美麗的錯誤，啟發了繪圖之路

　　幼稚園就只知道吃喝玩樂，到了國小一次美麗的錯誤，啟發了我的繪圖之路，那年我小二被老師抽到低年級繪畫比賽，那時可以把圖拿回家畫，我很賊的請大姐幫我畫，果不其然得了低年級第二名，我很榮耀的面對台下二千多名同學，仰著頭步上升旗講台領獎，那時還小不懂什麼叫羞恥心，興高采烈地抱著頒獎禮物衝回家，尋找著在廚房烹飪的老媽告訴她。

　　「媽，我得獎了耶！」老媽拿起我的戰力品看了一下（一盒藍色原子筆，那時這樣的禮物對我們來說就是個寶了）「那又不是妳畫的，有什麼好高興的」老媽說話就是這麼酸溜溜！當下的我低著頭，好失望的走回房間，覺得我做什麼媽媽都不滿意，看著那張獎狀，面對鏡子告訴自己，妳能不能靠自己拿個獎呢？讓媽媽刮目相看？

　　國小說實在的真的沒什麼自信，因為長得黑又醜，活像個外勞，還缺了一顆大門牙，二姐那時已是國中堪稱校花之姿，她常

常在鏡子前梳理著頭髮，眼睛餘光瞄到我，就會酸酸地說：「奇怪，我長得這麼正，怎麼會有這麼醜的妹妹呀！」我當時還小也不大懂她的意思，只知道自己長大一定也要變正妹，而且必須多才多藝幹掉二姐才行！！

造窗心情：
一個人的潛能，往往是被一句酸溜溜的對話給激發。1915年諾貝爾文學獎得主 Romain Rolland 曾說過：「沒有暗礁，激不起美麗的浪花」感謝二姐的激發，如今的我已成為自己的 MR. right

週記心得分享，永遠突破不了的乙下

　　國小高年級進入叛逆期，活像個大姐頭跟同學收保護費，成為不愛讀書的問題兒童，下課還跟同學打架，都打贏了，因為打不贏的話，回家就會被發現鼻青臉腫！又要說謊太麻煩了！

　　國中開始照樣與書絕緣，老師每週都要我們閱讀一本書籍，並寫出心得，這本書叫「週記」，我永遠都只能拿到乙下，實在不明白，為什麼一直是全班最低分，不甘心，一直重覆反省自己！

心得：我覺得它寫得很好……………………老師評語　乙下
心裡一直認為，一定是老師不爽我在校表現不佳，才故意給我這樣的成績，心想也許是我表達的不夠明確，於是第二次的週記…
心得：我覺得它寫得「真的非常的」好……老師評語　乙下

我真是心裡萬念俱灰，了無生趣呀！！

造窗心情：

現在回頭想覺得好笑，明明就是自己國文造詣太差，還一直怪罪老師不公，原來心得是要寫出自己對於這個故事的「獨到見解及看法」，不過現在的職場上，偶爾還是會在講台上聽到「我覺得他說的很好很棒」這樣的心得分享，心裡會心一笑，還好我長大了，而他們還是一張白紙的小鮮肉，有一天他明白了，也會回頭笑笑自己當初純真的樣子！

國中闖禍趣，偽造文書

國中我老愛跟隔壁同學聊天，聊到一直被換位置，換到快沒位置了，最後坐到疑似自閉同學旁邊，才稍微安靜了下來，我開始上課畫搞笑漫畫給同學傳閱，大家便開始流行起傳簿子聊天，老師只要一轉身寫黑板，大家就開始傳簿子。

一次 A 及 B 同學的簿子掉到地上被老師發現，老師一打開看到在寫他的壞話，就很不爽的把那二位同學帶去訓導處，我還在竊笑之於，老師迅速轉過身，比著我的鼻子「還有妳也給我過來」我心裡覺得不服，他們二個寫的關我屁事啊！幹嘛叫我去。

我不悅的問老師：又不是我寫的，為什麼要叫我？

老師：我的綽號肯定是妳取的，對不對！

我：⋯⋯⋯⋯⋯⋯⋯（因為我一向不愛說謊）。

老師立馬打電話給我們三位同學的家長，請他們來學校喝茶聊天⋯⋯⋯⋯⋯⋯

回家後，在媽媽心中我又記了一個小過，老媽氣還沒消，我又再度捅了另一個簍子。老師又打了電話給我媽，請她到校一趟「妳女兒的聯絡簿自己簽名，您知道？」老媽看了簽名一眼再抬頭

看我一眼，我對她扎了扎眼，很有默契的不發一語 。

　　事實是這樣的，我的智商總比別人晚三年成熟，我的腦跟魚一樣，只有7秒鐘的記憶，數學天天考二題，一題50分二題100分，我幾乎天天吃鴨蛋罰跪在講台前上課，每天聯絡簿老師都有評語，天天吃鴨蛋，你說評語會有多好聽，擔心老爸工作很辛苦心臟不好，看了高血壓飆漲就不好了，用這點安慰著自己內心深處的小聲音，默默地自己簽了一整個學期的聯絡簿。

　　有一天，突然良心發現，一早六點半把爸爸挖起來簽名，沒想到老爸眼根本沒張開，直問簽哪？我比著這，老爸一橫一豎的把「張」給簽好了，我一看「完蛋了，簽這麼醜怎麼交代，算了，也只能送件了。」果然老師一看就知道這不是「家長」簽的，所以，老媽看了我一眼，我們二個人就明白了，之後，回家老媽還是叫我繼續簽吧！我可不想整天去學校報到！哈哈！你說是不是很瞎！

造窗心情： 正統的程序適合一般的家庭，但對於每天疲於奔命的工作，還有四個孩子的父母來說，或許孩子的成績與聯絡簿已不是重點，他們只求溫飽平安健康不要鬧事即可，我也無奈自己就不是讀書的料，若害父母氣得心臟病發就不好了。

畫什麼死人骨頭，沒前途

　　老師得知我小學參加繪畫比賽得獎（其實是大姐畫的），便安排我參加班上的壁報比賽，記得那次我正在畫設計圖，媽媽很氣憤地衝進房間，把畫紙抓起丟入垃圾桶「畫這什麼死人骨頭，以後是要當乞丐嗎？還是想要以後在公園當畫家？畫一張200元，妳會餓死（台語）」妳給我好好讀書就好，其他都不要給我想，

搞不懂妳在想什麼？ 看著氣憤的老媽，只好收一收睡覺了，半夜等她入睡再起床偷偷完成，畢竟這是老師交代給我的作業，也是唯一有興趣的項目，我不想放棄機會！ 皇天不付苦心人，作品得到了全校第三名，心裡暗暗地高興著，這次得獎沒有讓老媽知道，怕她又大抓狂，原來我還是完成了作品去比賽！

造窗心情：
人生的道路中，總會有些意外插曲，清楚明白自己的缺點及唯有的方向，沉穩低調的進行著，跟自己玩著獨角戲吧!!
感謝大姐一次無私的協助，將我推向「畢卡索」的繪畫之路

美術天才與文理白痴

國英數文科、理科、地理、歷史只要是要背的，我全部沒辦法，真的不誇張，差一分打一下，我的手掌天天是紅腫的回家，每週只有一天是快樂的，就是週三的工藝家政課，唯一有興趣的一門課程，老師溫柔善解，我的作品幾乎都是 100 分，我的天馬行空在作品上是發揮的淋漓盡致、如火如荼，在美術方面覺得自己是個天才，但在文理科怎麼好像是個白痴，到底是怎麼一回事？ 要我這麼小就要去思考這麼高深的問題是不是太殘酷了呀！

老師常常用驕傲的眼神，頂著我的作品給同學看，細細地介紹我設計的精髓所在，但我個人覺得他們聽不懂，大家的頭就是歪歪的看著作品，活像隻聽不懂人話的毛小孩！

我的作品為何會跳脫老師的想像，我想和教育有關，也許我的同學家境都不錯，從小就是在華麗的幼稚園渡過父母接送，老師的教學也是傳統方式，所以大部份的孩子對於美的事物，思維

概念相同，做出來的作品也就會雷同。

　　而我的命運不同，父母親要工作，還要處理我們四姐妹的上課時間眞的不夠用，所以幼稚園我得自己走「一公里」的路程上學回家，從沒抱怨過，也許無從比較，也認爲是正常的，長大才知道自己眞了不起，哈哈！

　　所以更別說上什麼才藝課了，原來一切的作品都是因爲「沒有框架」中發揮出來地罷了，老師說我的作品「是一個有劇情地畫面，不是平面式的作品」很深奧吧！當下智商沒到那也聽不懂，事隔 20 年終於明白箇中道理！

造窗心情：
原來「沒有」才是最珍貴的才華，如果你現在一無所有，也不用羨慕別人的榮華富貴！因為做最純粹的自己才最珍貴！

150年前的馬車，至今已進化成法拉力，150年前的傳統旋轉電話筒，至今已進化成智慧型手機，而150年前的田鴨式教育，學生坐在教室面對黑板上課，至今學生上課的方式依舊沒有改變，值得深思！

五音不全到天衣無縫

　　我喜歡哼歌，但五音不全穩定度不夠，有天在家一邊洗澡哼著喜歡的歌曲，被大姐大罵一頓：很難聽耶！可以不要再唱了？當時心裡很受傷，心想妳爲什麼要剝奪我這麼點小小的興趣？

　　當時，大姐的歌聲不得不承認，的確猶如天籟般地悅耳，心

感羨慕，但心裡覺得我真的沒辦法超越她嗎？ 歌聲真的是天生的嗎？不能後天訓練嗎？於是自己開始當起自己的教練，每當全家人一起出門玩，我總是找藉口不去，關在沒有對外窗的房間裡，練習高音穩定度，一開始得忍受自己活像殺雞的歌聲，一首戴愛玲的「對的人」一開始五音不全，高音也上不去，瘋狂破音漏風，如果被鄰居聽到這殺雞聲，肯定被丟整箱雞蛋，還好家裡是透天隔音效果佳！也沒辦法去管理室客訴我！哈哈！

這首歌來來回回唱了有 1000 次左右，唱到想吐！卻成功地將我的高音推向極限！以前都只能在 KTV 包廂內唱歌，現在可以自信地在公開場合唱歌，再也不怕被丟雞蛋了！大學生活會提到歌唱比賽的故事，在這不加以贅述。

造窗心情：
每件事的成功與失敗都在一念之間，當下你可以恨她，不做任何的改變，或是像我一樣「轉念」，原本是想證明自己的能力不輸姐姐，卻意外地蹦出音樂上的火花，再次感謝大姐激發。

工科全班都是女生的秘密

高職在校也算是問題學生中的「風雲人物」，怎麼說？ 在電影中的男主角總是那種壞壞的，在校整天鬧事，但卻很有正義感的人，沒錯吧！高職因為成績差，考上了工科學校，對於電子、資訊完全不在行直接不考慮，本人唯一有興趣的只有繪畫，於是選擇了一個看似合適的「建築製圖科」，以為工科都是男生，還幼稚的幻想過可以當科花也不錯！ 雖然那時我留著一頭帥氣短髮外型很 man，但至少還是個女兒身，可以當帥氣的科花好嗎？

開學當天我一走進教室空無一人，只看見黑板上寫著大大的字「請報到的同學，將桌椅搬至一樓操場」，我把背包斜甩在肩上後，將咖啡色橫條木頭椅反掛在桌上，二手一蹬將桌椅輕鬆扛在肩上，右手還有空位再拿一個木頭椅下去，走到一樓時。

一群女生看著我：好 man 喔！！
其中一名女生：妳……是 XX 一甲的嗎？
我：是啊！！這要放哪啊！！
一群女生交頭接耳：天啊！！妳是超人嗎？妳一個人拿三個，我們都二個人拿一張桌子也！！

就這樣，我高職的綽號誕生了，就叫「阿超」。

人如其名啊！！除了性別是女生之外，似乎沒有一點像女生，回到教室後，大家坐在位置上，我仔細張望才發現，怎麼全班都是女生？我好奇地問了前後左右的鄰居，她們的答案居然一致，「我以為建築製圖都是男生，我就可以當科花了」我差點沒從椅子上摔下來，大家是哪來的自信啊！！不過我細細地觀察，每個女生還都真有特色耶！有外型甜美、陽光、健康、帥氣，還有一種是妖氣…………「腰瘦水」啦！

新生訓練-發揮團隊精神勇奪冠軍

台中市某私立高級工商職業學校，軍歌比賽從創立 28 年以來一直由商科奪冠，而到我們這屆血恥奪下軍歌比賽女子組總冠軍，只能說我們科的女生不止有顏質，還很有氣魄！為什麼要新生訓練？其實我也不是很清楚，「新生訓練」就是一群完全不熟的人，要裝熟一起完成不可能的任務，需在短時間內達成團隊默契，誰默契最好，誰就贏得「冠軍」。

我們班因爲一群「自戀」的女孩組成了一班，參加女子組的比賽，一直以來默契最好的就是商科，可惜他們遇到我們這批「自戀」的女孩，只能說「踢到鐵板」了，哈哈！！

　　攝氏 38 度的天氣，大家擠眉弄眼，帶著不耐煩的情緒，不積極的態度，使美麗的班導很無力感，經過溝通班導設出誘因使大家重振勢氣，如果拿下冠軍班導請吃雞排，大家也太好收買了吧！其實不然，潛能是被激發的，因其他女子組不屑的瞄了我們一眼後，認眞地排練著，我召集同學圍成一圈，加油添醋的敘述著其他女子組的「嗆味」，就爲了激起他們內心想贏的潛能，不安的靈魂，果然都是女漢子，沒打算輸的氣勢已被啓動！！

　　現在必須短時間內選出領導者、發號司令者、軍歌指輝者、隊型編排者等……我被選爲發號司令者，跟著大家的步伐報數 1112　1112　1112 ，第一天拿著稿子對著練唱，赫然發現大家都是歌后，居然很有默契的找到自己的音域，甚至還 free style 的加上合音，肺活量之強大，經過二天的苦練步伐、歌曲，終於到了決賽時刻，整齊的步伐、一首「國家」同學雙層合音技巧高超，加上指輝時快時慢地節奏，瞬間感動人心！！

　　評審們一個個閉上雙眼，仔細聆聽享受這美麗的時刻，有種「花木蘭代父從軍」的氣勢，一首「國家」唱到連自己都被感動了！淚水在眼框不停地打轉，當司儀宣佈女子組冠軍爲「XX 一甲」時，眼淚不爭氣地落下，大家抱在一起，很想衝回家跟老媽說：　媽，我們創下二十八年記錄了，第一次女子組冠軍是我們工科！！

　　過癮地比賽完，在旁細細回想這三天的訓練意義，明白了箇中道理，校方爲了使各位明白什麼叫做「團隊精神」，特別設計

一首軍歌，使大家投入合作唱出感動人心具有影響力的歌聲，也創下了二十八年來的記錄，我想這樣的記憶將留在我們 XX 一甲每個人的心中，不知道一甲的同學是否也都還記得呢？

造窗心情：

潛能是被激發的，沒人願意成為失敗者，上天給了你平台機會，你就得相信自己、發揮極緻，創下自己的紀錄，慢慢地你會相信能量是會改變命運的！

與死對頭的第一次接觸

　　由於身高的關係，我被分配到最後一排，旁邊坐著一位「皮膚黑嚕嚕，全身長滿手毛，嘴裡還含著二條香腸」的不良少女！她是我的死對頭兼死黨「阿輪」，眼睛看起來永遠都沒睡醒的樣子，黑輪黑輪的，所以我給她取了一個綽號叫「阿輪」，看來她不是很滿意，不過大家可是叫的順口。

　　某天，她的椅子不知道是怎麼樣矣歪矣歪的，我用 90 度斜眼瞄了她一眼，她單腳踩著桌子底下的橫桿，翹著二郎腿前後搖晃，嘴裡還嚼著葡萄口味的飛疊口香糖，我們二人眼睛對上三秒之久。

輪：看什麼（小）台語（ 滿嘴髒話，音色卻是 0204 的甜美 ）。
我：早看妳不爽很久，不要再那搖，很吵耶！
輪：妳管我！

　　老師比著我們二個的鼻子： 妳們倆個不要講話，我們互瞪一眼後，便低頭畫起那八婆的欠揍嘴臉，一邊竊笑著，而她則繼續看她的文藝愛情小說。

造窗心情:直來直往的對話,聽來刺耳,卻顯得彼此不矯情做作。

與死對頭奇葩輪大合解

某年暑假,老師在課堂上走著走著,走到阿輪身邊對著她。

老師:XXX 妳認識的異性朋友會不會太多啦! 私生活不會太亂嗎? 妳行為再不檢點一點小心………………。
輪氣到整個起身,把重達五公斤的椅子摔向老師:你哭八完了? 你最好不要讓我在外面遇到…………(台語)。
我當時就坐在旁邊,強烈地感受到一股火焰正在燃燒,而這時的我正義感又啟動了,不是我要幫阿輪互航,而是就事論事。
我站了起來看著老師:老師,請問多少朋友叫多? 異性朋友多叫亂? 那同性友人多,難道就得被冠上「同性戀」?
老師:妳不要插嘴。
我:我的男性朋友也很多啊!
老師:妳們倆個現在跟我到訓導處。

老師抓我們到訓導處「開導」半小時,我們白眼不發一語的站了半小時回教室,這次的事件一好一壞,好的是我們從此成為無話不談的好友,壞的是從此在校又多了二個問題人物,還好高職部不會再打電話叫我媽來,不然老媽可能每二天就得來一次!

造窗心情:
許多陪你走到最後的好友,都是曾經的死對頭或是敵人,這樣的人物往往是最能激發彼此的潛能,並且相互成長,若你身旁出現這樣的人物,請好好珍惜!!

沒拆封就被沒收的情書

　　升旗典禮頂著 38 度的大熱天，教官台詞毫無新意，使我感到萬般無趣，好想假裝中暑直接躺下，就在我即將恍神時，教官手拿黑色棒子朝著我們班走過來，大家眼睛一亮以迅雷不及掩耳的速度，把耳棒推出耳洞收進口袋！教官遠遠比著我這排女生：「你們當教官瞎了嗎？下次再讓我發現就記警告！」教官一轉身，大家就開始對著他的背影，吐舌頭搖擺著屁屁，累癱回到教室才剛坐下，聽到訓導處廣播「xx 一甲　張慈芸」請立刻至訓導處。

奇葩輪看了我一眼：靠！妳又幹了什麼蠢事？

我聳聳肩：我怎麼知道。

教官：「學校嚴禁戀愛妳知道？什麼時候開始的？」

我：開始什麼？

教官：我升旗時在你抽屜翻出一封情書。

我：教官，您知道情書的定義是什麼嗎？既然是情書，當然是愛慕我的人寫給我的，我都還不知道他是哪位，情書就給您拿走了，我跟空氣戀愛嗎？您應該是廣播他，不是我！

教官一臉尷尬：知道了，妳先回去吧！

奇葩輪好奇地抓著我的手問：到底是怎麼了？我：「媽的，還不就被抽屜的情書害的，我連作者是誰都不知道，教官居然說我談戀愛，真可笑！」我叫他去傳喚作者吧！哈哈！！

造窗心情：
學生與教官的關係總是如此緊繃，但回頭想想，等到十年、二十年過去，大家談論的總是這些看似荒唐的小故事，卻都成為你我成長時美麗的記憶！！

無膽糾察隊遇上痞子蔡

　　學校糾察員是照輪的，必須在下課時像警察一樣，巡視學校的每個小角落是否有「現行犯」，這次輪到我們值班，偏偏抽中我們班上最嬌小，說話最溫柔、最小聲的同學當糾察員，這擺明就是叫白雪公主去做帥氣的城市獵人，形象完全不符，看著她一臉想哭的模樣令人「心疼」，但我們也無能為力，大家搖搖頭嘆了一口氣，各自回到自己的座位上。

　　下課鐘聲響起，我偷偷觀察她，她不像糾察隊，反而像個做壞事的嫌犯，東張西望的去學校各個角落巡視，我小心翼翼地跟蹤她（覺得自己也挺無聊的，哈哈！我是關心她的安危好嗎？）她朝著校園最角落的男廁走去，我瞄了一眼，發現男廁裡冒出漫漫白煙，我同學停下腳步，緩緩地轉回想開溜，低著頭表情充滿痛苦，想想又轉向男廁又轉回，我想她內心糾結，明知糾察員抓「現行犯」是合理，但又怕自己弱小被欺負，未來可能也沒好日子過，畢竟對方是一群混混，一定有些背景，她越想越頭痛，但如果一週都沒有抓到半個，要寫報告給教官，還得再當一次！！遲早要面對的………在她內心交戰之於，發現我出現在梯間，眼框泛著淚水衝過來，輕輕地拉起我的手………。

　　我摸摸她的頭：放心，我處理（誰叫我欺惡怕善啊！），我走進男廁，看見三個衣衫不整的男生靠著牆壁抽著煙「吞雲吐霧」他們看見我走進去，第一秒嚇到，第二秒手插著皺巴巴的西裝褲，踲踲地撇起嘴角微笑地向我走來「呦………好大地膽子啊！！妳不怕…………」，我還沒等他把話說完，便瞬間抓起他左胸的學號：「怕，就不會進來了，F90485，不要再讓我看見你們出現在這抽煙，否則這張我就交出去，他們氣的舉起手對著我的後腦：

妳敢！（台語），我回頭用狠狠地眼神瞪著他們：「不信，你們就試試看！」我慢慢地走出男廁，聽到背後傳來一陣髒話連連……。

我把同學帶回教室把單子給她，請她留著，如果他們再出現在男廁妳就交出去，放心！他們會覺得是我做的，不會對妳怎樣。同學直點頭說「謝謝阿超，謝謝阿超」我：「不客氣」。

果然這些沉不住氣的小混混準備來找我理論，我也不是省油的燈，隔天下課時間我悠閒地靠在走廊的後門口發呆，探頭看見一群自以為很帥的「古惑仔」朝著我們班上走過來，當天抽煙那幾個沒來，請了他們的老大跟幾個小弟來。

腳踩著踩著加上不屑地口氣：你們班有沒有一個叫「張慈芸」的。
我：有啊！
老大：妳叫她出來一下，我有事跟她談（台語）。
我：你找她有什麼事嗎？
老大：妳就叫她出來就對了！！（台語）。
我：你們是誰？
老大：XXX，妳廢話這麼多，叫她出來，妳在那裡雞歪什麼！
我不屑的口氣：啊我就是啊！。
氣氛瞬間凝結，老大呆呆地看著我三秒，把腿就跑，小弟見狀尷尬跟我點點頭，也把腿就跑。

回到位置上，奇葩輪又問：「超，你又幹了什麼鳥事？」我無奈地說：「沒什麼事啊！就一群自以為很帥的古惑仔要來找我理論」過幾天，突然收到那天老大寫來的信「我可以跟妳做朋友？」我看了奇葩輪一眼，打開信給她看，她踏著腳笑到眼淚直流，我翻著白眼：「這哪招啊！」原本是古惑仔，現在是改演追夢人嗎？」

奇葩輪捧腹大笑 ，我做勢打她：「妳再笑，我打爛妳的嘴喔！」，
我不與理會，他們只好使出殺手鐧，派出公關來找我們班的公關
舉辦聯誼，他們私下都先談好時間地點才通知我，用人海戰術壓
我「可惡」。班上的女同學用著渴望地眼神，雙手緊扣著拜託我
「超，我們難得的機會辦聯誼，又不用自己騎車，他們男生載我
們耶！妳不去，這場就辦不成了啦！拜託啦！而且，可以抽鑰匙
耶！！」我仗著「抽鑰匙這句話」產生一絲絲地興趣答應了。

　　當天大家興奮地約在天橋底下集合，準備抽鑰匙，我興奮地
把手伸出「啪！！」有人打了我的手「超，妳不用抽啊！妳當然給
老大載啊！」這時我萬念俱灰，了無生趣，唯一的興趣都被剝奪了！

　　哨聲響起，機車噗噗噗地出發，我雙手緊抓後座二側，看著
每個同學心花怒放地跟前座的男生交頭接耳，心裡也默默地感到
自己做了一件善事，讓大家開心的玩吧！留下美好的回憶！到了
目的地，有淺淺的小溪還有小魚，大家準備了簡便的烤肉用具、
肉片、青菜，我心裡滴咕著「明明大熱天烤什麼肉啊！熱死了！」
我在一旁觀察著他們的一舉一動，每個人的互動裡多了一份交心、
少了一份怨恨，原本我們是倆班沒有任何交集的人，卻因看似差
點進「少年看守所」的事件而有了發展，心裡不免感到欣慰，因
自己的觀察力、正義感去幫助一個女孩，還有不害怕反黑的態度，
扭轉了整個氣場，這場聯誼我認為也值得了！！

　　事後他們個人的發展，我就不加以贅述，總之謝謝公關長的
協助聯誼，活動結束後二班成為好朋友，也不再為難我們糾察隊
的同學在男廁吸煙，老大也重良不再欺負弱小，而是被我們的正
義感給感化，開始幫助一些弱者，他們也成為「女子籃球隊」阿
超的忠實粉絲喔！！

造窗心情：任何氣場都可能被你的意志力給扭轉，不是不怕，而是明白害怕沒辦法解決事情，只有面對它才能看見曙光，給予機會才能創造奇蹟，幫助別人前提是須在安全的空間或是公共場所，懂得保護自己才行。

表裡不一的奇葩輪

跟奇葩輪相識一段時間後，發現她是個「表裡不一」的人。滿嘴髒話的她，居然飽讀詩書，出乎意料的竟然是六星級那種等級，常常聽到她用志玲姐姐的甜美聲音對著我罵髒話，所以很難想像她是個肚子裡有墨水的人。

某年冬天她參加一場校內的文學寫作比賽，竟奪得全校第一名，全校第一名，全校第一名，很重要說三次，我們在台下都看傻眼，頒獎給她的卻是那天辱罵她的老師，她不屑地從他手中領下冠軍獎盃走下台。心裡由不得佩服她，發現她真是個奇葩，反差很大的一個女孩，開始對她的生活產生好奇心，跟她聊天很隨性，也不必壓抑情緒，想說什麼就說什麼，比起跟假掰女相處，我更愛跟這樣自然大喇喇的女孩子在一起，雖然跟她聊天的句子中，髒話佔了百分之八十，我依舊選擇跟很酷的奇葩做朋友！

這位奇葩輪讓我看見了奧妙的組合，將一堆衝突擺在一起，卻成了令人無法忘懷的記憶，她使我明白真實的做自己很「痛快」，她並沒有因為自己甜美細柔的聲線，而刻意偽裝成大家所愛的淑女，她興趣閱讀文藝小說，也不刻意在言語上賣弄文學，完完全全做最真實的自己，「率真」在她有身上清楚可見，看見她風光的背影，想想也該招喚一下自己那失聯以久的靈魂，讓高職生活轟轟烈烈地渡過吧！！

造窗心情： 當你的內心因某件事有了觸動，體內將會散發出熱血因子，使你每天充滿希望，並且試著改變，也就是人們常說的「正能量因子」，只要您學會了如何從任何故事中找到值得學習的地方，轉換情緒您就可以不受任何外力影響，堅持做你覺得對的事情！！

問題學生兼風雲人物

高職是人生中的轉捩點，因為愛面子，但又不喜歡給自己太大的壓力，所以常常去參加各種比賽也不會告訴別人，因為如果沒有名次，也不會有人知道，如果得了名次，就可以風風光光上台領獎，這是我人生中無壓力的哲學！！

一九九九年春天，我報名了學校「耶誕創意卡片」比賽，參賽者有百名以上，設計、創意、潮流絕對是核心關鍵，當時摩托「CD928 小海豚」準備上市造成風潮，就以它為主軸來設計，畢竟它是當時最夯、最 Fashion，又吸引眾人眼球的話題性產品，以不規則的立體小海豚卡片為造型，使用環保材料做為基礎，配色鮮豔又不失焦的設計，感謝奇葩輪為卡片內頁增添佳句，使其作品榮獲全校票選作品「冠軍」！領獎的同時，心裡默默地感謝這位奇葩輪，因為她永遠不會知道，原來她的超大反差，對於我的人生竟是如此巨大的影響著，使我找到熱情及那浮動的靈魂！奇葩輪是我人生中遇到最酷的一個人，所以我很珍惜著這個緣份。

高職三年我參加無數繪圖比賽，獎狀多到可以貼滿我的房間，每次領獎同學都表示羨慕，但我卻一點也不開心，因為我要的不是那份榮耀，而是媽媽的一句「妳好棒」，但始終等不到！高三那年暑假，常常在家沒事就跟同學講電話打屁，媽媽因為我講電

話太久，對著我「不要再講電話了」拿著衣架朝著我打過來，我左閃右閃被打了好幾下，不甘願地掛上電話，我開始懷疑自己的生世！為什麼我怎麼努力她都不滿意？從來也沒有誇讚我半句？

　　我學古人拿了一塊花紋方塊布，隨意抓了二件衣服，以十字的方式包扎，緩緩回頭看看家裡熟悉的擺飾，踏上古銅色腳踏車，騎在繁華的街上，這些年的委曲直衝心頭，仰頭眼淚不停直流，自己的努力為什麼她都看不見？

　　這時，我不知該何去何從，只知道奇葩輪的家，於是先朝著她家方向去，騎了一個多小時我不想回家，把手機通通關機。第二天，奇葩輪的媽媽勸我該回家了，不要讓家人擔心，我不發一語的走回房間，媽媽打電話來奇葩輪的家，輪媽媽告訴她，我在她們家要她放心，我媽媽要我接電話，我不肯接，媽媽請奇葩輪的媽轉答，她知道我在哪就好，要我再住三天再回來吧！過了三天回到家媽媽煮了麵給我吃，我們依舊沒有對話，默默吃完就回房間去，媽媽試圖想跟我溝通，但我已經失望了，或許媽媽也在學習著如何表達對於孩子的愛，只是剛好四個孩子裡就我不會讀書，每個姐姐不是考到國立，不然至少都是不錯的學校！

　　那個時代不只重男輕女，還認為除了讀好書之外，沒有其他前途，而我就是這號將被放棄的人物，所以從小到大沒有被媽媽稱讚過，她只覺得我是個麻煩人物，只有學校老師會打電話來說我又闖禍的事！三姐是家中最善解人意的人，從小到大最疼我的人就是她，她是家中的「和事姥」常常扮演著分析的角色，她去跟媽媽說我的好話，這幾年我在學校得了多少的獎，也讓媽媽仔細地去思考如何跟我相處。

有天，我在二樓陽台曬衣時聽到老媽在跟鄰居聊天，「我芸兒在學校得很多繪畫獎耶！沒想到她這麼會畫圖，我都不知道」老媽響亮地嗓門聲，正跟隔壁鄰居炫耀著，當下心裡啾了一下，留下了欣慰的眼淚，其實她只是不習慣在我面前誇讚，用她的方式給我加油，不代表她不為我感驕傲。

造窗心情： **彼此靜止，才能真正看清，每個人都一直努力學習著，如何表達對每一個人的愛。**

將錯就錯，才是王道

老師看我表現出色，記得有次我正想偷偷去報名「歌唱比賽」，被老師叫住：「阿超，我幫妳報名下個月的－精技獎嘍！」老師的口吻像是一付我已經答應了一樣，「那是比什麼東東啊！！競技？我不會跳拉拉隊啊！」一臉疑惑的摸著頭，「那是製圖的比賽，若你可以在時間內完成作品，乙級對妳來說就不是問題」老師拍拍我的肩膀，我擠擠眉毛說：「好吧！我試試」。

比賽當天，聽見從聖益堂傳出那無緣的「歌唱大賽」歌聲…………。我搖搖頭，告訴自己那只是興趣不要太在意，而我現在比的是一項「技能」拿到考題分為四大項目「36 等分的圓」、「房屋立面圖及剖面圖」、「建築物透視圖外環境彩繪」、「POP」用您的想像力去發揮、第三題為水彩畫，時間為四小時，比的是速度及完成度，最後才是美感及創意！

第一題，繪製一個直徑 45 公分的圓，分成 36 等分，一開始我根本看不懂文字的字意，還故意掉橡皮擦去偷瞄一下隔壁的圖，趕快提筆趕進度，第三題最困難要想像別墅的外觀石材配置，並

繪製出街道上的景像，例：轎車、行人、小狗等……。最後一題 POP 繪製，考題只給你文字，由你自由變化造型，我使用了「立可白」，沒錯！！因爲我畫錯了，但我沒有害怕，將錯就錯畫成一種帥氣時尚潮流又「故意」的風格。

　　參賽者中只有五位完成作品，我是其一，接著比的是美感及創意！我的作品是老師一致通過的冠軍！或許，最後「冠軍」的關鍵就是那個「將錯就錯」謝謝老師的慧眼，不然我得的獎項可能就是對面的「歌唱大賽－冠軍」了！哈哈！！的確！也如老師說的，若比賽可以拿到前三名，乙級考試就沒問題，果然輕鬆考過證照！！

造窗心情：　做錯了不要害怕，請盡快想辦法解決眼前的問題，將您的錯誤轉念，讓老師以爲您是故意的，將錯就錯反差的思維，或許才是王道。

哪來的自信

　　高職生活中，有另一位人物使我印象深刻，遇到任何的挫折，總能設計一套獨有的自信化解，給她取名「阿信」，班上同學人數約爲 40 名，某次隨堂測驗結束後。

「超超超，妳這次考第幾名，有進步？」阿信興沖沖地跑來。
「我第十六名，退步二名」我懶懶地。
「天啊！妳到底有沒有在讀書啊！！」阿信驚訝地。
「怎麼會退步？我進步十名耶！！我媽說要送我進步獎！」
「喔！是喔！！恭喜妳啊！！」我不屑地白眼。
「輪，我剛被阿信虧」我一臉沮喪。
「她虧妳什麼」輪好笑地問著。

「她笑我退步二名，到底有沒有在讀書啊！！」我低著頭。

「她還有臉笑妳？ 她上次考最後一名耶！！ 是還有路可以退嗎？進步是剛好而以，而且這次好像有八個人沒有來考試，她這樣能叫進步啊！！」輪奮慨地說著。

　　聽輪輪說完，心裡好過些，我們笑笑地看著她，她依舊開心地在跟別人炫耀著她的「戰果」，我們搖搖頭心想「算了，不要剝奪他人生的小確幸好了」，讓她繼續過著這快樂的人生。

造窗心情： 人的記性好不好真的很重要嗎？ 我認為看待任何事物，樂觀面對及高EQ才是王道，在阿信身上我們看到，原來不夠聰明也是一種福氣，每天快樂善良地過著，我們也被她的傻勁正能量影響著不是嗎？

就愛跟著趕流行

　　阿信不止記性不好，還很愛趕「流行」，不是追星，也不是服飾的流行，是趕一種同學都要有的「流行」，製圖下課休息時間，大家圍在一起嘻鬧聊天。

「我最近交了一個男友好帥耶！！」阿娟興奮地。

「真的！！ 我要看照片」大家眼睛一亮。

「好帥！！ 型男耶！！ 也太爽了吧妳！！」我說。

「最近，好煩喔！！」小穎不甘示弱地。

「怎麼了？」我關心的問著。

「一堆男生要追我，都不知道要選誰才好？」小穎不耐煩地。

「怎麼這麼好，還可以選喔！！」大家酸她。

「照片拿出來看看，我們來幫你選啦！！」大家嘻鬧著推來推去。

我發現「阿信」默默地走開，跟阿花借了當時最新款的手機「小海豚」，過沒多久她又回來跟大家嘻鬧，這時…………

「我最近也有點煩…………」阿信無奈地。
「妳…怎麼了？失戀喔！！」奇葩輪毒舌。
「才不是呢！！妳們看！！」阿信驕傲地嘴臉，打開她的手機訊息。
「親愛的妳在幹嘛？有沒有想我！」阿信手伸長長地。
「哇！！誰啊！！這麼噁心！」大家用驚訝地語氣。
「沒啦！就想追我的人！好煩，一天都傳好幾通給我」阿信不屑地。

只有我默默地研究這個訊息，我把它往下按，看了一下發送電話。
心想：這電話號碼怎麼這麼眼熟。
我什麼都不好，就記數字特別厲害。
我想了又想，跑去問阿花。
「阿花，剛阿信跟妳借手機做什麼？」我好奇地。
「沒啦！她說她手機沒電了，要跟我借傳訊息給她媽」阿花。
我用她的電話打回我的手機「顯示 0923-168168 來電」。
「好的，沒事啦！！謝謝妳」我說。
「喔！！」阿花一臉疑惑。
「輪，我跟妳說一個秘密」我偷偷把輪拉到旁邊。
「阿信的訊息是假的，她跟阿花借手機傳訊息給她自己的」
「靠，這個臭阿信居然幹這樣無恥的事」奇葩輪。
「算了啦！她不過只是想要融入大家的議題罷了無傷大雅，她可是我們班的活寶呢！我們再繼續看她的演技吧！」我們竊笑著。

造窗心情： 阿信總是在無傷大雅地情況下，自導自演地融入不同的群體裡，只有她一個人還自以為「是她獨有的秘密」，殊不知，大家早就知道，我想這也是她的另類快樂生存之道。

暗戀一個女孩

　　一陣子流行著「暗戀」直系學長姐，那時我被一位「容貌俊俏」的學姐吸引著，她的外表酷似我的偶像「鄭伊健」，低沉的聲線，迷濛的眼神，Q彈的皮膚，她沒有走進女廁，我還真以為他是男兒身呢!!「喜歡」、「迷戀」、「欣賞」傻傻分不清楚。

　　從那天開始，每天叫醒我的不再是「鬧鐘」，也不是老媽，而是那道「光芒」，想到上學可以看見伊健學姐心情就格外愉悅，踏著輕盈地步伐，哼著輕快的歌去坐校車，本人不甘於僅做她小小的粉絲，所以為了跟伊健學姐多一些話題，也跟著加入了「女子籃球隊」，這時我們班另一個很 MAN 的女生也加入了，給她取名「阿 MAN」好了。

　　說到這裡，我很贊同九把刀在「**那些年，我們一起追的女孩**」小說裡提到的話，戀愛、暗戀、迷戀、欣賞的力量真的很不可思議，死板的父母該清醒一下了，別老是停在戀愛、暗戀、迷戀、欣賞阻擋課業的舊思維，快點督促你們貪玩的小鬼頭，談場熱血奮鬥式的愛情吧！孩子就是需要被看見才會努力向上，當然除了父母之外，心儀的對象或是跟你實力相當的對手都是，九把刀為了讓沈佳儀看見他，並且希望成為她心中獨特的人物，因此發奮圖強跟她 PK 考試，在這場遊戲當中誰成長最多呢？當然是九把刀自己。

　　我也因為欣賞著伊健學姐，希望有一天透過自己的努力，可以成為好朋友，不斷地努力在籃球場上獲得好成績，進而跟她一起進入「校園籃球賽」，在隊上我是二分射手，阿 MAN 則是三分神射手，經過三個月的考驗期，我們倆都被選為「校園女子組」的選手，阿 MAN 也很喜歡跟伊健學姐聊天。

一天，發現他們聊得正開心，我完全插不上話，心裡卻悶悶不樂，還一度懷疑自己是不是「同性戀」或是「雙性戀」，媽呀！！我還為此幼稚的對「阿MAN」冷戰，我想她一定覺得莫名其妙！只能說年少不懂事，現在回想只覺得可笑至極！！

比賽當天，我跟伊健學姐不同隊，即使她只是一聲「加油」都讓我火力全開，這就是另類的「愛情」力量吧！同時，暗戀我的老大，也帶著他們科系的同學前來為我歡呼加油，其實，心裡滿感動的！或許，他也因為我，每天來學校都很開心又認真讀書，不再打架鬧事了，何嘗不是件喜事！我也開心的跟他們揮揮手！！

那天分配到一位豬隊友、一位三分射手阿MAN，豬隊友沒進球就算了，球還一直被抄走，每當我衝向前去追回時，場外粉絲們「阿超，加油，阿超，加油」，整個人都熱血起來，耳裡響起了「灌籃高手」的主題曲，身體卻像櫻木花道上了身，輕盈轉身雙手hold住對方的球，這時又傳來一聲尖叫聲「超，加油，妳行的，搶過來、搶過來、搶過來」。抬頭看著對方的眼睛，給她淺淺地微笑，她瞬間被我的自信給震住，我一抽立馬傳回三分射手阿MAN手上，三分線跳投刷一聲進籃，逆轉勝！比賽結束後，學姐跟我們也都還是好朋友，謝謝她的才華、帥氣，使今天的我藉由這股力量來學習籃球，進而打入總決賽，還獲得好成績。

造窗心情： 戀愛、暗戀、迷戀、欣賞的力量真的很不可思議，若你突然找不到人生的方向，不妨試試藉由這樣的力量使自己成長呢？每個人在團隊裡都扮演著重要的角色，雖然最後一球由阿MAN投入相當地帥氣，但如果沒有這些粉絲熱情加油打氣，我可能沒辦法串起這股熱血，搶下關鍵的一球傳出，由三分射手進籃！！也沒辦法打入總決賽！人生不是得到，就是學到！！

色大無膽的暗戀

　　阿信單身 18 年，看見大家有「暗戀、明戀」的對象，倍感羨慕！決定開始獵殺行動，但色大無膽，本科系學長經過我們的教室，圍牆有 1 米 75 高，剛好阿信希望對象 175 以上，長相乾淨就好！在上課鐘響後，回到自己的座位上，望著175公分圍牆倒數著，54321，一群人走過直接剔除 175 以下，真是太方便了，一看怎麼只剩下不到五位的頭？

「信，快看快選啊！都快過了！」我和奇葩輪催促著。
「我…看不清楚啦！」阿信緊張地。
「來不及了！ 等星期四了啦！」我拍拍信的肩膀。

　　為了阿信的幸福，前車之鑑的遺憾不允許再發生，所以我們試著大步大步的走過總長約為 10 米的教室，測試完畢需花費 6-8 秒左右「信，這次妳可要好好看清楚了，妳只有6-8秒的黃金時間」我手指頭比著我的幸運之位：「好姐妹一場，我把最佳的觀景台位置讓給妳」，我大吼著「來了來了，信，眼睛睜大一點啊！」「幸福…不是每一天都有…錯過以後要等很久很久…」我悠哉地唱著。一票人走過，大家憋著氣，鴉雀無聲………，他們走到轉角處上樓後，大家忍不住大笑。
「阿你是有沒有看清楚啦！ 」我無奈地。
「有，看到一個有感覺的」阿信看著遠方。
「什麼感覺？ 」好奇的。
「說不出來耶！ 就那種……想多看他一眼的那種！」害羞地。
「厚…戀愛的感覺啦！」大家起鬨。

　　某天，學長將要再度走過教室，我們故意把阿信引出教室外

打鬧，算準……推，阿信一個轉身面目猙獰，嚇壞學長，直接趴在地上跌個狗吃屎，我們急忙去扶她起來，學長繞過回頭對著我們三人「微笑」，阿信用白痴兼流口水的樣子跟他揮揮手。

「妳白痴喔！幹嘛露出飢渴的樣子」奇葩輪輕打阿信的頭。
「妳破功了啦！一臉就是很哈他的樣子，怎麼追的到」我說。
「有嗎？有很明顯嗎？」阿信皺眉。
「就我多年研究，一開始被看穿，很難板回一城」我語重心長地。
「那怎麼辦？」信一臉無辜。
「涼拌炒雞蛋嘍！」我雙手一攤。

　　我跟阿信坐同一線校車，不同站牌，每天六點五十分上車後，揉揉眼就閉眼補眠去了，從沒注意過車上有什麼樣的人物，新生開學後搭校車人變多，只好站著睡了，校車突然緊急煞車，沒抓好的同學都像保齡球般倒在地上，我當然也倒在地上，這時，一名男士紳仕的把我扶了起來，我看了他一眼，怎麼覺得有點面熟，但又想不起來，又不好意思說「先生你好面熟」感覺很像在搭訕的爛招，我才不幹！連忙說了聲謝謝，就爬了起來。繼續抓著我頭上的易開罐「拉環」，準備又要沉睡時，總覺得有一雙眼在看我，我張開眼跟隔壁那個扶我起來的男生對到眼，我心想，你幹嘛一直看我，暗戀我嗎？

「你在看什麼啊！！」我說。
「妳的裙子拉鍊沒拉，我幫你擋著！」他身高178低頭探到我耳邊。

　　我心臟跳動速度加快，但不可以反應動作太大會被別人發現，所以，我假裝要拿包包裡的東西，轉身背靠在座位的側邊蹲下去找東西，順便偷偷拉好，再裝作若無其事的樣子，對著那個男生

點點頭致謝，還好他的嗓門不會太大，學校早該換伸縮式的裙子不就好了，多方便啊！！都不知道是第幾次出糗了！又到了星期一下午二點鐘，大家又開始提醒阿信妳的「阿哪達」要來了！

「我這次的好好瞧瞧他的長相」轉轉眼睛挑眉。
「就是走在最後面倒數第一個男生啦！！」信興奮地說著。
我一看…天壽喔……這不是早上校車上那位扶我起來的男生嗎？
「妳…………真的沒見過他？」我緩緩地飄向阿信。
「妳怎麼這麼問」信。
「告訴妳，他遠在天邊，近在眼前」我賊賊地。
「在哪？在哪？」信左顧右盼。
「反正，妳最好無時無刻把腦跟眼睛給我帶上就對了」我酸酸的。

　　　　自從發現了這天大的秘密之後，一直在想要如何讓他們來個「世紀大巧遇」，想看阿信那傻眼驚嚇的表情。星期一下午學長們又英挺的走了過來，我剛好站在阿信的正後方跟奇葩輪聊天中。

「那學長看過來耶！」奇葩輪好奇地。
「他…八成是在看著我」阿信扁著嘴竊笑中。
我跟奇葩輪白眼翻到後山去了，哪來的自信啊！
連續二次，學長都緩緩轉頭看我們教室，剛好都跟阿信對上眼。
「超，我覺得學長真的是在看我耶！」阿信自信地
「是喔！所以呢？」我說。
「我決定寫情書給他」阿信手握拳。
「呦！帶種喔！」我挑眉二下挑釁著。
「寫好，妳再幫我拿給他」。
「什麼，才剛誇妳耶！」我瞪大眼。
「拜託啦！超，我的幸福就交給妳了！」阿信拉著我的右手。

「我只負責拿信而已喔！沒有包生小孩的啊！！」我語重心長地。
「放心，我知道」阿信水汪汪的看著我。

　　隔天，我一上校車就走到最後一排，阿信覺得怪怪的怎麼今天反常往後走？我把信拿給學長，他抬頭揉揉眼睛看了我一眼，發現是我，就對我微笑。我轉身回到前座，阿信瞪大了眼看著我。

「什麼，學長跟我們同校車，妳怎麼沒有跟我說」阿信驚訝地。
「我上星期不是跟妳說了，他遠在天邊近在眼前」我翻白眼地說。
「妳就直接說就好了嘛！幹嘛讓我猜，討厭啦！」阿信要笑不笑的。
「說完了沒，我可以睡了？」我揉揉眼。
過了二天，學長都沒回信，我就走到校車最後坐他旁邊問他。
「你怎麼沒回信，很沒禮貌耶！」手軸頂了他二下。
「喔！好啦！再回妳」學長微笑地。

　　我回自己的座位上，繼續睡覺去，過了二天學長親手把信拿給我說「等一下，這是我寫給妳的，不是給她的」學長扁嘴準備轉身離開，我看著他的背影「什麼，給我的，不會是情書吧！」心想，這下尷尬了怎麼辦才好？拿去跟奇葩輪討論一下好了！

「輪，慘了慘了！怎麼辦啦」我緊張握著情書。
「安怎，瞧妳緊張的」奇葩輪一邊修著指甲。
「我不是幫阿信拿情書給學長」我。
「對啊！阿怎樣」輪。
「學長他回信了，可是他是寫給我的，不是給阿信的」我。
「真假，怎麼辦！」輪。

學妹妳好：
第一次寫信，也不知道要寫些什麼，總之很高興認識妳，不知道
有沒有機會約妳吃飯？

　　這事我也沒跟阿信說，怕她傷心，所以裝沒事，我們二班交
替教室之餘，與學長碰到面，他很親切地跟我們打招呼！眼看阿
信的口水都快流出來了！接下來的日子，學長總是趁阿信不在我
們身邊，來跟我和奇葩輪哈拉幾句。有天學長寫了張紙條，約我
出去玩，我這人不喜歡跟自己的好朋友搶男人，更不想被誤會，
所以婉拒了！學長不死心的在我跟奇葩輪面前直接約我們倆個去
溪頭玩，當下我正準備拒絕時。

「好啊！好想去戶外走走」奇葩輪不假思索立馬答應。
「蛤～那怎麼去？」我傻眼地問。
「騎機車」學長。
「我不想去，你們去好了」我眉頭深鎖。

　　因為我不想背叛阿信，但又不放心奇葩輪一個人單獨跟一個
陌生男子到深山去，在市區還可以，但深山的確有危險性，我不
容許一點的意外，只好答應跟他們一起去，奇葩輪開心的跳跳跳
「真的？太好了」回到家，看了家裡的 125 光陽機車，實際上才
剛考上駕照騎沒幾次，這次就要騎遠途的山路的確有些緊張，但
比起奇葩輪的安危，我選擇勇敢那天約在天橋下田園旁，我請奇
葩輪下車給學長載。

「為什麼」奇葩輪。
「沒有啦！因為我不常騎，怕妳一直跟我聊天會分心」我笑笑地。
其實內心是擔心跟車的危險及她的安危。

也不知道是正常人騎車的時速就這麼快還是爲了耍帥？學長到山路騎 90 公里，我在平地也才騎 40 公里，納悶中！一台小型水藍色貨車從我背後開過來，我已感受他的壓迫靠右騎，但他轉彎的角度沒抓好，後鏡勾到我的小後照鏡，我「擂田」，機車跟我在平地旋轉了幾圈，眼看機車快滑出地面墜谷，不知哪來的力氣，小時侯吃奶的力都使出，雙腳平放雙手拉住手握把，身體往後躺，才把機車拉住，那時是冬天，我穿長袖上衣加一條牛仔褲，剛好爲牛仔褲添加色彩，「破褲」時尚感。

「妹妹，有沒有怎麼樣」貨車司機緊張的下車問我的情況。
「看起來好像沒什麼事」我低頭看看自己的身體，測試一下機能，動動骨頭，滿腦只想到他們在等我，要快點上山才行。
「這是我的名片，如果有什麼事，再通知我」司機很有誠意地。
「好的，沒問題」心想看他這麼有誠意不跟他計較。
唉呀！趕路要緊，一邊騎覺得膝蓋有酌熱感，看到他們的背影了。
「才想說妳怎麼不見了」奇范輪大聲的。
「沒事啦！剛剛閃了一下車」。
「那繼續走嚕！」學長。

　　到了溪頭，先到洗手間檢查一下傷口，才發現腳有受傷，右手也有擦傷，還有鮮血在流，我用清水先沖洗一番，第一次發生意外，不知道會越來痛，眞是 #@$%$%# 強忍著痛，強言歡笑地陪遊，還要爬山才是煎熬，膝蓋一直滲血，得一直跑洗手間換衛生紙，好不容易封頂，終於可以坐下來休息也準備解脫，太高興了！ 坐下來吃個茶葉蛋。

「超，妳的手怎麼了」奇范輪發現我的右手擦傷。
「沒有啦！昨天不小心跌倒用到的」我收起右手。

「怎麼這麼蠢」奇葩輪用衛生紙擦拭著。

我心想蠢蛋是妳吧！明明一看就知道是鮮血，今天剛出爐的好嗎？

「我們封頂了耶！差不多快三點了，準備回程吧。」我傷口抽痛著。

「蛤！這麼快就要下山啦。」奇葩輪失望地。

「不然，我們再去日月潭吧。」學長手指著遠方。

我瞪大眼，正準備阻止他這樣愚蠢的行為。

「好啊！好啊！我想去。」奇葩輪開心地。

我萬念俱灰了無生趣，但看見奇葩輪渴望地模樣，捨不得澆息她的熱血。「好吧！出發」我無奈地。

到了日月潭已經傍晚，坐在湖邊看著炫麗的晚霞，暫時忘卻了身上的傷，抬頭望著天空，閉上雙眼放空，傷口不斷熱情跳動著，一方面心想著，靠～不來就沒這鳥事了，一方面想著如果沒有他們一點點的勉強，我想也看不到這片像幅油畫的湖景。看著奇葩輪比手劃腳開心的模樣，活像個關在籠子很久，終於可以出來放風的猴子一樣，心裡默默地竊喜，原來為別人無條件付出、犧牲、奉獻是如此爽快，看見她真實的笑容，就是一件值得的事。

為什麼我對她特別好？她的真實笑容如此寶貴呢？那是因為她的原生家庭沒辦法給她溫暖及支持，導致她的個性偏頗、暴力，所以，她的快樂常是假的，只有我看的出來，她的快樂是真是假，跟她比起來，我家庭問題不大，值得慶幸。

學長開始私下邀約，我這人有一個怪僻，對主動追求我的人毫無興趣，若有讓人誤會的情節，我想是為了配合當下的情境，從出生到現在都是如此，我的對象都是自己追求來的，但有時還是會有所失誤，哈哈！！

「追男生很丟臉耶！」女性朋友常問我。

「所以被追很光榮？」我不屑地。

「我不願被選擇，我只選擇我要的，就算失敗也是自己的選擇，不要牽拖別人」我說。

「愛情不是一個「好」字就可以天長地久的？ 愛情是吸引力法則，**你若芬芳，蝴蝶自來**，當對方是用追求你的方式得到妳，而妳沒有在這段感情裡繼續提昇自我，只是原地踏步自怨自哀，動不動就查勤、跟蹤、提分手，就算原本只是一場誤會，都會讓對方想逃，所以，就算你對他再好也沒用，他終究會再去追求下個比你更合適的對象」我語重心長地說。

我依舊拒絕了學長的邀約，之後他慢慢地不跟我們三個人打招呼了！阿信一直問我到底為什麼，學長突然這麼冷淡。

「不知道」我冷冷地回覆完就走出教室。

阿信不死心地再去問正在剪指甲的奇範輪。

「輪，為什麼學長現在都不跟我們打招呼。」信問。

「妳問我，我問鬼喔！」輪不屑地。

「快點告訴我，不然我每天煩妳」。

「好啦！ 就……學長喜歡的是阿超不是妳」輪很直白地。

「什麼！」信雙眼放空呆坐在椅子上。

「超，她怎麼可以這樣對不起我，不仁不義」阿信不爽的抱怨著。

「超，她怎麼對不起妳了，有搶妳的男人？」輪也不爽。

「學長不是妳的好嗎？自己沒本事讓人喜歡，不要怪別人」輪罵。

阿信回到自己的位置等上課鐘聲，不發一語直到放學，坐上校車她的怪異行為，使我毛骨悚然，我睡我的覺直到下車。

「超，妳怎麼可以這樣對我」阿信面無表情地。

「什麼事情，講清楚」我說。

「妳怎麼可以讓學長喜歡妳」信訴說著。

「請問我有什麼超能力讓他喜歡我？」我嘆了口氣。

「妳怎麼可以搶我喜歡的人，當初是我叫妳幫我拿情書給他的」。

「我怎麼知道他會喜歡我，我可以控制自己喜歡誰，但沒辦法控制別人要不要喜歡我，從今天開始，不準妳再跟我五四三，也不要來求我幫妳什麼　」說完轉身就走。

　　隔天奇葩輪發現情況不對勁，我們一整天都沒說話，怪奇怪的，就把信拉到外面問怎麼了。

「我昨天罵了阿超」阿信一臉無辜樣。

「妳白痴喔！學長一直約，她為了顧及妳，從沒答應過」輪激動地。

「真的？那不就是我誤會她了。」信說。

「妳不只誤會她，妳這樣的行為以後也沒人會理妳，哪有人叫人家去幫忙，最後對方喜歡上她，妳就怪人家的道理，那妳怎麼不帶種自己去告白，妳就是欠罵。」輪碎碎念。

「那怎麼辦？」信問奇葩輪。

「道歉啊！主動示好，超其實是吃軟不吃硬的個性，跟她來硬的，妳就得死」奇葩輪誇張地。

　　下校車，阿信拍我的肩，用顫抖的聲音：「超，要不要一起吃火鍋」我說「恩，好啊」，到了一家日式風格的火鍋店，信找了最邊邊角落的位置，不知道是不是怕我等一下太激動翻桌，哈哈。

「超，今天想吃什麼？我請客」阿信客氣地。

「真假這麼好，那就點最貴的，哈哈，開玩笑！」我露出一點笑容。

看到我的笑容後，信稍稍平靜了許多，我知道她今天的目的，也不想為難她，有這個勇氣找我吃飯，就要給她拍拍手了。

「幹嘛！妳想通啦！」我一邊下著火鍋料。
「恩，我想想自己也有錯」阿信低著頭。
「其實，我也是第一次遇到這樣的事，學一次經驗，未來不會再幫人家，免得造成誤會，為了一個男人，傷了我們的友誼是不是太不值得？」我吃著最愛的金針菇。
「是啊！輪也跟我分析很多，我想想真的太不值得」阿信認真地。
「乾了，就一筆勾銷」我們舉起柳丁汁撞杯。

造窗心情： 每天都可能面臨人生中許多的第一次經驗，每個人都需從經驗中去學習、去體會，也許一開始的回應及態度沒能圓滿，但經過思考及跟朋友分享中，找到更合適的方法去解決，不是凡事妥協或認命，而是心平氣和的看待任何事情。

最無辜的第三者

　　因為阿信暗戀學長的事蹟在系上傳開後，我們很幸運地，在學長班級成為他們茶餘飯後的八卦「話題人物」，當然免不了又有人要開始寫情書，雖然我一直覺得寫「情書」是一件很瞎的事，我怎麼知道是不是槍手寫的，如果我愛上的是你的文采，後來才發現原來情書不是周杰倫寫的，而是「方文山」寫的，我是不是可以要求換人跟「方文山」交往呢？是個引人省思的問題。

　　秋天來了，是個令人想戀愛的季節，可以抱著大型暖暖包的感覺不錯，就在我手托著下巴看著天花板，一群高三學長走過教室外，這次他們全員轉過頭，望著我們教室揮手微笑，有種「雙

十國慶日」的氛圍，學長們開始物色班上的學妹，下課交換教室的時間，頓時成了促銷大賣場，每個人的眼神寫著「到底是綁馬尾的那個好？還是長髮大眼妹好？」

　　一位皮膚白皙瘦瘦高高留著一頭衝天髮，另一位皮膚釉黑身材微胖油頭的學長，活像黑白郎君朝著我跟輪大搖大擺地走了過來，「學妹，妳們不用買教科書，我們的可以給你，反正上完課就準備丟了或拿給老媽墊湯用」皮膚白皙的學長，取個小名叫「白帥帥」好了，那皮膚釉黑油頭的學長，叫「黑嚕嚕」。

「這麼好，我們跟你們買好了啦。」我說。
「不用啦！反正也沒用到，給別科系也沒用」白帥帥偷笑。
「好吧！那先說，謝啦！」我說。

　　不喜歡欠人情的我，買了二罐運動飲料「舒跑」遞過去給剛上完體育課滿頭大汗的他們，我說：「不欠你們人情嘍！」，幾個鐘頭之後，在抽屜發現了二本教科書，一本書角夾著一張紙條「TO 阿超」，一本夾著小卡「TO 阿輪」，很好奇。

「喂！有妳的情書耶。」我對阿輪挑眉二下。
「屁啦！哪來的情書。」輪吃飽飯別著牙。
「將將將將。」我拿出給她的教科書露出小卡TO 阿輪，搖擺著書。
「拿來啦！有沒有給我偷看。」輪搶過去，回頭瞄我一眼。
「原本是很想偷看啦！但怕看了會失望！」我抱肚狂笑。
「靠天喔！妳的拿來，我也要看。」輪伸手過來搶我的教科書。
拉拉扯扯中，「哇！破了。」我說。
「媽的，什麼大爛書，我要退貨。」輪一邊撿著地上的殘骸。
「退什麼貨啊！我用二罐運動飲料換來的耶。」我激動地。

膠帶拿來黏一黏就可以用了，反正之後也是給老媽墊熱湯用的。」
把殘骸拼接起來。後來協議各自先看完紙條後再討論，二分鐘後
很有默契的轉頭用死魚眼看著對方。

「妳先說」彼此異口同聲。
「猜拳，贏的先說」我說。
「怎麼是贏的先說？」輪疑惑地。
「有差嗎？反正早說晚說都得說。」我說。
「算了，算了，我先說好了。」輪揮揮手沒耐心地。
「拿去自己看啦。」輪把粉紅豬圖案的紙條遞給我。

　　我興奮地打開紙條，圓圓胖胖可愛的字體寫著：「妳覺得我朋
友怎麼樣？」我看了有點失望，好像也沒什麼重點。輪小心翼翼地
打開折成星星形狀的信紙，細細長長歪七扭八的字體寫著「妳覺
得我怎麼樣？」我跟奇葩輪互看了一眼，問題問的很好，但這到底
誰是誰啊！莫名其妙，輪略略偷笑「我想，圓圓胖胖可愛的字體
應該呼應……他的身材吧。」我也賊笑：「妳很壞耶！所以妳覺
得圓圓胖胖可愛的字體是………黑嚕嚕學長嘍！」輪說：「管他的，
就當他是吧！」不過，黑嚕嚕問妳「覺得他朋友白帥帥怎麼樣」，
白帥帥又問我「覺得他怎麼樣」，這是什麼邏輯啊！

　　意思是白帥帥喜歡我們二個，參加「非常男女配對」節目的
概念就是了，誰亮燈選他，他就跟誰走，是嗎？奇葩輪準備開戰
惡整他：「好啊！就來整他，我們都 Say　Yes　」。我們一起在紙
條裡回覆「還不錯」，把書本請同學轉交給他們。

　　正準備下課時，抽屜又出現了教科書，正所謂熱戀男女中的
效率啊，頓時覺得這書的功能不是用來讀的，是飛鴿傳書的效用，

而且，果然高三智商頗高很有經驗，夾在書本裡才不會被教官發現。我跟輪反正也閒閒地沒事，就跟他們一搭一唱的渡日子，別有一番滋味。

「輪輪妳沒交過男朋友？」我一邊吃著科學麵。
「沒有啊！幹嘛，你要介紹喔！」輪說。
「介紹？我自己都不夠用了，怎麼介紹給妳。」我飢渴的模樣。
「也是，那妳呢？也沒交過男朋友嗎？」輪賊賊地。
「不知道國中那個算不算是耶！」我疑惑地。
「怎麼說？」輪說。
「交往三天就分手了。」我說。
「什麼，那樣算交往嗎？」輪說。
「因為他奪走我的初吻，這帳一定要算的。」我氣沖沖地。

　　國中時期，那種在操場最前面喊以中央伍為準的大隊長，他透過同學來跟我告白，我那時完全沒經驗，想說做朋友可以啊！而且他是大隊長耶！多風光啊！那時真是虛榮心作祟，他天天陪我走路回家，第二天他便開始出怪招。

「想不想聽一個故事」他說。
「恩，不是很想。」我很白目地。
不過看他一臉同樣，我勉強說「好吧！你說。」
「那妳要閉上眼睛，我才說。」他說。
「還要閉上眼睛喔！」心想怎麼這麼無聊。
「從前，從前有一個女孩叫羅拉，住在一座二千坪浪漫的城堡裡，每天穿著粉紅色華麗的衣裳在庭園裡跟小動物玩耍，有一天，她遇到了一位騎著白馬的王子…………」。
「故事怎麼這麼長，快說完了？」我一整個不耐煩地。

「快了，快了，後來白馬王子看見美麗的羅拉，便上前與她跳支舞，羅拉緊張害羞地跳著，不小心踩到了王子的腳，倒在他的懷裡…………」。這時，他就吻了我，自以為跟故事裡同步，我立馬睜開眼推開他：「你幹什麼」他說：「妳不覺得很浪漫嗎？」我氣得跺腳，還一邊擦拭他的口水：「哪裡浪漫？無聊！」我生氣的走了，留下一個「不知道自己到底做了什麼」的男孩。隔天，想想就覺得噁心，還被吐了舌頭，所以，就跟他提分手，我想他一定很傻眼，怎麼會這樣莫名其妙的分手。

不過，我想一般人的戀愛節奏，應該是他那樣才對，是我太奇葩了！我反應太大，但沒辦法我就是不喜歡被搶吻的感覺，從那次之後，我再也不接受主動追求的異性，因為都是不確定因素，我也不想被選擇。

「那輪妳的擇偶條件是什麼？」我好奇睜大眼地。
「身高175以上、面貌姣好、溫柔體貼、文質彬彬、沒有不良嗜好、有才華、有想法、學歷高、家境好…」輪一邊說一邊比手指頭。
「說完了沒啊！條件也太多了吧！有這樣的人嗎？」我不耐煩地。
「我就是想要這樣的條件嘛。」輪嘟著嘴。
「妳慢慢等吧！睡惘睡不要做夢了。」（台語）我一臉不屑地。

黑白郎君學長傳了張字條，約我們倆去看場電影，「最近有部電影不錯看耶！下週六有沒有空，要不要一起去看，我們四個一起去。」我跟輪認為四個人一起行動沒什麼不妥，就答應了。看下午場次，一部劇情動作片，顯然是男生的菜，我一度睡著，一種吃飽就想睡的概念，有冷氣吹多舒服啊！學長：「妳們覺得好不好看？」我睜大眼回應：「還不錯」，其實是應付了事，如果真的有共鳴，是會討論觀後感的好嗎？笨蛋！那時的我對於看電影

沒太大興趣，尤其是科幻、動作、懸疑片，特沒勁的！平時看電影機會少，幾乎都是陪看的份！準備搞曖昧的，最喜歡拉我當擋箭牌，熱場緩緩氣氛之後，我就可以下班領臨演通告費及便當了。傍晚黃昏，黑嚕嚕學長載我們經過他老家，一隻肥吱吱的土黃色柯基犬，扭動牠的肥屁屁像「瑞奇馬汀」一樣衝向我們車門，熱情跟我們打招呼。

「好可愛喔！牠叫什麼名字？」我興奮地。
「番薯」黑嚕嚕學長用台語。
「怎麼取這名字啊！」我好奇地。
「狗如其名，妳看牠的背影，像不像一條番薯」。
「哈哈哈，還真的耶！」我笑到肚子痛。

　　　從此之後，看到柯基犬都有一種莫名的親切感，古時候養寵物是為了顧家，而現今社會養寵物已是一種療癒及陪伴，我們把車開走，回頭看著「番薯」從狂追到慢慢停下腳步失望的神情，有一種淡淡地哀傷。下車前學長隨口要了我們兩個的電話，說有什麼好康再通知我們，不疑有他，以一種大不了就不要接的心態就給了。晚上十點鐘，洗完澡躺在柔軟的床上，手機響到第六聲，看了一下號碼，慢慢接起。

「喂！」用懷疑的口吻。
「嗨！知道我是誰嗎？」黑嚕嚕學長提高音亮。
「不知道，也不想猜。」我沒耐心地覺得老梗懶得配合。
「喔！我是 xxx 學長啦！」黑嚕嚕學長一臉尷尬。
「嗯！什麼事嗎？」我冷冷地。
「沒有啦！想問妳對我朋友有沒有什麼感覺？」黑嚕嚕學長問。
「感覺？要有什麼感覺。」我在房間抬著腳靠牆紓緩小腿中。

「我覺得他不錯啊。」黑嚕嚕學長極力推薦。

「你覺得他不錯,那你可以跟他交往啊。」我故意的。

「沒有啦!我是説他現在單身…….」。

「關我屁事?」我不屑地。

「所以,妳對他沒有感覺嗎?」黑嚕嚕學長問。

「沒,而且我討厭瘦皮猴。」我不小心説出心裡的話。

　　感覺到學長一直想話題跟我聊天,我都懷疑他現在手上是不是有一本「戀愛百科全書」,可惜我的回覆一直超出他的想像,使他不知所措!捱不過十分鐘,就沒梗了!慘!他慢慢地觀察我的喜好,找到聊天的方式及節奏,或許因為沒有任何曖昧關係,可以暢所欲言的像哥們兒般自在,他也加入了男子籃球隊,增加了我們之間更多的話題。

　　我們的關係直到一九九九年九月二十一日的大地震那天,起了化學反應,凌晨 1 時 47 分,規模為芮氏規模 7.3 強震,重創了整個台灣。我們家住透天,地震當下還在懷疑是夢境嗎? 搖了 30 秒越來越大,全家才往一樓衝到門外,看到騎樓的柱子都跟著擺動,路上的汽車也左右搖晃,全村都停電了,等到地震停了,家人去拿出收音機來聽,才知道這次的地震有多麼嚴重,那個時候手機電話是被打到爆炸,根本打不出去,都忙線中,突然我的手機響了,我也很好奇是誰? 我從沒凌晨接過電話,還是在這重要時刻,怕被家人唸,則躲到旁邊去接。

「喂!」我小小聲地。

「妳們那裡沒事吧!」黑嚕嚕學長。

「還 ok」我還沒意會過來他是誰。

「妳人都沒事吧!」黑嚕嚕學長。

「恩！我沒事，謝謝。」我的聲音雖然鎮定，但心裡滿是感動。
「沒事就好，沒事就好！」黑嚕嚕學長。

　　原來第一時間打來關心我的是黑嚕嚕學長，雖然我們不是男女朋友，但這樣的舉動已超越一般友誼，不得不懷疑他的舉動。過了二天，他約我去打籃球，可能怕約看電影太明顯，又約一票人沒機會，然而很健康的運動我當然一口答應，打夜間籃球，運動完自然會餓再去吃個路邊宵夜，就這樣連續一週，現在回想，吃宵夜才是「大標題」，籃球是「舖陳」，就在嘻鬧間過馬路時，一輛機車呼咻而過，順勢牽起我的手，眼睛看著遠方，嘴裡繼續滴咕著「怎麼這樣騎車啊，很危險耶！」完全沒打算放手的意思，我都懷疑那機車的安排是不是臨演。

　　就這樣一種默契，不像一般的愛情，必須詢問徵求對方同意。「我可以牽妳的手？」「我可以吻妳嗎？」「我們現在是男女朋友嗎？」在別人的眼裡或許是一種禮貌式的詢問，但在我的眼裡這是種「自殺行為」，整個氣氛因為這句話都滅了。有時太過虛假的刻意，會造成不自然的一面，導致你到現在還是「單身」狗的原因，愛情是一種氛圍，或許您會說，我問她是表示尊重，但其實她喜不喜歡，你的敏銳度會通知你，尊重是開始相處後，雙方必須做些微調，取得平衡點才是。

　　如果你現在還「單身」不妨檢視一下自己的行為，是否太過虛假的刻意，做最自然真實的自己，未來你跟另一半的相處也才能夠，自在自然喔！人家說相由心生，戀愛中的女人面相也會「如沐春風」，一早走進教室就用跳的，笑咪咪的對每位同學說：「早安」，奇葩輪梳理著她那長達二公分的手毛：「呦～戀愛了啊！滿面春光」我害羞地：「哪有啊！」輪說：「沒有，都寫在臉上了！

平常是放空，眼神空洞，今天是放閃，眼神炯炯有神」，戀愛中的人是騙不了人的，跟平時就是會有大大的落差。

「說，這個瞎眼男是誰？」奇葩輪用她紫色梳子頂著我的下巴。

「妳說呢？」我撕牙裂嘴地假笑。

「我認識的嗎？」輪用食指左右滑著她的下巴。

「癈話，不然猜屁啊！」我翻白眼。

「不會是黑白郎君其中一君吧！」輪睜大眼。

「正是………」我左手包右手微蹲。

「也是，妳這隻魚不能沒有水會死………………」輪不屑地。

「喂！沒禮貌。」我叉著手。

「重點是…………黑的還是白的？」輪。

「當然是黑的，妳又不是不知道，我對白斬雞沒興趣，妳可以抓去配啦。」我偷笑。

「他們都沒達我標準。」輪磨著指甲。

「妳開出這麼難的條件，是要民國幾年才會遇到，說不定21世紀看有沒有機會。」我打著哈欠。

　　看似穩定的戀情，竟暗藏「不為人知」的秘密，某天跟黑嚕嚕學長去吃一間很厲害的臭豆腐，豬血湯免費！

「你什麼時侯喜歡我的？」我喝著湯問著女人最愛問的問題。

「其實，之前妳常上台領獎我就注意到妳，只是一直沒機會跟妳說話，又怕被妳發現我喜歡妳，所以，才利用白帥帥當擋箭牌，假裝是他喜歡妳，我才可以跟妳自然相處。」學長害羞地。

「噗……」唉呦，燙到舌頭了啦！

「你心機很重耶！不過你猜中了，如果你一開始就表明，我就不會接受你，算你聰明。」我繼續豪邁地喝著第二碗豬血湯。

吃完臭豆腐，黑嚕嚕學長準備載我回家，騎到大馬路邊。

「到這就好，我自己走路回家」我說。
「我載你到你家門口」黑嚕嚕學長。
「不用了，到這就好，謝謝。」我嚴肅地。
「爲什麼，不讓我載你。」他不明白地。
「就跟你說不用了，問這麼多。」我不耐煩地。
「好吧。」學長心不甘願地。

　　因爲家裡嚴禁戀愛，若被發現可能晚上就禁足了。或許因爲這個因素，他以爲他做錯了什麼，而我也未眞實告知原因，導致誤會，感情悄悄起了微妙的變化。善於設計的我被學校選爲「壁報評審長」之一，上課期間走進貴班級評分壁報，當我悄悄走進商科班級，有一股強烈的敵意，對著我指指點點，離開後還是心有餘悸，就在我深思原因時，有位同學鬼鬼祟祟地把我拉到一旁。

「超，我跟妳說…………妳要有心裡準備」同學吞著口水。
「什麼東東」我不知所以然。
「就是…聽說你的男朋友跟別的女生在一起耶。」同學在我耳邊。
「怎麼可能啦！」我大笑的說。

　　過了二天，又有位同學從聖益樓朝著我衝了過來。「超…你的男朋友現在跟一個女生在垃圾場那，走的很近。」同學氣呼呼地，當一個人說「狼來了」你可能不信，但有了第二個人說的時侯，你或許就會動搖了。立馬衝到最接近他們的大樓樓上一探究竟，當下我並沒有衝動行事，思考了一會兒，黑嚕嚕學長今天的確沒有約我，也許跟她在一起。

「喂！」我晚上打了通電話給學長。

「喂！」學長的電話是那個女生接的。

「請問妳是⋯⋯⋯⋯⋯⋯」我很客氣地。

「我是他女朋友。」她説。

「我也是他女朋友，麻煩妳等一下遇到他，請他回個電話給我，謝謝。」我心痛，卻理智地回覆著。

過了二個小時，黑嚕嚕學長匆忙回我電話。

「她是我乾妹啦！不要誤會。」學長極力解釋著。

「你乾妹很敢耶！」嘴是這麼説，心裡卻不是這麼想。

學長想盡辦法討好我、安撫我，要我別生氣。

　　仔細地去回想，上星期評選商科某班的確有異狀，我再次走到某班門口看了幾眼，突然有一位大喇喇正義十足的女孩衝了出來，正義女氣沖沖地對著我：「不要臉的女人，搶人家的男朋友還敢來。」我真誠地：「不好意思，我想了解一下是怎麼回事，可以嗎？」她突然不大好意思的看著我，似乎發現我好像也不知情。我禮貌地鞠躬：「可以麻煩您幫我跟女主角約中午一起吃個飯聊聊，謝謝」正義女記下我的手機：「我幫你問問，等一下傳訊息給妳。」

　　第一次「真正的戀愛」即慘遭這樣的下場，莫名其妙成為「小三」，明明上著熱血沸騰的體育課，心卻是涼的，不斷地安慰自己，還好才交往三個月，手機震動了一下「可以喔！中午到 xx 茶坊吃飯」正義女傳。期待著下課鐘聲響起，內心卻不斷地噗通噗通跳動著，想知道答案，卻又害怕面對結果，噹噹噹⋯下課鐘聲響起，踏著沉重的步伐及忐忑的心，朝著黃色招牌的茶坊前進。

「嗨！」遠遠有一個短髮女孩對著我揮手。

我想就是她了，「妳好，我是 xxx」我客氣地。

「先點餐吧！等等再聊。」她說。

　　女主角：「我們其實交往一年多，中間分分合合地，也許某些時候我們的確像分手了，是我放不下又去找他，才又復合。」我說「很抱歉，我並不知道他有女友，第一次戀愛也不懂得要先問一下對方是否有對象，請妳不要見怪。」短髮女孩淡然地說：「其實，他有跟我提過妳，在我們分手後的那段期間，他已經把我當成朋友的聊天著，他說他遇到一個很酷的學妹，說話總是不按牌裡出牌又很有才華，他都拿妳沒輒，說著你們相處的一切。」。

「什麼，那妳怎麼沒有生氣？」我睜大眼地。
「生氣？生他的氣，還是自己的氣？」她喝著咖啡。
「一直以來，我都很清楚我們之間的問題，不想去面對罷了。」
「什麼問題，有很嚴重嗎？」我好奇地。
「他喜歡有個性又有才華值得他欣賞一輩子的女孩，而我不是，既沒才華又沒安全感，我的世界只有他，他只要消失超過二小時，我就像瘋子似的尋找，他不喜歡我這樣。」她說。
「那妳可以培養才華啊！為了自己，不要為了別人，有了自己的興趣及才華，妳自然會有自信心，不用依賴著對方的愛生活。」我給了她良心建議。

　　我真誠地：「妳放心，再給我幾天的時間處理，很抱歉這段時間讓妳受委曲了！在愛情裡，沒有人希望成為第三者，沒想到人算不如天算啊！第一次就給我這麼寶貴的經驗，不過很高興認識妳，也謝謝妳理性的態度跟我一起面對這個問題」。

　　「我也謝謝您願意出來面對這個三角問題，說實在的，也許妳離開了也沒辦法解決我們之間的問題，因為我們的問題是在妳

出現之前就有了。」她嘆了口氣地。

　　我覺得妳這次的愛情學到了許多，人生不是得到，就是學到，若這段感情走不下去，也不要氣餒，記得充實好自己，下段戀情一定會更好更加完美喔！祝福妳！」我抱抱她說，我會選在黑嚕嚕學長畢業後的那一天跟他提出分手，因為之後如果我不再主動，也不會在學校遇見了。

「恭喜你畢業了，之後我們也會各奔東西，分手吧！再去尋找你下一段奇幻旅程吧！」我說。
「為什麼要分手？」學長驚訝的。
「其實，我早就知道你有女朋友了。」我冷冷地。
「誰跟妳說的？」學長有點生氣。
「很重要嗎？你的優柔寡斷傷害了二個女生，你知道嗎？」我說。
「她跟妳說的嗎？我們現在只是……朋友。」學長說。
「總之，我知道一切，沒打算怪誰，也不想傷害任何人。」我說。
「我不要分手，明明我們就好好的，為什麼要分手。」學長說。
「交往須雙方有心方可成立，分手只需要一方就可以成立」我說。
「我不管…我不要分手……否則………」學長激動地。
「不要試圖威脅我…祝你未來一切順心」我輕輕地掛上公共電話。

　　內心彷彿聽到他那頭的哭泣聲，我一個人靜靜地散步到公園，思考著這段戀情始末。

造窗心情： 當時我們都才16歲，她願意坐下來與我談天，分享她自己的過錯，看見自己的問題，我深深佩服她的理性「人非聖賢，孰能無過」，我們都不是聖人，理性的談話是一門學問，我們只要能夠將心比心，或許這個社會就會和諧許多。

造窗愛情教室分析

　　這次的經驗，使我對於愛情及三角關係有了一番見解，不會像電視演的抓到小三就打，或許一開始無法接受事實，但應該給自己一點時間整理心情，事出必有因，往往是二個人已出現問題，只是不願意承認，愛情不是人生的全部，好好溝通好聚好散的祝福對方，也許最後的大氣，才是你成功的關鍵，因這件事的衝擊，我學會了理性處理感情，曾經交往過的對象，也都願意跟我當好朋友，常在 FB 轉為支持與關注，這何嘗不是另一種大愛？相信？我還曾經跟自己某任男友的前女友成為好朋友，因為我覺得她是一個活潑又很有想法的人，我這個人就事論事，現在雖然分手了，但我們三個人都還是很要好的朋友！！

　　第一　男主角的問題在於「**害怕寂寞**」，一直給予機會，沒有明確做出切割，讓女方還心存希望，導致三方的傷害。

　　第二　女主角的問題在於，明知對方已經沒有愛了，不想面對，只想對他好，沒關係找關係的持續保持聯繫，期待對方回頭，因此不斷地犧牲低頭，只要他想怎樣就怎樣，認為只要我們還有在聯絡就是沒有分手，但其實男方對她的態度已是朋友。

　　第三　我沒有善盡調查就投入這段感情，但往往過度的詢問也是適得其反，畢竟在男方的態度上已認為女方只是朋友，他有交友的權力，但女方認為他們還是男女朋友，若女方一輩子都不願承認分手，這才是真正的問題所在，值得深思！

　　整個故事中的問題在於，每個人的「**認知**」不同，導致成為一場沒結果的愛情，許多人打著愛的旗號，口中說：「我為了你做

了這麼多，你卻這樣子回報我。」打著犧牲的名義索取，實際上卻是一種隱性的要挾「情緒勒索」這種想法是自私的。就像是男孩子向女孩子求愛，在台北 101 大庭廣眾之下，設計了求愛計劃，拿著一束盛開的玫瑰，大聲向女生告白，但女生因為覺得不適合，拒絕了他，男生便憤而呼喊：「你這個人怎麼這麼沒良心，我這麼愛你，為你做了這麼多，對你這麼好，你為什麼不答應我的示愛！」或許在男生看來，他付出了犧牲了，女生就該有所表示，但重點是，女生從來沒要求男生為她做這些，更不需要，也不想要，男生的所作所為不過是一廂情願的感動自己罷了，謀殺了這段感情的人不是別人，而是你自己。

每個過度犧牲的人，都是缺乏安全感的人，想通過自己的犧牲來得到愛和關懷，以彌補內心的那個空洞，安全感其實是自己給的，做一個獨立、自主、幸福的人，好好學習提升自我，當你成長了，你得到的將會是愛人的尊重，而不是通過過度犧牲換來的疲憊和厭煩。若你把安全感寄託在另一半身上，你永遠都不會有安全感，即使他現在很愛你，你還會繼續地問，你會愛我一輩子？你確定？我想說：若你能自信一輩子，我就會愛你一輩子，自信與魅力成正比，無關美醜。每當你問的越多，就表現出你的不安、不自信，疑神疑鬼，對方也會慢慢地感到壓力而慢慢退縮，因為他喜歡的是自信的你。所以不要常常把對方對不起你掛在嘴邊，請讓自己發光發熱，讓另一半欣賞你一輩子，人們總喜歡自信優秀的人，那一份自信的光芒和魅力才是你真正該追求的犧牲。

朋友問：她男友的前女友一直找他怎麼辦？我說：如果是我..反倒覺得她的存在是必要的，因為我的人生過得精彩，沒有人會拒絕精彩人生，所以不必擔心另一半不愛我，只擔心對方不夠魅力吸引我，所以她的存在或許還可以刺激我們的愛情也不錯！

奇葩輪那淒美又搞笑的初戀

　　一段令人難忘搞笑又淒美的愛情故事，不容錯過，二〇〇〇年的冬天，我跟阿信、奇葩輪走在回教室的走廊上，一股強勁氣流吹佛而來，一個奇貌不揚的男生拍了奇葩輪的肩膀。「喂！查某人這是我的電話，今晚打電話給我。」一個滿嘴台語的台客，是隔壁班的留級生，拿了張紙條給奇葩輪，滿嘴台語的台客，所以我把他取名爲「台哥」奇葩輪一臉莫名其妙：「蛤」。

　　走進教室，立馬打開後面的藍色回收垃圾桶，不屑的把它「啾」的丟了進去，以爲相安無事，隔天我們開心地吃著紅豆餅，準備回教室，看見台哥居然又來堵。

「喂！查某人妳昨晚怎麼沒有打給我？」台哥一臉應該的 (台語)。
「我………用丟了」奇葩輪一臉不知所措。
「厚！怎麼會用丟了，我再寫一張給妳啦！不要再用丟了，今晚一定要打給我」台哥用一口流利的台語警告著奇葩輪。

回到教室後，奇葩輪一臉焦慮的看著我，寫紙條給我。
「怎麼辦，根本不想打給他，可是不打明天他會不會又要來堵我了，好煩喔！」奇葩輪。
「那就打啊！看他到底要賣什麼膏藥？」我說著風涼話。
「靠！他會不會要拉我去做直銷啊！」奇葩輪越想越不對。
「ㄟ，我很少看到妳焦慮耶！怎麼回事啊！」我好奇地。
「管他的，打就打，虎怕虎」奇葩輪一臉狠樣。

　　到了明月絞潔的夜晚，奇葩輪躺在床上拿起手機打給台哥。
「喂！妳是誰」台哥強而有力的丹田，用流利的台語。

「我…………是阿輪」奇菔輪嚇了一跳。

「喔！阿輪喔！星期六我們要去大肚烤肉，晚上六點半去妳家載妳，妳家住哪裡啊！」台哥自信而洪亮。

「我家在烏日…………」奇菔輪一臉莫名。

「在什麼路？」台哥問的直接。

「xx 路 VS xx 路附近啦！」奇菔輪大約說了一下。

「好，那我星期六晚上就去那轉角接妳。」台哥說完就掛了……。

「ㄟㄟㄟ…………」完全沒有讓奇菔輪說話的餘地。

　　她原本想要再回播告訴他，自己需要想想，但始終拿起電話又放下。到了相約的星期六，她一邊化妝一邊想著，我幹嘛答應他去烤肉？走到路口處呆站了三分鐘，一個轉身正想繞跑。

「喂！拿去戴上。」台哥帥氣拋出一頂安全帽。

「喔！」奇菔輪毫無思考能力。

「坐好沒。」台哥話說一半就催下油門……噗……揚長而去。

「ㄟ……」奇菔輪還沒抓好後手把，台哥就催下油門，像追夢人中的吳倩蓮披頭散髮的狼狽。

台客們煙霧迷漫的烤著肉：「大ㄟ，你來啦！又換一個七仔喔！」。

「沒啦！朋友啦！」台哥態若神定。

「吃啦！免客氣！」台哥端了一盤烤焦的海鮮給奇菔輪。

「這…能吃嗎？」奇菔輪夾著灼傷程度為 80% 的魷魚翻來翻去。

「青菜吃啦！不會死啦！」台哥奮力的烤著其他肉。

「不然，吃這個啦！烤豬肉！」台哥又夾給奇菔輪。

「這…能吃嗎？裡面還是血？」輪夾著半生不熟的豬肉搖晃著。

「妳不是說不要太焦！」台哥不耐煩地。

「靠！這是能吃喔！」奇菔輪回復平常的樣子，把肉往台哥嘴裡塞。

「不要啦！我吃飽了！」台哥一直用手軸擋著。

「騙誰！ 你剛什麼都沒吃，少來，嘴給我張開。」奇葩輪硬把肉塞進台哥嘴裡。

　　二個人從最開始的陌生，透過一塊半生不熟的媒人婆豬肉，悄悄地萌芽這段愛情，不要看奇葩輪這樣叛逆，其實在愛情的世界裡還是一張空白紙、菜鳥，星期一到了學校，我看著她似乎使用了飛柔洗髮精，長髮飄逸柔順，滿面春光的走進教室。

「妳該不會愛上他了吧！」我驚訝地。
「不要亂說！」奇葩輪試圖想掩飾內心的緊張。
「天啊！他的條件好像沒有一項符合妳開的標準耶！」我激動地。
「他身高沒有 175，長得奇貌不揚，沒家庭背景，也沒學歷還留級生，重點還是個台語版的台客」我快昏了。
「跟他在一起很自在，一點也不做作，跟他相處可以完全的做自己，還可以狂罵髒話……太爽了」奇葩輪認真看著天花板說著。
「恩！ 可以算是個理由。」我雖然點著頭，心卻疑惑著。

　　每天看著奇葩輪開心地跟我分享，昨晚他們去哪吃宵夜的模樣，很想替她高興，但不知爲何就是開心不起來。果然我擔心的事終究發生了，原來台哥有個現任女友，不知道是分手了，女方還沒辦法接受，還是他們還沒分手搞不清楚，前女友衝進 KTV 找台哥吵架，奇葩輪一句話也說不出來，我想奇葩輪的心是碎了，初戀怎麼會落的如此下場？

　　我擔心奇葩輪的心情大受打擊，常常晚上去陪她聊天，那段時間甚至假扮成他男友的角色，在她生日那晚買了一隻大的「泰迪熊」在她家樓上等她，載她去大肚山看夜景聊天，我盡所能地陪伴她渡過這不愉快的記憶！

就在她快走出傷痛時，一通致命的電話，又改變了他們的命運。台哥一付什麼也沒發生般的口吻：「輪是我啦！妳在家嗎？我在妳家樓下，現在下來。」熟悉的聲線，奇葩輪用顫抖的手握著手機：「恩！」。這通電話是凌晨十二點打來，輪第一次超過十二點出門，爲了這個人，或許她就是喜歡他的野蠻及霸道。

　　沿路時速90狂飆到大肚山頂，輪的無聲眼淚伴隨著風速撒落，吹向逝去的青春，緊緊地抱著乾瘦如材的台哥，沿途倆人一句話也沒說，機車停在沒有光害的角落，月光撒在二人的側臉上，靜靜地呆坐五分鐘。

「這個月你到底死去哪？」奇葩輪冷冷地。
「想說把那個查某人的事情都處理好，再來找妳。」台哥。
「所以，現在處理得如何？」奇葩輪既期待又怕受傷害。
「差不多了，這陣子就是怕她會找妳，才沒跟妳聯絡。」台哥。
「奇怪，當初不愛她了，爲什麼不分手？」奇葩輪問。
「唉！人家也沒做錯什麼，也不知道怎麼分手，只是對她沒感覺了，就這樣耗著。」台哥。
叮叮叮……台哥手機響起，他瞄了一眼按掉拒接。
「誰啊！都半夜一點了！還打。」奇葩輪偷瞄手機面板。
「還有誰…………」台哥看著遠方。
「奇怪，我又抽煙又喝酒，她到底喜歡我什麼？」台哥抓著頭。
「是厚！」輪也抓著頭，自己是頭殼有洞？怎麼會喜歡你。
台哥喝著一罐台灣啤酒，抽著煙吞雲吐霧，心事重重。
「有心事要”共”出來，病死了我可不鳥你啊！」奇葩輪欠揍地。
「我就是”甲意”妳的直接有自信。」台哥用腋下勾住奇葩輪。
「你不會再搞失蹤了吧！」奇葩輪用食指比著台哥的鼻子。
「我發誓不會再消失了，憨查某。」台哥摸著奇葩輪的頭。

「你敢再消失，就算找遍全世界也會把你找出來。」奇葩輪威脅地捏著他的耳朵。

　　明明一早還要上課，奇葩輪卻像幸福小公主般的神采奕奕，躡手躡腳地成功逃入紫色的城堡。

「呦……看來有喜事喔！」我調侃著。
「他…出現了。」輪偷偷到我耳邊小聲的。
「真假，那他到底搞什麼鬼？」我不屑地，心裡不爽害我這陣子細胞不知道死了多少。
「就處理他女友的事嘍！」奇葩輪一派輕鬆地。
「所以，之後他不會再消失了吧！」我懷疑地。
「他有發誓不會再消失了。」奇葩輪得意地。
「YES，賓果。」我心想太好了，終於不用再陪奇葩輪療傷了！

　　某天，台哥請奇葩輪約我一起去唱歌，為彌補這陣子他消失的過錯，約好了晚上六點集合，都六點半了怎麼還沒看到台哥的身影，奇葩輪打了電話過去，才準備開罵，台哥一付常發生地口吻：「輪，我被車撞啦！你們先坐計程車去，我這邊處理好就過去。」二小時後台哥臉部些微擦傷，左腳用簡易石膏包扎著，踏著拐杖，緩緩走進KTV包廂裡，繼續跟大家歡樂，而我心裡直佩服著這位老大的精神，不管發生任何事，都不影響他的心情，對他的景仰有如滔滔江水，連綿不絕。

　　接下來的日子，不用想也知道他們過著幸福快樂的日子，假日就去遊樂園、溪邊、觀光勝地玩，怎麼突然我變成孤獨老人，不行，我得自己找點樂子才行！於是開始籌劃明年的才藝舞蹈表演！突然有一天奇葩輪跟台哥二人都沒來上課，大事不妙！這次

逃課三天，我知道奇葩輪在處理這事，只有傳給訊息給她。第四天終於出現了！她滿臉蒼白走進教室，我一看事態不對，但我明白她的個性，不要逼迫她，想說她自然會說！也許，只是女生大姨媽來，也不要亂想！突然我藍色原子筆沒水，正回頭要跟她借，嚇了一大跳，滿滿一灘淚水佈滿桌子，無聲的眼淚加上她的腫眼，可以判斷昨晚哭到今天！上課中，實在不方便多說些什麼，於是我傳了張紙條給她。

「放學我陪妳去走走，看妳想去 ？」我傳。
「恩」奇葩輪回。

　　下課後我沒有坐校車回家，騎車載她去看夜景，雖然明知道這個地點可能是她的傷心地，但以她現在的心情，去喝茶太吵也不適合，是吧！沿路買了杯星巴克焦糖瑪奇朵咖啡到最山頂，她吸了一口氣嘆了一口氣，娓娓道來：「因為台哥突然電話都不通，人間蒸發，我問遍他的朋友都說不知道，我逼問了一個朋友，他才說他的下落，我立馬坐客運去台北找他，一開門不囉唆，立刻閃他二巴掌。」台哥很淡定沒還手：「我女友懷孕六個月，所以我們要結婚了。」奇葩輪氣奮地罵著，卻止不住淚水滑落：「你女友不就是我嗎？」台哥無助地：「我媽逼我要娶她，所以我才逃出來的，又不知道怎麼面對妳。」

「天啊！現在是八點檔嗎？」我驚訝地。
「而且怎麼六個月了，台哥都沒發現嗎？」我氣奮地。
「她後面這二個月都沒有出現，只有一直打電話給他，也沒有告訴他懷孕的事，台哥是前幾天臨時被他媽叫回去，他媽媽說她女友直接去他家跟她說的。」奇葩輪已無表情。
「看起來她是故意的。」我驚訝地。

「是啊！她不爽他對她冷淡，所以故意到沒辦法拿掉才說」。
「天啊！她怎麼這麼傻！」我嘆了一口氣。

　　「昨晚他陪我坐客運回來，我們去買了一對"紀念"戒指。」奇葩輪又流下傷心的眼淚。我抱抱她，讓她盡情的哭，因為這個時候的她只需要陪伴，不需要多嘴。之後他們就沒有再聯絡了，直到一年後某天接到他的電話。台哥語重心長地：「輪，自從小孩生完，她就沒有盡母親的責任，整天泡夜店，我打算當完兵回去就跟她離婚，回去跟妳在一起。」奇葩輪冷冷地：「不好意思，我不是撿破爛的⋯⋯」。

造窗心情： 又是一場轟轟烈烈的三角習題，我和奇葩輪的初戀就是如此的刻骨銘心，人生不是得到，就是學到，相信奇葩輪在這段愛情裡學到了不少。

我請她本人為我們分享心得：
曾經以為愛情很美，所以給的太深切，因而傷的很狠狠，因為真實的痛過，知道自己真的愛過，建立在謊言的愛是欺騙，試圖讓一切變的理所當然更是悲哀，單純的傻女孩不懂得愛自己，便是由著對方糟踏自己，試著把愛情的美好收納起來，優雅的放在衣櫥裡或是書櫃裡，那都是一份深刻的記憶，就像一杯熱咖啡，溫暖餘韻心頭，你不可能會忘記這個味道，因為已封存在你心頭。

以上就是奇葩輪本人的文筆，真的是師父等級，她總是笑我，走逗趣路線的，不過現在的我已經因為她而成長許多，凡事不要為了任何一個人去改變自己的本性，做自己最自在。

「冠軍家庭TV秀」與當紅炸子雞陳曉東跳舞

二○○○年夏天尾巴，所有的鳥事都告一段落，輕盈的漫步在走廊上，突然一雙大手拍下我的背。

「超，妳要不要跟我們一起去台北，參加冠軍家庭TV秀。」隔壁班的一位皮膚白白的男同學，取名為「皮皮」。

「你說跟誰去！」我問。

「商科的女生找我去參加，不過，只有我一個工科男生」皮皮害羞地夾著大腿。

「問題………我也不是男的啊。」我疑惑地。

「不會啊！ 妳比男生還要帥。」皮皮興奮地。

「喔！ 是喔！」我白眼翻到後山去了。

「不過，我只認識你一個男生，難不成跟你抱著睡嗎？ 我還是找一個人，她陪我，我陪你，如何？」我啃著餅乾。

「好喔！ 成交。」皮皮開心地跳著回教室去。

好事多磨，隔天看見皮皮沮喪地從教室走出來，雙手無力的下垂，朝著男廁的方向走去，我快步跟上拍他肩膀。

「你怎麼了，看起來臉色不是太好。」我問。

「超，我對不起妳。 」皮皮一臉要哭要哭的。

「你說」我問。

「昨天商科的女生知道我找妳去，就不高興一直罵我。」皮皮說。

「那我就不要去就好啦！ 沒這麼嚴重吧！」我說。

「可是我很想要跟妳一起去參加。」皮皮。

「那也沒辦法啊！ 那是她們的場，我們不能做主。」我說。

「她們說，除非妳也會跳舞，因為她們不要帶癈人去。」皮皮說。

「重點是……我只是陪你去看看，又沒有要跳。」我疑惑地。

「反正，她們就是要妳去他們教室跳舞給她們看，鑑定過才可以一起去，拜託啦！」皮皮雙手合掌的拜託著。

「好啦！好啦！我去我去，什麼時侯？」我問。

「明天下午二點，我跟妳一起去他們教室。」皮皮說。

　　隔天走進她們教室，桌子都搬開中間留了一個大舞池，個個氣勢凌人，手叉著等著看我出糗，她們隨意挑選一首歌曲，還好我跳舞本來就是 FREE STYLE，有音樂身體就會跟著節奏律動，屬於人來瘋型的，不管什麼類型的歌曲都能跳，音樂一下所有人的眼光注視著我，柔軟彈性的性感舞風，結合帥氣的街舞嘻哈風，她們目瞪口呆的看著我，音樂結束就來個大決招劈腿，她們不情願的說：「好吧！勉強過關！」。

「謝啦！」我右手揮了一下。

「哇！超，妳好強喔！我都不知道妳這麼靈活」皮皮興奮地。

「比賽是團體的，如果編得太難，跳不出味道更慘！」我說。

　　後來我才發現，原來商科的女同學有人欣賞皮皮，所以，才不希望我出席，百般刁難我，這個傻瓜完全搞不清楚狀況，男生都這麼遲鈍嗎？害我又莫名其妙變全民公敵。前天晚上，我跟老媽說：「我明天要去台北錄影喔！」（台語）

「露營喔！那個危險啦！」老媽擔心地。

「為什麼會危險」我一頭霧水地。

「露營都會有蛇」老媽。

「不是啦！是上節目啦！」我恍然大悟，果然台語還是不輪轉…。

　　出發台北參加「冠軍家庭 TV 秀」前，得知特別來賓是當紅炸子雞「陳曉東」，那時跟姐姐很迷戀他，突然靈感一來帶著滿滿

的興奮感，完成一幅陳曉東最新專輯的封面素描，準備要送給他，否則自己又沒參加舞蹈表演，去那坐冷板凳也挺無趣的，還不如自己找點樂子做。我們前天搭客運北上，住在其中一位同學家，大家認真的在為明天的節目排練舞蹈，練到將近十二點才甘心就寢，因人數眾多客廳擠了一整排，天還沒全亮團長播放熱門舞曲，刷牙洗臉一會兒全辦完了，為了省計程車費決定搭公車轉捷運到電視台，明明下午五點才開始錄影，我們的部份也才出現不到 10 分鐘，主辦單位卻要求我們早上九點半報到，這時突然覺得當藝人真的很辛苦，為了幾個鏡頭，要等上大半天，有時侯還可能只是個露出背影的路人甲，心酸啊！

　　到了攝影棚大家忙著複習舞蹈，只有我一個人坐冷板凳上發呆，這時一位製作人朝著我走了過來，拿起我手繪的陳曉東素描，看了看我開口問：「有人說妳長得像梁詠琪？還是陳慧琳？」

「都還好耶！」我害羞地，心想哪裡像了，是因為眼睛大嗎？
「妳會跳舞？」製作人。
「會一點」我說。
製作人立馬拿出手提音響，隨意挑選了一首曲子，放下音樂。
「FREE STYLE 一下」製作人。
我隨意地舞，製作人就帶我去包廂，請設計師幫我化妝做造型。
「等一下會安排妳跟陳曉東來一段舞蹈喔！」製作人拍拍我的肩微笑後離開。心想，這是怎麼回事啊！莫名其妙要跟我的偶像跳舞是何等榮幸啊！

　　記得我們是挑戰隊，而穩坐冠軍隊的是「劉真」國標團隊，她的國標技巧可是堪稱台灣女神的等級呢！雖說自己只是個參賽者，但可以看見偶像及國標界女神的舞姿真的是太幸運了！

終於等到節目即將開始，其實現場的視覺跟在電視機前眞的差很大，都開始錄影了，我還搞不清楚狀況！你說誇不誇張，是看別人好像很認眞的投入了，才發現原來已經開始！第一次參加錄影，還滿新鮮的，年輕就是不要留白，主持人「藍心湄及黃子佼」特別來賓「陳曉東」終於來到我們這一隊，由團長介紹完我們這隊後，主持人就走到我身旁。藍心湄手伸出來：「聽說妳有一個禮物要送給我們特別來賓？」我害羞地從包包裡拿出來：「是的，我畫了一張素描要送給他。」

「哇！好像喔！好有心耶！」黃子佼用誇飾法。
「謝謝妳！我會好好收藏」陳曉東溫文儒雅地。
「你沒有什麼表示嗎？要不跟她合跳一首曲子？」藍心湄順勢地。
「可以喔！」陳曉東走上來牽著我到舞台中央。
又是一首 FREE STYLE 的歌曲，反正就是隨性盡情地舞動人生。

　　接著是我們團隊的街舞表演，我不得不說她們都是女生，跳這樣強而有力又整齊的舞蹈眞的不容易，難怪她們總是在校拿下「才藝表演」的冠軍，她們跳完精彩地街舞表演後，來到了壓軸「冠軍團隊」，眞的是人外有人，天外有天，我們的街舞在校是冠軍，來到這個舞台，冠軍是全國的女神級人物，我們還有很大的進步空間呢！錄影結束，一人發了一個紅包800元加一盒餅乾車馬費，若是以賺錢為目的，這次是肯定虧本，但轉個心念這趟不是一場比賽，而是一趟奇幻旅程的話，就相當地有意義了！

　　二星期後播出，我差點沒吐血，她們辛苦練的舞蹈表演全被剪光了，只剩我跟陳曉東對話及跳舞的部份，也許是為了節目效果以及時間限制，不得已需剪片，但眞的覺得太對不起她們了，原本只是去看戲的，怎麼會變成這樣，我也了解她們當下的心情

及努力，在此跟當時的隊友說聲抱歉了，也謝謝妳們給我機會去參加這個節目，是個美麗又奇幻的回憶。

造窗心情： 回過頭思考，是一場奇幻的旅程，人生也是一樣，隨著情境不斷的變化，我們是否能夠換位思考，站在對方的角度，冷靜地思考這個問題，因為這不是每個人所願意看見的結果，但它發生了，若大家都可以用智慧去思考，或許我們今天會是一個更強大的「冠軍團隊」，你說是嗎？

「使您狂熱的蒐集品」分享大會

二〇〇一年的冬天，甜美的班導突然給了大家一個新奇的暑假作業「使您狂熱的蒐集品」，開學第一天，請大家分享，每個人開始交頭接耳興奮的討論著，我耳朵放大的偷聽著，都是一些普普毫無新意的蒐集，例如：首飾、漫畫、小說、貼紙、公仔、kitty 貓、文具等……。最好奇的是奇葩輪蒐集什麼？ 期待中，充滿希望的那天到來了，老師要求我們將桌子排成ㄇ字型，並發放了餅乾給同學，活像個同樂會般地開場，大家一個一個興緻勃勃的秀出自己蒐集已久快發黴的小說、追星偶像貼紙（大家小時侯都有一本剪貼簿吧！）名片大小的偶像小卡、鑰匙圈、公仔等…

奇葩輪一上台，一股特殊的魔力吸引著大家的目光，鬼鬼祟祟東張西望地，從她「紫色」百寶袋裡拿出第一隻 15x15cm 的「紫色」雙手環抱的猴子娃娃，大家看了看，有什麼特別的 ？ 她繼續拿出第二個「紫色」的馬克杯，陸續拿出「紫色」的鉛筆盒、眼鏡盒、零錢包、照妖鏡、梳子等 20 多樣「紫色」的產品，她身上的配件百分之九十是「紫色」。

奇葩輪果然是奇葩，這才是傳說中的「蒐集王」，聽說她的房間也是變態的「紫色」，太酷了！奇葩輪深情款款地：「紫色可以使我放鬆心情，創造靈感」。

　　接著「最後壓軸當然是我啦！」我拖行著一卡皮箱像走秀般的上台，播放著莫文蔚的「實況轉播」大家探頭好奇著。咔嚓！！打開皮箱，瞬間彈出數十隻娃娃，小至 10X10CM，大至 60X60CM 左右的大娃娃。想必大家以為我蒐集娃娃對吧！不全然錯誤。由於過多沒辦法全帶來，我附上照片，約 200 多隻的娃娃，從國中陸續蒐集。這都是從「夾娃娃」機夾到的，包括 60X60CM 的大娃娃。大家睜大著眼：「哇！！」國中放學的某天，那天被老師處罰心情不佳，看見一台夾娃娃機，好奇地去夾了，當娃娃掉進洞口的那一刻，心情居然瞬間得到紓解！由於老媽不喜歡我亂花錢，因此，回家都要偷偷塞在書包裡，藏起來！等到有活動要交換禮物或捐贈時，我就會讓它們登場！！

　　今天跟大家簡單分享一下「夾娃娃」的技巧，通常我會先花十元硬幣測試夾子的抓力，才決定要不要夾。

重點總整理：
　　第一　夾子是否有夾力：
　　對準後是否能夠讓娃娃懸空，若是娃娃連動都不會動，夾力不足，不要再浪費錢了，這樣的機台高手也夾不到的。

　　第二　娃娃的形狀：
　　最好夾的身形是「史迪奇」頭跟身體一樣的比例，頭再大一點點，有手有腳的，最難夾的是長形、圓形，因為三個夾子如果合不起來，是沒有抓力的。

第三 娃娃的位置、距離 ： 最好在洞口旁。

第四 娃娃的擺放方式：

1. 像山一樣，斜坡超過45度以上的，那就要選擇身形圓形的娃娃，抓位於最高處的娃娃，讓它用滾的下來。

2. 擺放整齊，娃娃高度與洞口平行，這時建議用拖拉方式，將娃娃的1/3部份放在洞口上，再使用翻的技巧到手。

第五 夾子的角度：

可以利用搖桿，右轉左轉調整，或是將夾子移至最後，跟吊在牆上的娃娃產生摩擦，改變角度，要注意秒數。

第六 機器裡會顯示多少錢取物：

例如： 250元保證取物，那麼就是您第25次一定會中，若前面已有人夾到23次，你只要再夾2次就會中嘍！不過上面的會計時約三分鐘，若沒人續夾就會歸零，如果你過了十分鐘來，也許搖桿旁的顯示器上會再顯示一次上一個客人的次數。

聽完我精闢地分析後，我想大家會想去試試手氣！！ 偶爾可以玩一下紓壓，但不要沉迷喔！！謝謝老師這堂「使您狂熱的蒐集品」分享大會，讓大家喜愛的興趣蒐集都獲得「展示」。

造窗心情： 一位敏銳的領導者透過「分享」凝聚大家的好奇心，使每個人分享自己的趣事，進而找到自己小小的舞台，同時觀察別人的蒐集是否觸動你的新思維?每個人都有紓發壓力的方式，有的人是血拼，有的人是看電影，而我就是夾娃娃，會讓我心情愉快放鬆，所以每個人都要找出讓自己放鬆的方式得以紓解喔！

這該死的一分，與國立科大擦身而過

　　歡樂精彩的高職生活即將畢業，最緊張的莫過於老媽，總是擔心我的學業，我想她是白操心了，高三有一個推薦甄試，許多人準備了資料在學成績作品集，就為了考上國立科大，那時聯考總分為 600 分，國立最少要 450 分以上才可能考上，每科平均至少要 75 分以上，光想就是一件不可能的任務，何況我平時小考偷作弊，也都只有 60 分 -70 分而已，不偷作弊時的成績可想而知的淒慘，那時的我就有自知之明了，才不想浪費時間做這些無意義的掙扎，於是我沒有參加推薦甄試。直到放榜那天，老媽一早七點立馬去頂好超市買了一份報紙，在密密麻麻的放榜名單裡尋找著我的名字，老媽一直在看報紙的上面。

「媽，妳也太看的起我了吧！看下面比較快」我比著報紙下方。
「也是」老媽回頭看了我一眼。
「找到了，找到了，348 分」媽很興奮地拍打我的肩膀。
「平均一科不到 60 分，果然是我的水準。」我冷笑了。
這時來了一通致命的電話，噹噹噹…………。
「超，我考 349 分，上了國立科大耶！」奇葩輪興奮地尖叫著。
「什麼，妳多我一分考上國立科大。」我驚訝地。
「我有報推薦甄試啊！妳應該也有吧！之前都要 450 分以上才有國立可以讀的，是今年的考題太難嗎？還是我太幸運了！哈哈！」奇葩輪持續興奮中。

　　這時的我已經萬念俱灰，了無生趣，老媽聽到我跟奇葩輪的對話，氣到脖子爆青筋快說不出話來了：「什麼，妳沒有給我去報推薦甄試，妳姐姐每個都讀國立的，就妳沒有給我考上，私立的學校學校很貴，妳自己給我想辦法賺學費」。

「好啊！賺就賺誰怕誰，才不用靠妳。」我挺著胸。

「我覺得老天應該是故意這樣安排的。」我轉念中。

「妳少在那找藉口，胡說八道。」老媽氣到不行。

「一定是這樣的，老天爺爲妳關上一扇門，就會爲妳開一扇窗。」
我開心地跳舞上二樓吃水果，

　　家人翻白眼的看著我，其實我一直故意不推薦甄試是爲了想
考上外縣市的學校，脫離這碎唸的城堡，沒想到老媽…。

「妳不準給我讀外縣市喔！」老媽一手叉著腰，一手指著我。

「姐姐就可以，爲什麼我不行？」我扭動著肩膀，踩著腳。

「因爲妳是野馬，只準給我選台中，考上私立的學費就自己繳！」
老媽也是已經放棄的語氣。

　　從那天開始，老媽不想鳥我了，放我自生自滅，反正不用繳
學費了，她落的輕鬆，想通了走路也開始用跳的了。

**造窗心情： 當事情已經發生無法挽回，請不要再回頭抱怨，請向
未來看吧！ 老天爺爲你關了一扇門，妳要爲自己再造一扇窗，天
無絕人之路，只要你有心，老天會給您新的機會。**

打工賺學費的日子

　　花了幾天思考著未來，像我這樣「書不愛我，我也不愛書」
的人，要靠什麼生存啊！有點後悔跟老媽嗆聲說要自己繳學費，
哈哈！ 沒這麼孬好嗎？天無絕人之路啊！暑假的這段時間，我做
過許多的短期打工，一邊工作一邊思考未來的問題，期間我賣過
愛心原子筆，每天早上背著200支原子筆，在科學博物館後門的
草悟道上推銷，一支售價100元，每售出一支我抽20元，部份做

公益，也不知道是不是眞的！賣了幾天發現業務眞不好當，每個人遠遠看到我拿愛心筆就逃的遠遠的，好像我賣的是炸彈一樣，所以，業績當然不好嘍！有時候一天才賣不到 10 支，我覺得錢賺的少沒有關係，但要發自內心的去做才會開心自在，後來我發現公司根本就是「假公益之名，行賺錢之實」，老闆看起來又賊賊的，我推銷的很心虛，於是放棄了這個工作。

接著爲了之後的補習費及學費開始發奮賺錢，也評估了自己的優缺點，優點就是喜歡繪畫設計，可以天馬行空沒有框架的事物，缺點就是國英數都很爛，所以決定重考商業設計，只因爲它不用考國英數，哈哈！太開心了！從暑假六月至九月我都在打工，一天兼二份餐飲工作，早上在義大利餐廳打工，到下午三點休息，騎腳踏車回家洗個澡，睡一下五點走路到離家 200 公尺的茶坊，打工到晚上十二點整。

早上的義大利餐廳菜單，光看到名稱我就快昏了，都很長又繞舌，例如：塔味香蒜培根墨魚義大利麵、卡波納亞培根蛋黃義大利麵……。像我這種文科不行的人，背這個落落長的名字很痛苦，常常唸到打結，客人還很幽默：「新來的厚！沒關係，慢慢來。」讓我心情放鬆了不少，謝謝這些將心比心的好客戶。

晚上茶坊工作在地下室，一樓是廚房吧台區，地下室有 70 坪這麼大喔！但只有我一個服務生，所有的餐點都是從一樓坐餐梯下來的，一開始這麼大的茶坊才我一個人要服務眞的有點膽怯，我還衝去問櫃台的姐姐：「地下室眞的是只有我一個服務生嗎？那少說有二十桌耶！」櫃台姐姐很熱情地：「沒錯，不要懷疑，妳可以的。」我有氣無力的：「好吧！我試試！」。

第一天上班有人帶我試著練習，第二天就讓我一個人上工，沒想到我的學習力挺快的，隔天就研究出如何雙手拿餐盤，加上一身柔軟舞技，輕鬆地穿梭在人群中送餐。不到一星期我就如魚得水了，輕鬆自在的工作，每天最期待晚上十一點半，公司播放小哥的「晚安曲」，讓我們互道一聲晚安………，代表準備收攤下班了，所以現在聽到這首曲子都會想到 18 歲的我。

　　打工的過程中，最討厭的就是遇到「澳洲來的客人」，還好我很幸運沒有遇到太純正的澳洲人，不過有遇到一個「色伯伯」，一來就坐在地下室靠我最近的位置，用色色的眼神看著我：「妹妹，我今天想喝酸酸的飲料」我說：「那就喝檸檬汁吧！」色伯伯：「那我半糖不要太甜。」我說：「好的」當我送上檸檬汁，他吸了一口。

「好酸喔！」色伯伯表情掙獰。
「檸檬汁當然酸啊！你自己要半糖的！」我說。
「好吧！」色伯伯滿足的喝著，繼續的看著我上班。
「妹妹，我餓了。」色伯伯。
「那就點東西吃啊！」我拿菜單給他。
「那我要一個荷包蛋，水晶餃。」色伯伯。
「好」我說。
我送上餐點，他吃了一口。
「好油喔！」色伯伯表情掙獰。。
「荷包蛋不加油怎麼煎？」我唸著他。
「好吧！」色伯伯滿足的吃著。

　　就這樣他每天晚上七點半準時報到，坐在老地方看著我工作，久而久之我也習慣了，不以為意。

有一天，淡季比較沒客人，跟他聊比較多，才知道原來他這麼喜歡來看我，是因爲我跟他的小女兒很像，可惜她已經不在了，他很想念她，所以常常來看我。

「原來如此，早說嘛！哈哈！」我海派地。
「謝謝妳每天都要服務我。」色伯伯客氣地。
「不會啦！應該的，服務業嘛！」我突然覺得自己很對不起伯伯。
從那天開始，我都對他很客氣，也會主動地關心他的事物。

這短期打工只有二個月的時間，就在我準備卸任的前一天，手滑了一下，打破了一個杯子，全場都轉過來看我，當下超級緊張地，這時一樓櫃台電話響起…………。

「喂………」我用顫抖地聲音。
「小慈，妳打破杯子啊！」櫃台的姐姐用高音量。
「對啊…………怎麼辦！」我害怕地。
「一個而已，小 case，我第一天上班就打破一整盤杯子，哈哈！」櫃台的姐姐豪邁地。

頓時覺得感動，謝謝姐姐的幽默海派，使我上班安心許多。很快地二個月打工期即將到來，準備著一年份的補習費，前往商業設計的補習之旅。

造窗心情： 在還沒理出真相前，不要輕易斷定別人的居心，也許就像故事中的伯伯，他只是想念女兒，可以從互動中去了解對方的來意，加以應對！謝謝那些好同事，幽默地照顧著我這小學妹，我都謹記在心，未來每個帶人的機會，我會用這樣開朗幽默的方式對待新人，最好的學習，莫過於最好的相處帶來的正能量。

偷手機賊的假好心

　　人生中第一次上補習班，就得拿出打工錢自己上補習班，老媽真狠心啊！早早就放棄我的學業，更別說什麼才藝班了！我只有在窗戶外看的份！不過，我還是相信老天爺是眷顧我的，會安排更適合我的機會！我跟老媽要求要搬出去住，在家沒辦法專心看書，沒事一直有人走來走去，再加上老媽的散彈槍碎念功力，實在很難專心。老媽不準我離開她的視線範圍太多，頂多讓我去住家裡的另一個小樓店，好吧！反正，我的目的只是需要隔絕老媽的碎念音符，也許就考上台大了！哈哈！

　　隨便拿幾件衣服便到新家去住了，小樓店距離我家只有 300 公尺，其實白天在二樓讀書時，還是可以聽到老媽來附近跟鄰居抬槓的高音頻笑聲，老媽沒去當里長伯真是太可惜了！全村應該沒人不認識她！最後選擇了台中後火車站的補習班，從來沒補過習的我，走進可容納約三五百人的補習班，像個小巨蛋似的，座位由高至低，老師在最底層，像演唱會般的設計，太酷了！

　　位置先到先坐，沒有規定，我挑了倒數第三排的位置，隔壁坐了一個高個子，長得很像李小龍，姑且叫他「小龍」吧！

「快上課了，你幹嘛還站著不坐下。」我指著小龍。
「我已經坐下了。」小龍疑惑著。
「什麼……」我往桌下一看。
「天啊！還真的是坐著耶！你是多高啊！」我驚訝地。
「191」小龍。
「天啊！長手長腳的，好像快打旋風裡的達爾錫姆，手和腳伸縮自由。」我興奮地。

「…………喂！！妳很吵耶！」小龍翻了我白眼。
「好啦！要上課了！」我快收心準備上課。

　　真心覺得補習班老師就是個天生戲精，不是在教課，他們是演員訓練班的教練，說話幽默風趣毫無冷場，你的目光很難轉移，說話說重點，偶爾帶點黃色笑話幫助記憶，或許許多校內老師不認同這樣的教學方式，但實際上教學幽默風趣生活化，甚至有些顏色的笑話，才能刺激學生的腦袋。

　　在聯考的結骨眼上，他們在乎的是結果不在乎過程，之後一個月全忘光也沒關係，我也相信大部份的人是這樣的，聯考結束後課本內容全忘記了都還給老師，讀書只為了聯考，畢竟進入職場第一關公司要的只是你的文憑，能不能呆的下去就是靠你自己的努力及智慧了。

　　重考的科目是商業設計色彩學，像設計的部份是一種天份及天賦，而我選擇它有二個因素，第一　別無選擇，因為文科數理科都不行，第二　設計不被侷限於框架中，可以天馬行空的創作。下課如果沒事，我便會搭公車到百貨公司去看看包裝設計，各類型的設計，所以設計是無所不在的，天天都在累積我的 IDEA。上了二星期安穩地課，開始覺得有點無趣，正要去洗手間時，發現樓梯間有聲音，透過縫隙看見二個高大的女生，正在霸凌二個身高一米五的女孩，我洗手間出來看見二個一米五女孩急忙得衝回教室，全身發抖。

　　隔天下課我找了機會裝作若無其事，跟蹤她們二個去向，這回她們又被那二個女生拉進梯間，這次我悄悄地躲到正樓下梯間，發現她們在勒索二個女孩，要求保護費真是太可惡了，這不是我

國小不懂事時幹的事嗎？那時我才收 5 元，他們居然獅子大開口要 200 元。我手刀快步跑向她們，她們驚訝地看著我。

「繳什麼保護費呀！」我把他們兩個推到我後面。
「妳是誰呀！關妳屁事！」高個子嗆著說。
「我是誰不重要，妳是誰對我來說也不重要。」我說。
「妳少管閒事喔！」高個子。
「不閒，挺有趣的。」我悠哉地。
「妳…………」高個子結巴。
「我……怎樣，不要再讓我看見妳們欺負別人，否則看著辦。」我把二個女孩帶走。

　　下堂課就讓她們倆坐我旁邊，中午也一起吃飯，她們身材嬌小玲瓏，腦子倒是挺靈活的，成績都是名列前茅，她們是本科系的，而我是轉科系的比較辛苦，她們為了報答我，常常幫我抓考試重點，真心感恩！

　　一天颱風日，補習班提早下課，走出大樓準備打個電話給朋友，發現我的手機忘記拿，立馬飛奔坐上電梯回教室找，往抽屜一摸空無一物，就在我慌張地回想時，突然來了一位女孩。

「在找什麼？手機嗎？那要趕快辦停話喔！」好心的女孩說著。
「謝謝，我去櫃台問問」我說。

　　不知道為什麼，直覺這個女孩是刻意等我回來找的，隔天我開始注意著她的一舉一動，她坐在教室的右前排，每次下課我只要跟她對到眼，她都會心虛似地點頭快步走過，因為我很喜歡小狗，所以特別到專賣店尋找比較特殊的手機外殼，剛換新手機第

一件事就是研究功能及灌入新的手機鈴聲，那時流行「流星花園」的主題曲是「情非得已」，我的手機鈴聲就換這個最新的主題曲。

那天上色彩學的課程，突然有人的手機忘記關靜音，傳出響亮的音樂，「只怕我自己會愛上你…」這不是我的手機鈴聲嗎？我立馬轉過去看那個女同學，她雖然沒有很大的動作，但她的手就是在按東西，也有人轉過去看她，我相信自己的第六感，小偷就是她。中午休息時間，我派了二名身高一米五，無殺傷力的女間諜去跟蹤她，跟她吃同一家麵館，坐隔壁桌觀察。

「她有了新手機一定會拿出來玩，妳們只要坐她隔壁桌，負責瞄她的新手機的外殼是不是白底，並且有一隻大頭狗的臉就可以了。」我小心仔細地說明。
「是，娘，我們明白了。」女兒點頭。

一小時後，女兒們匆匆忙忙跑向我。

「娘，我跟妳說，她的手機真的是白色，而且有一隻黃色大頭狗的臉喔！」女兒湊在我耳邊。
「就知道是她，第一時間就覺得她有鬼，看我怎麼對付她。」我眼盯著她的位置。

老娘完全沒心情上課，用隨堂測驗紙寫了一張紙條給她。

林 XX 妳好：
請問一下妳的新手機是不是我的？ 如果妳下課前歸還，我可以一筆勾消，不跟妳計較。

張 XX 妳好：
我並沒有拿妳的手機，這是我新買的手機，請不要誤會我。

我看了氣得火冒三丈，立馬再回覆一封帶有殺傷力的口吻。

林 XX 妳好：
妳說這是妳新買的手機，可以下課分享我看一下嗎？
我就跟妳賭那萬分之一的可能，世界上有這麼巧的事？
就在我手機不見的那一刻，妳像是刻意引導我先去辦停話，假好
心裝善心人士，以為我會忽略妳，可惜妳的手法太粗糙了。

第一　手機鈴聲是我最近下載的歌，偏偏老天爺就是要我抓到妳，
才讓妳忘了關靜音。
第二　手機外殼也是我到特殊專賣店買的。
第三　妳看我的眼神裡有心虛感。

對了，還有我的手機電池，上星期剛好有多了一條45度角的割痕，
麻煩妳下課把手機拿過來給我看，如果沒有割痕我跟妳道歉，但
如果有，我保證讓妳在教室裡難看！

還沒到下堂課，就看到遠遠傳來一張紙條。

張 xx 妳好：
對不起啦！ 我真的不是故意的，當時我看到手機拿了起來，想到
自己沒有手機才起了貪念，我以後不會了！ 請妳大人有大量，不
要公開我偷手機的事，好嗎？

林 xx 妳好：

人非聖賢淑能無過，請妳好好記得這次的教訓，人在做老天在看，雖然那支手機沒值多少錢，但對我來說值錢的是手機裡的照片回憶及通訊錄，請妳未來做一個正直的人，我想經過這次的教訓，妳也能深深明白做壞事時，心裡的不安及惶恐，造成妳內心的糾結，怎麼可能會快樂呢？

希望未來的您，可以多做一些善事，好禰補妳曾經犯的過錯，相信會越來越好的，也期待妳跟我分享妳做的善事。

我知道妳現在很難面對我，等會妳把手機放在我的桌上就行了。

造窗心情：

人生的道路上都是不斷的在學習成長，或許小時侯的你犯了一個錯，經過反省後，長大遇到了一個曾經跟你犯一樣錯的人，你是否也能夠同理心的去對待他，給他反省改過自新的機會呢？

你也絕對沒想過，也許你當初的舉手之勞，卻深深地烙印在他們的心中，這二個女兒，其中一位目前還在FB跟我有所聯繫，相信雖然過了18年之久，當初的那份恩情依舊存在。

奇特的暑期打工之旅

　　重考完剛好是春天，離入學還有四個月，但不想如此平淡渡過，去年一個暑假打了四份工作，都是餐飲及推銷工作，這次想嘗試點不一樣的，想吃吃苦頭的確有點變態。

　　第一份工作「挑糞」剛好親戚家的蘑菇準備收成，需要一星期的打工仔，跟表弟妹一早六點半到溪湖蘑菇園打工，早上先推車去工廠「挑馬糞」再到潮濕的養殖場施肥，我們開心的推著馬糞一趟一趟，還沒發現我們挑的是糞，是表弟一直說：怎麼這麼臭？ 我們才意識到它居然是「糞」，老闆說這是頂級肥料耶！傻傻地，蘑菇可以這麼漂亮都靠它了。於是表姐弟妹四人繼續開心的做著「挑糞達人」這項工作，直到下午時間交換工作，削蘑菇頭裝進保麗龍盒裝箱出貨，一整天做滿八小時，日薪 600 元對於剛出社會的新鮮人來說是相當滿足，就這樣我打了一星期的工。

　　第二份工作 「不能講話的生產線女工」位於望高寮附近，日薪約 500 元，有時會加班，於是暑假搬去國中同學麻吉家東海附近，姑且叫我的麻吉「丹丹」，以前常常聽人家說做女工多辛苦，所以，我決定深入其境親身體驗一下。

　　第一天，起個大早刷牙洗臉吃早餐，騎機車到工廠，在大門口就聽到裡面傳來古老的收音機播放著…黃乙玲「講什麼山盟海誓，講什麼永遠要在一起…ㄅ…ㄅ…」，山上收訊顯然不是太好。

「喂！ 妳們二個新來的站這邊。」大嗓門的會計小姐。
「大家動作快一點，不要影響別人的進度。」會計小姐呼喊著。

產品是一個真空保鮮罐，最前端的生產線拿來外殼組裝，再推到中間生產線，進入抽拉真空的部份，最後推到後端組裝完成，中間如果你想去洗手間，不好意思只能小號快去快回，沒有讓你蘊釀大號的機會，因為小號回來已經看到產品堆的像座冰山，聽著古老的收音機很沒動力，都快睡著了，於是側頭跟丹丹偷聊了幾句。

「你們二個不要聊天，分開，一個來最前端，一個來最後面。」會計小姐比著我們倆。

　　天啊！不能講話的工作也太苦了吧！做苦工都難不倒我，但不能說話，就像魚兒沒水一樣般的痛苦，等會計小姐走了之後，我用斜眼偷瞄丹丹，剛好跟她對上眼，我對著她挑了二下眉，她偷笑，我再對著她比著「笑三小」的手勢，用手指比著我假笑的嘴，再用手比三，再將這三下彎，形成「笑三小」的畫面，我看她笑到不行，我想旁邊的阿婆應該覺得我們是神精病吧！沒辦法呀！這麼無聊的工作，不找點樂子不行啊！

　　阿婆他們也開心的哼著台語歌啊！大家都無聲的沉靜在自己的世界裡，由於這工作太無趣，讓我這朵美麗的花兒即將枯萎去，上這種不能說話的班，對我來說是場惡夢，所以我都叫它「惡魔島」，早上起床心情都不是特別美麗，二個臉臭臭的去上班，雖然這個工只有一個月，但是我覺得渡日如年，想想這樣下去也不是辦法，得分散注意力才行。

　　那時規劃是放榜開學後就要找一般的正職工作，所以也積極思考是否要學習打字練習，最後選擇無蝦米輸入法，但天天拿著文章打字也挺無趣的，所以我們下班之後有空就會去網咖花 50 元

三小時，上台中人聊天室練習打字，準備一本小手冊，記錄這些網友的基本資料，經過第一次身高體重的條件審核後，我們會在星期五晚上統一，用公共電話播打過去，聽聽對方的聲音是不是台客，再決定是否進一步約見面，跟面試一樣，不過不到一星期就發現怎麼一直都在打「安安」「住哪裡」「幾歲」，這幾個字閉上眼都打的出來。

一開始取名「小慈」「小芬」「小雅」，效果不彰點閱率極低，之後去參考其他點閱率很高的藝名做些調整之後，果然不同反響，丹丹改名「小櫻天使」，而我改名「少男殺手」，光看「小櫻天使」這個藝名，就覺得這女孩皮膚一定像天使般的白皙，音色如新鶯出谷般的美妙，殊不知丹丹是健康小麥的膚色，性格跟我一樣大喇喇的女生！

「少男殺手」聽起來就是個自信活潑的女孩，這個就有符合我的風格，沒想到居然遇到一個取名跟我一樣自戀又不要臉的「少女殺手」，初步了解，對方身高約178，體重75左右，好像可以喔！我問他住在哪？皮膚是黑還是白、幾歲、鼻子幾度，這個問題他停了很久，該不會拿出隨堂測驗紙在畫自己的鼻子高度是幾度吧！他回覆60度，其實我也不知道自己為什麼問這個爛問題，我應該是要問他鼻子挺不挺，但又不知道以什麼為標準，哈哈！管他的，這個是我比較有興趣的一位網友。

切換一下頻道「小櫻天使」這邊忙的不可開交，同時七、八組跟她連線中，她都用複製貼上的方式跟他們一一對話，我們買的三小時再五分鐘即將收盤，這時我們得貼上，請給我聯絡電話，我們從不在線上留自己的電話給對方，避免不必要的麻煩與騷擾。

生產線工作是週休二日，星期五就是我們快樂的小週末，那天會過的特別開心，整天腦子就是想著星期六及星期日的行程，下班後就是整理這星期的網友名單，身高 170 以下的刪除，不是有偏見是我們倆都 165 公分，怕他們有壓力啊！ 再來是體重過胖也不要，刪完大約剩下三位了。

第一位　「佑佑 MAN」身高 177 公分，體重 70 公斤，天蠍座。
第二位　「少女殺手」身高 178 公分，體重 75 公斤，射手座。
第三位　「麥可」身高 186 公分，體重 68 公斤，雙子座。

　　我們鬼鬼祟祟地找了路邊有透明玻璃門的電話亭，小心翼翼地按下電話號碼。

「喂！」佑佑 MAN 溫柔地聲線。
「你好，我是台中人聊天室裡的小櫻天使」我僞裝成丹丹。
「妳好，妳好………」佑佑 MAN 有些害羞的感覺。
「你平常都會上台中人聊天室嗎？」我落落大方地。
「其實很少上。」佑佑 MAN 說。

　　其實問這個是癈話問題，他怎麼可能跟你說，他每天上三小時，還把了多少妹，別傻了好嗎？

「是喔！ 我也是。」心想放屁，明明就天天來，還準備小手冊記錄你們的基本資料審核。
「改天有空可以一起出來喝茶或看電影。」佑佑 MAN 說。
「好啊！ 那先這樣了，拜！」輕鬆結束。
「怎麼樣，怎麼樣，給幾分給幾分。」丹丹好奇地。
「因爲第一通而已，也沒得比較，先給七分好了。」我摸著下巴。

「七分很高耶！如果是街頭丘比特，算是配對成功了！」丹丹說。

「去…說不定人家才給我五分。」我不屑地翻著小手冊。

「他的聲音還滿溫柔地，確定不是台客才給到七分啦！」我說。

「原來如此」丹丹摸著下巴。

「來吧！下一位少女殺手，這個我有興趣。」我點點頭。

「喂！」少女殺手有力結實的聲線。

「你好，我是你的雙胞胎朋友，少男殺手。」我俏皮地回覆。

「噗……你好，你好。」少女殺手忍不住的笑了出來。

「有在忙嗎？」我客套地。

「不會，不會。」少女殺手急忙著。

「你住台中哪一區？」我問。

「南屯區」他說。

「跟我一樣，那很近耶！」我高了二度音階。

「真巧」他說。

「目前有心儀的對象？」我問話方式好像配對節目，哈哈！

「目前單身」他說。

「平常有什麼興趣？」我問。

「打球、游泳、看電影」他說。

我嘴湊過去丹丹耳邊，這個感覺不錯喔！健康活力的男生！

「那妳呢？」他回問我。

「我興趣挺多的耶！基本就是唱歌、跳舞、繪畫，對新鮮事都有興趣。」我得意的。

「不錯喔！那改天一起看場電影吧！」他高二度音。

「喔！好啊！再約，我先去忙，拜」我掛了電話。

「怎麼樣，怎麼樣，給幾分給幾分。」丹丹又好奇地。

「有剛第一位的比較，這個給八分，因為說話落落大方的，我不喜歡太假掰太娘的男生，所以別說姐姐對妳不好，佑佑 MAN 留給妳吧！」我搭著丹丹的肩。

第三位 「麥可」，身高 186 公分，體重 68 公斤，雙子座。

「喂乁」麥可台客台灣國語的聲線。

「你好，我是台中人聊天室的小櫻天使」我嚇嚇地。

「喔！妳是昨天聊天室的那個女生喔！」麥可嘴裡像嚼著檳榔般的用台灣國語說著。

「對」我這時有點想掛了，但又想說會不會打錯了。

「麥可，你昨天說你身高、體重是多少啊！」我問。

「我喔！身高 168 公分、體重 86 公斤啦！」我輕佻地。

「什麼，你昨天不是說身高 186 公分、體重 68 公斤？」我說。

「妳在哪！可以載妳出去玩啊！還是要去喝嗄逼」麥可完全沒在聽我說話，只顧自己想說的。

「喂…我聽不到」不想繼續跟他廢話下去，慢慢把話筒拿遠掛掉。

「怎麼樣，怎麼樣，給幾分給幾分。」丹丹又好奇地。

「吼！沒分啦！標準台客一枚，昨天還謊報假資料」我氣憤地。

「是喔！那不就只有二個過關。」丹丹拿著手冊劃掉麥可。

　　經過嚴格篩選後，還是只有這二名是正常人，決定進行下一階段「碰面」，小櫻天使生性膽小，於是先由我代打約見，如果之後覺得還可以再說實情，迫在眉梢只能先這樣辦了。佑佑 MAN 那天來的倉促，我們約在東海藝術街某個街角，丹丹則躲在旁邊偷看，我依約定穿著芥末黃上衣，手夾著一隻泰迪熊娃娃，燈光之昏暗到我伸手不見五指，只聽到聲音叫著我「小櫻」，遠遠地看見一個人對著我揮手，他並沒有往前走向我，揮手後就上車離開，留下我們倆個莫名其妙的女孩互看。

「怎麼回事？ 妳有看清楚嗎？」丹丹疑惑地。

「這麼遠怎麼可能看清楚，黑的跟鬼一樣。」我無奈地。

佑佑 MAN 傳來的「不好意思，我臨時有事，改天再約」。
「去…裝笑維…沒空不早說…浪費我的時間。」我不屑地說。

　　不知不覺地惡魔島的日子僅剩下短短的一週，真是太棒了，
感謝這些網友陪伴我們轉移注意力，經過上次佑佑 MAN 的經驗，
告訴我們不要約在暗處，看不清楚又危險，接著跟這位「少女殺
手」則約在人潮絡繹不絕的逢甲喝下午茶，找到一家茶坊，依約
定手上需拿一本自己喜愛的書，著白色上衣配牛仔褲，很快的我
們用眼神相認，找了最角落的位置坐下，為了避免被隔壁發現我
們是網友，刻意裝成很久沒見的老朋友。

「嗨！好久不見了，最近忙些什麼？」我開頭就裝熟。
「準備要退伍了。」他摸摸頭髮。
「難怪頭髮這麼短」我用食指跟大姆指比著。
「我在成功嶺當兵，年底退伍」他說。
「那很快，恭喜你要解脫了。」我開心地。
「我現在是老鳥了，幾乎每星期都可以休假」他說。
「哇！當兵原來這麼自由。」我好奇地。
「不，那是最後的福利，我們是老兵，只要輔導新兵就可以了」。
「原來如此」我說。
「改天再一起出來逛街看電影吧！」他說。
「好啊！」我說。
「我晚上要回兵營了，先回家準備，再聯絡！拜」他起身跟我揮手。

　　這時，我坐在原位發呆，丹丹立刻從遠方的另一桌跑了過來。

「怎麼樣，看到本人之後是加分還是減分？」丹丹好奇寶寶。
「不錯再加 1 分，身材各方面可堪稱網界的極品」我點點頭。

「那真是太棒了。」丹丹開心地。

　　之後，我們逛了街看場電影，如果想要測試對方對你的心意，就來去逛人潮最多的地方吧！如果他在乎妳，一定會牽著妳的手，走過了那條擁擠繁華的街道，你們的關係就升級了，哈哈！不過，這只是表面的升級罷了，內心必定沒這麼單純，不是要你們心機重的測試另一半，而是一段感情的萌芽是最令人無安全感的，更何況途徑是由網路交友來的，勢必得經過一番考驗才行，這也是我人生中唯一做的一次測驗，做這一項測驗是需要勇氣的，如果通過了就海闊天空，沒能過的話，妳能接受這樣殘酷的事實嗎？

　　年輕什麼沒有，就膽子大而已決定試試，反正才剛開始，即早發現即早治療也好，不要浪費青春，就這樣開始我們的作戰計劃。我們想到一個有點爛又不會太爛的招數，傳錯簡訊釣魚，這次用丹丹的手機傳訊息給「少女殺手」試試水溫，第一次做這樣的測試，既期待又怕受傷害。還好那時還不流行什麼詐騙手法，不然應該沒人會理這篇簡訊了。

「你睡了沒？昨天很高興跟你見面，改天再一起吃個飯吧！」用丹丹的手機傳給「少女殺手」。

　　過了一天，都沒有回訊息，我心裡有點暗暗竊喜，就在我準備跟丹丹炫耀他不是這種人時 ⋯⋯ 她的手機「嘟嘟」響了二聲，我們互看了一眼。

「應該是廣告訊息吧！」我瞪大了眼。
「沒有，是他，沒錯！」丹丹一臉無辜。
「靠，破功了」我抓著頭。

「別緊張，先看看他傳了什麼再說」丹丹。

「不好意思，妳傳錯訊息了，我不是你的朋友。」少女殺手回覆。

「也沒傳什麼啦！瞧妳緊張的…………」丹丹。

「還好！還好」我拍拍自己的胸。

「不行，要再回一封給他」丹丹說。

「是喔！我剛從國外回老家台中找朋友，那真是不好意思，昨晚還這麼晚傳訊息給你，不知道有沒有打擾到你了。」第二次回傳。

　　這通訊息的內容很重要，有一些關鍵字跟他相關，如果他有興趣一定會回的，果然秒回。

「真巧，妳也是台中人。」少女殺手回。

「是啊！出國留學剛回來，還有路人誤以為我是徐若瑄。」丹丹回。

我看著丹丹，妳哪來的自信說自己像徐若瑄，也太會唬爛了吧！

「妳長得像徐若瑄啊！」少女殺手回。

「別人說的啦！叫我 KIKI 就行了。」丹丹回。

　　看來徐若瑄是他的菜，那天之後他每天晚上九點都先打電話跟 KIKI 聊個十分鐘才打給我，一邊跟他聊著，一邊看著假冒徐若瑄的小櫻天使吐舌頭，睡前還不忘虧一下同居密友：「喂！臭小三睡過去一點啦！」說實在，當下心情是糾結的，一切是自己造成的，網路交友的愛情就是如此的脆弱。

　　我與他的關係當時交往一個月，但因為他還沒退伍，所以都是只有通電話，天天看著男友先打電話給我的密友，這樣的日子實在痛苦，原本想要分手，丹丹提議做最後的測驗再做決定吧！其實我已經很清楚結果，也說不過丹丹，只好勉強答應了。少女殺手生日 12 月 8 日，我刻意先跟他約前一天晚上六點，幫他提早

過生日，等到時間快到時，再由丹丹去約同一天，看他如何決擇，將決定我跟他之間的緣份，眼看時間即將到來，內心忐忑的心全寫在臉上。

「我下週要回美國了，要不要見個面？ 12 月 7 日晚上我可以，其他時間都沒辦法了，如果可以就見個面吧！」丹丹回。
「好啊！那約在哪呢？」少女殺手秒回。

　　當下的我已止不住潸潸淚水，兩眼無神空洞空虛，原來愛情真的這般脆弱。這時少女殺手傳了訊息給我：「不好意思，12 月 7 日那天我沒有休假，我們提早一天過，好嗎？」我已萬念俱，已讀不回，直到他們即將見面的倒數第二天。

「我前男友回來找我了，沒辦法跟你見面，也請你以後不要再跟我聯絡了。」丹丹回。

　　晚上少女殺手回訊給我「明天 12 月 7 日我跟長官請到假了，可以跟妳一起過生日。」我回覆的有些客套：「好的，回來再看去哪吃飯吧！」希望沒被發現有些異常。

　　想想也是該將故事做個結束的時候，雖然他的行為我無法接受，但畢竟是我自己用了不當行為，才使他進入圈套，造成這樣的蝴蝶效應，我是該負些責任。那天晚天六點他來接我，沿路我異常冷靜只是話不多，找了間美術館旁的義大利餐館，我喜歡裡面的佈置，整間佈滿泰迪熊，分外的輕鬆可愛，可惜正好與我當下的心情成反比，我很有良心的簡單買了一個禮物送給他。

「你…是不是認識一個女孩叫 KIKI」我攪拌著奶油焗烤燉飯。

「妳們認識啊！」少女殺手表情有點驚訝，但保持冷靜的樣子。

「是啊！她剛回國跟我的朋友聚餐有聊到你……」我冷靜地。

「她有說了什麼？」他有點緊張。

「她說你每天晚上八點左右，都會打電話跟她聊天。」我說。

「喔！就一般的朋友問候，沒什麼」他淡定地。

「如果有一天，你發現我每天在跟你通電話前，主動打給一個男生相談甚歡，是什麼心情」我說。

「妳……可不可以不要無理取鬧，不要草木皆兵，就跟你說只是普通朋友」他有點生氣。

「你為了一個沒見過面的普通朋友，對我撒了謊，今天沒辦法下部隊。」我淡淡地。

「妳……怎麼知道。」他有些激動。

「很不巧的，正是昨天剛發生的事……」我喝著巧達蛤蜊濃湯。

「我今天沒有要跟你吵架的意思不用緊張，我只是要讓你清楚明白分手的原因，也許你覺得這樣的事沒有什麼，我在無理取鬧，無所謂，在愛情裡委屈了，就會失去自我，很抱歉我不是聖母瑪利亞，只是一個凡人，願你未來的一切順心美好。」我拿起外套起身走開。

　　這時應該來點音樂「走出黑暗，清晨的陽光…………」。
　　就這樣談了一場短短的八點檔灑狗血「銀色摩天輪」，導演、劇本、演員都是自己。

　　因理性的分手，所以與我還是保持朋友的互動，最後會選擇告訴他，也是希望未來的他，不要再欺騙自己的另一半，而在我的觀念裡，多一個朋友少一個敵人，但很確定的事，跟他不會再有感情上的糾葛，如果有一天，男主角發現這個故事的主角是你，請原諒我當時的好奇及無知，反正你不說永遠也沒人知道你是誰，

提醒大家網路真的是個虛擬世界，不要太過沉迷。

造窗心情： 這段愛情故事裡，由一開始接觸交友的管道就屬於「複雜型」交友圈，直到好奇做了一項項的愛情測試，卻將自己陷入一段不被信任的愛情裡，只為了想佔有對方的靈魂，多麼不可思議的妄想，於是原本可以正常呼吸的關係，卻演變成猜疑與緊張。仔細回想，每個人都有選擇的權力，人生中任何事難免都被拿來做比較，更何況是交往的對象，若是要步入婚禮的另一半，怎可能輕易選擇，愛是隨時都有競爭者的，唯有提升自己的魅力，才能永遠吸引另一半的目光，勇敢在愛的面前獨立，心就會得到自由。

眼看惡魔島的日子結束，我們也換了一份有點毛毛的工作。

第三份工作 「製作喪事用的罐頭座及花圈」，一開始有點猶豫，有一間放罐頭座的倉庫，走進去一陣涼意怪可怕的，不過後來想想我們行的正，也沒做壞事怕什麼，於是接下了這份工作，雖然時薪才 60 元，但離丹丹家只要 30 秒就到了超近，重點是可以一邊工作一邊聊天很自由，老闆人很好幽默風趣，這樣就夠了。

我們常常搬貨上車時，很頑皮地故意把罐頭座及花圈朝向騎過來的機車騎士，看到他們頭都撇開嚇的要死就覺得很有趣，現在想想當時真的很不應該，但年少就是不懂事呀！罪過罪過啊！

老闆生意做很大，每年到了暑假就會連夜開車到花蓮的豐年祭擺攤，他們詢問我們有沒有興趣一起過去，那邊提供住宿、伙食，我跟丹丹互看了一眼，好像滿有趣的，點頭答應了，薪水對於我們來說都不是重點，只要有趣新奇就可以了。回家開始打包一星期左右的行李準備出發，我在門口找了很久，怎麼都沒看到

要去花蓮的車？這時遠遠開過來一台深藍色破破舊舊的，搖搖晃晃的車，表皮還掉漆，我們姑且給他取名「168」一路發啦！我心想這……確定到的了花蓮嗎？

　　算了管不了這麼多，反正大家一起去也不會怎樣，台中的天氣是 32 度大熱天，我只多帶一小件薄外套，行李放到後座後，看見老闆提了一台手提音響上車，由於車程需六小時，老闆擔心我們坐的太擠不舒服，另一名員工讓他坐火車過去，總共四位出發，GO!GO!

　　在平地行駛中 168 都還算正常，傍晚一到天色昏暗，車子將跨過合歡山到花蓮，我們的視線忽隱忽現，就快看不見，168 忽然在上坡時熄火，車子慢慢往後滑動，我和丹丹嚇的臉色蒼白，老闆立刻變換手排擋，全速踩下油門，大家跟著集氣身體像騎單車破風一樣壓低減少風阻，車子慢慢啓動，大家鬆了口氣，舉國歡騰般的雀躍，車上聽著五月天，一個窟攏震下了我們唯一的精神支柱，墨綠色的收音機，我拿起來打一打也不見起色，再一次窟攏把我們的沙發震垮了，第一次坐在只剩彈簧的沙發椅座上，越到山上溫差越大，從平地的 32 度到山頂只剩 8 度，全身發抖也睡不著，其間熄火了將近 20 次左右，從開始的尖叫到沒力氣了，聽天由命吧！

　　最後終於睡著了，醒來就平安到了花蓮，168 也被拖去報廢了，眞的是冒著生命危險，開著破銅爛鐵來到花蓮，早上來到豐年祭的攤位叫賣飾品、套裝，晚上看男孩穿丁字褲跳舞，熱情如火，這趟旅程雖然僅有短短的一星期，但離奇難得的 168 拋錨際遇及有趣的豐年祭，卻深深地刻印在我的心裡，老闆給了我們二張火車票回家，沿路我們買了花蓮特產「麻糬」回家孝敬家人。

造窗心情：第一次暑期打工跟重考後打工的心情心得完全不同，第一次打工單純為了賺錢，第二次想嘗試不同領域的事物，不在乎時薪是多少，經驗及有趣對我來說更重要。

第一份工作　挑糞、削蘑菇，只有採收時期你才能有工作，沒辦法穩定，也只能是打工性質。

第二份工作　惡魔島就是一般的女工，百分之八十都是媽媽阿姨，還有幾個像我們同年打工的，這樣的工作就是沒有學歷技能的孩子工作環境，真的是無聊又糟糕，有時還突然要加班到凌晨，所以打死我都不要再來！

第三份工作　喪事罐頭座及花園製作，光聽工作內容就有人卻步三尺，甚至連看一眼都不願意，而我當下只是覺得很酷想試試，後來覺得這也是一個正當的工作，並且相當莊嚴，之後老闆還載我們去花蓮豐年祭賣衣服、看活動，還搭著破爛168，中途熄火20幾次，真的是嚇的剩半條命了，這樣的回憶真是值得珍藏。

這次的愛情也讓我省思不少，當您自己做了不該做的測驗後，苦的不會是對方而是自己，人生的趣事越多，導致我的個性越來越大而化之，不管發生什麼事情，對我來說都是一件特別的經驗，甚至把痛苦的回憶改寫成一場笑話集也不錯。

人生第一份「正職工作」房地產秘書

暑假八月放榜確定考上「xx 科技大學」選擇了「資訊傳播設計系」夜校，二位姐姐那時在某品牌房地產總部服務，聞訊某加盟店剛好有一個秘書的職缺，我積極地在開學前跟老闆約好面試，但秘書最基本的專長「打字」，我還沒辦法有自信，暑假期間雖在台中人聊天室中練習，但只有「安安」、「住哪」、「幾歲」這幾個字打的特別快！

為了表達我學習的態度及決心，立馬殺到台中最大間的諾貝爾書局，挑了一本厚厚的無蝦米拆字辭典，好好回家研究。第一次面試「正常」的工作心情難免有點緊張，長輩教我們穿著要樸素端莊，那時年紀輕輕地，也不懂衣服的品味，更不可能知道面試公司行號應該要著「套裝」才是品味，隨便偷穿了姐姐衣櫃裡的衣服去面試。

老闆眼睛瞪很大的上下打量著我的………品味，戴個金框眼鏡（老媽硬要我配金框），小碎花粉色上衣及膝要長不長，要短不短的咖啡色裙子，半筒白襪配皮鞋，還留著一頭俗氣的村姑頭。看老闆的表情，顯然沒有很喜歡我的品味，也許正在猜測我姐姐報給他的年齡是正確的嗎？不是說 19 歲嗎？怎麼看起來像 35 歲？

「妳…會打字嗎？」老闆吞了吞口水。
「老闆……打字我才剛學習，打得很慢，不過你看我很認真已經買書來學習，可以給我一至二個月的時間？ 我會努力學習，不會讓你失望的」我手拿著無蝦米拆字辭典。
「好吧！ 試用期三個月，好好努力吧！」老闆嘆了口氣。
「謝謝老闆，謝謝老闆」我開心地猛點頭。

我想老闆是看在姐姐的面子上，給我試用期的機會，如果到時不行再換吧！第一天很開心地騎著我的黑色迪爵 125 去上班，穿著中性休閒風，看到同事百分之九十是男性，他們也很熱情的對著我打招呼，雖然那時打扮俗氣活像台妹，但我的優勢是異性，所以分數自然就高了，有種班花準備被保護的氛圍！

　　民國九十二年房地產銷售正是高峰期，投資客正盛行的時代，根本不用特別去開發新的房子來銷售，光投資客物件就 2000 多筆了，我們只要去路上貼小蜜蜂就會有客戶，也不需要特別專業的教育訓練，老闆都說只要你看客戶有喜歡，就是都帶回來公司就對了，都是靠一張唬爛的嘴就有業績了。

　　而我加入的是台中市的老品牌房仲業，說實在的本店那時也算是赫赫有名氣的，本土房仲銷售很強的團隊，個個都是經驗老道的大哥，抽煙、喝酒、吃檳榔、上酒店、刺龍刺鳳樣樣來，但他們個性都相當隨和講義氣，就是像那種有正義感的黑道大哥。以我人來瘋的個性，很快的就跟同事們打成一片，那個時代還沒有現在這麼強的網路平台，全部的新進案件都由投資客自行使用舊式，嗶一聲的「傳真機」傳真過來給秘書建檔，傳真機 24 小時不打烊服務，一到早上進公司就看到像捲筒衛生紙般的傳真紙在地下爬行，一張一張的剪開，整理建檔至電腦，同事可連線至本機搜尋今日最新案件，一開始打字真的是龜速一指神功，慢到自己都想尖叫，謝謝老闆同事們的包容。

　　早上八點半上班，五點半下班，六點半騎車到學校上課，那陣子公司決定請電腦工程師寫程式，將這些案件全部輸入網站，未來方便同事在家出外皆可查詢物件，由於家裡的網路是用數據機「ADSL」，光撥號連線就很久又很吵，還常常斷訊，於是我每

天九點半下課後都到網咖買三小時 50 元的時數，將這約二千件的案件輸入網站，花了約整整一個半月的時間輸入完畢，當然不用說，我的無蝦米輸入法自然也升級了，太開薰了！

開播房仲「玫瑰瞳鈴眼」前，得先來介紹一下

公司的人物特色表

老闆是個標準愛妻人士，人家說「聽某嘴大富貴」，相當尊重太太的意見，待人客氣，也是個好好先生，善於交際。

峰哥－身高 168 公分，體重 80 公斤，矮胖型的，不用說笑話，說出來的話就很好笑了，講故事的戲劇張力之強大，可以媲美現在綜藝界的通告王「沈玉琳」，我很愛跟他聊天，無厘頭的對話最有趣，可以刺激我的腦部，還可以得到紓壓，現在的我無厘頭風格，也許是有受他的影響，現在想想他說的故事裡，應該有一半以上是加油添醋浮誇，但當時的我的確被他的故事深深吸引著，他就是那種不算帥，但口才很好幽默，又很有自信的浮誇大哥，不要小看他長這樣喔！ 他女人緣可好的呢！光靠那張嘴！ 頓時明白幽默感比帥還要重要，在他身上印證了這個道理，生活有趣自然散發出自我魅力，我常常星期日休假沒事，還會跑去公司「假藉做作業之名，行跟他聊天之實」。

馬哥－綽號 約翰屈伏塔，身高 174 公分，體重一樣 86 公斤，他自豪長的像「變臉」的男主角，生性好色花心，沒女人會死，開口閉口都是女人，十句話裡有九句是跟女人有關的議題，自稱沒有追不到的女人，可以為了女人減肥，忽胖忽瘦，他跟峰哥是公司裡的活寶，也是臭屁唬爛王，但風格顯然與峰哥不同，馬哥

追求女生是直接突然興起的，沒很正經的，三分鐘熱度，峰哥是循序漸進的，也比較專情，不過馬哥有項優點對動物很有愛心，很善良、不愛計較的個性也頗受異性欣賞。

華哥－長的像鸚鵡，嘴巴尖尖的，講話結巴沒重點，一件事可以想很久。

捲哥－滿頭鄔黑的自然捲髮，個性溫馴、行動力慢、說話也慢，只有比樹懶快一些吧！

胖哥－跑龍套的假業務，常常人在心不在，我都懷疑他是不是同時兼了很多差。

許董－已經是名60歲的阿公，在家閒不住，靠著從前的人脈，照樣每天笑咪咪的來上班。

高哥－眉頭旁有條約3公分的刀疤，身上多處刺青，嘴裡攪著檳榔抽著煙，手腳像沒鎖上螺絲般晃來晃去，走路也沒正經用拖行的，十句話裡有九句是髒話，其中一句話是語助詞，說話台灣國語的台客流氓，聽說公司歷屆秘書都是被他嚇跑的，興趣是對秘書毛手毛腳，秘書反抗不開心就對女生吼，秘書都受不了離職，為什麼老闆不管，當然原因大家很清楚，不用多說，老闆也無奈，一直希望可以請到一個有膽勢的秘書，我想那個人就是我。

這些同事都是50幾年次的中年男子，跟我相差了將近20歲，老闆與員工之間全部都是好朋友或同學，所以老闆的角色很辛苦，沒辦法太嚴厲的執行一些政策，所以總是無奈的交代我，我就想辦法讓他們乖乖的就範，奇怪的是，同事倒是都滿聽我這無厘頭

小妹的指令，也許覺得我很好笑又沒什麼殺傷力吧！

　　某年的冬天很冷，公司同事個個都是煙蟲，我剛從銀行回來，看到室內烏煙迷漫，緊張到差點報警，以為發生火災，一開門才發現一群人給我在裡面吸煙，我氣的衝進去大發飆。

「你們會不會太誇張，有沒有想過沒吸煙的人感受，如果我得了肺癌誰可以賠我」我氣的，每個人都頭低低的裝無辜的看著我，乖乖的給我唸！
「如果客戶來了，整間都是煙味，成何體統，觀感很差，是還要不要做生意啊！」大家還是頭低低的看著我。
「從今天開始，吸煙的人請到外面去抽，我會設計一個吸煙區給你們，OK，有沒有什麼問題。」我說。
「沒有」大家有點不情願，但還是只能接受。

　　結束之後，大家各自去做事了，老闆默默地把我叫去二樓會議室，我緊張的皺眉，以為他要罵我剛剛的脫序行為，居然不是，他居然誇讚了我。

「小慈幹的好啊！」老闆比出大姆指。
「什麼」我嚇一跳。
「謝謝你剛剛的肺腑之言，他們以前就是這樣，講也講不聽，我也很無奈」老闆感恩的說。
「不會啦！應該的，我也希望公司可以更好。」我笑笑的。

　　隔天許董屁股坐在室內，開了一小門縫準備要吸煙，大家偷偷躲在自己的位置上觀察我，許董還沒發現我，我蹲下來跟他一起朝著外面看，他滿足的吸了一口煙，吞雲吐霧…………。

「許大哥你的小煙煙偷跑進來嘍！」我比著他飄進小門縫的煙。

「蛤」許董嚇了一大跳。

「許大哥這是你的吸煙區，慢慢享受喔！」我拿了一張貴賓座椅到騎樓，貼心的送上一件外套。

「好好好」許董也不好意思的，緩緩移動到外面去吸煙。

我關上門的那一刹那，大家終於忍不住大笑「小慈妳太厲害了，偶像，用這樣的方式請他出去」。

　　因為許董是我們的老長輩，大家都尊敬他，也說不動他，居然被我的無厘頭給制服了。自從那次事件後，老闆發現我這項特殊專長，之後難以啓齒的事，則由我來起頭老闆收尾。

　　馬哥有陣子和太太吵架跟老闆拿了鑰匙說要加班，其實是約了朋友同事們來公司吃宵夜喝酒，吃完各自回家，沒有人收拾這些食物，隔天八點我到公司一看杯盤狼藉，第一次我認為是特例，也許是昨天有客戶來，大家開心嘛！我也就在九點大家上班前都清洗乾淨了，所以大部份的人並不知道這件事情，連老闆也不曉得，我默默的承受了。

　　隔天又來了，滿桌的快炒，滿地的啤酒，但因為我沒有證據是誰，所以我又乖乖的把鍋碗瓢盆都清洗乾淨，這件事持續了將近快一個月，我們的地板越來越油，怎麼洗也洗不乾淨。某天下午茶時間，打開抽屜拿出我的「樂事波卡洋芋片海苔口味」撕開，奇怪怎麼裡面沒有餅乾，見鬼了！ 仔細一看，發現底層有被咬破一個洞，就我研究應該是「家鼠小灰」惹的禍。同事也大叫：「天啊！可惡的老鼠居然把我的千元大鈔咬破了」另一個同事：「我的餅乾也被吃了，太可怕了吧！」。

我想這件事情已嚴重影響了大家的工作環境，我不得不做些處制。也許老天爺聽見我在吶喊，隔天案情有了意外的突破。

　　一早打開落地門，馬哥滿身酒味，臉部朝下趴在地上打呼著，我踩過他的背，心想被我抓到了厚，看我怎麼對付你，打卡後，我寫了一張大字條貼在他的背後「不要叫醒我」給同事看的，不準動他，這次桌上杯盤狼藉的模樣，我完全維持原狀，請同事也不準動，等老闆來要給他看的，大家有點替我緊張。老闆每天都在開會前九點二十分出現，人未到機車引擎聲已到，快步走進辦公室一看。

「小慈，這是怎麼回事。」老闆看著杯盤狼藉的桌子。
「我抓到了這隻大老鼠，就是馬哥」我比著馬哥。
「我想說先給你看一下證據再來收拾」我一邊收著桌上的碗盤。
「好，我看到了，妳先收一收，等一下開會」老闆說。

　　九點五十分準時開會，馬哥還在微醺宿醉當中，老闆請他去洗把臉，倒個熱茶來開會。基本款開會模式，報告公司最新投資客物件中的 A 案跟大家分享其他省略，到了建議事項及我有話要說的單元。

「公司最近老鼠橫行無阻，兇手就是馬哥，今天桌上的模樣你們是第一天看，我是每天清洗將近一個月，老鼠是這個月才出現，我認為這樣的行為很不 OK，損害公司形象。」我正經的。

「昨天誰的 1000 元被老鼠咬破了，誰的餅乾被老鼠吃了，不知道哪天誰會食物中毒，更何況我是來這做秘書的，不是銀櫃 KTV 的服務生，也不是打掃清潔的阿姨。」我正經的。

「沒錯，今天開始如果有人晚上吃東西沒收拾，就付 500 元清潔費給小慈做零用錢」老闆說。

天呀！老闆真是太英明了，太了解我要傳達的訊息，我現在恨不得早上有東西可收拾呢！可惜從那天開始大家就乖乖的，我也沒外快賺了！老闆也落的輕鬆，當然老鼠也漸漸消失了。終於回復正常的工作環境，不用再自製補鼠器沾板放在抽屜補鼠，也不用整天吸二手煙了，開心的上班環境，當然就要來杯台灣美食冠軍的「珍珠奶茶」來慶祝一下，雖然公司沒有華麗的裝飾水晶吊燈，也沒有皇宮般的奢華裝璜，但充滿著濃濃的台式人情味。

想想我這群可愛的同事們，是不是有些被虐傾向？ 這些日子因為我的關系，他們必須強迫改變生活習慣，不準他們在室內吸煙，也不準在公司外食不收拾等……。但他們非但不氣我，還對小女子更好，每天都有人主動買早餐給我吃，有時侯甚至多達二份至三份早餐，讓我還可以當中餐吃，真是心存感激，使我有些歉疚，於是，決定由行動來報答親愛同事們的熱情，小慈開始將路上的小蜜蜂廣告單撕回來研究，發現一般的編排方式不對，還有字型太細太小，字句太多繁雜，不易閱讀，效果不彰。

我重新設計一款屬於我們的最新版型，大家愛不釋手，電話效果特別好，從前的小蜜蜂版型，一天貼 200 張有一通就不錯了，重新設計的版型，大家天天 3-5 通電話，當然成交量就變大了。

大家幾乎月月賀成交同事開心，我更開心，當我準備貼上賀成交的紅榜單時，峰哥為感謝我這些日子的付出及積極的態度，主動包了一個小紅包給我以示鼓勵，我也很高興因為自己的積極，可以讓大家都順利成交，為了表達我的感恩之情，我在 A4 影印紙

的外包裝上，發現有很多大大小小的花及蝴蝶，我將它們都剪了下來，悄悄貼上了一張小花在峰哥的紅榜單上，隨後同事們陸續的賀成交，也都各自的包了紅包給我表示感謝，因為有人包的比較多，我的花就越貼越大，真的沒有刻意的去想些什麼。

有一天，同事們站了一排在那研究著「紅榜上的花」為什麼越來越大朵時，我剛好從銀行辦完事回來，問他們在幹嘛！

「為什麼花越來越大朵？」他們好奇地問我。
「因為這個包 300、這個 600、這個 800，所以就越來越大嘍！」我很單純的分析著。
「原來如此啊！」他們摸摸下巴。

那時的我還真是單純，完全沒有想到他們在乎那些花的心情，如此的天真回覆著。過二天，某同事成交一間透天大泡，當我貼上「賀成交的紅榜單」時，接著貼上一隻蝴蝶，他們很激動的問。

「為什麼他是蝴蝶」大家激動的比著蝴蝶。
「因為他包 1680 元給我，我的大花不夠大，就讓它跳級便蝴蝶嘍！」我拿出大花給大家看。

大家哈哈大笑說我是天才，當下我還不知道為什麼他們這麼說，現在我明白了！不過為了避免擴大影響大家的心情，之後就沒有再貼了，我以行動來表示對大家的敬重與感恩！

造窗心情： 人家說伸手不打笑臉人，我想我就是那個天天都樂天沒心機的個性，大家也拿我沒皮條，也因為這樣才可以跟大家相處融洽又歡樂。

老派大改造- 50歲變38歲的秘密

　　那天假日峰哥圍著一條有點老土，咖啡灰的圍巾走進公司，剛好只有我跟峰哥悠閒上班。

「這個季節很適合交女朋友耶！」峰哥吸著熱騰騰的蚵仔麵線。
「峰哥你話中有話，有屁快放」我背對著他打著電腦。
「被妳發現了，妳覺得我這樣交的到六尾的女友？」峰哥撥頭髮。
「無望」我打量了他全身上下一眼，搖搖頭。
「為什麼？」他瞪著大眼吼著宏亮的聲線。
「老派的打扮、俗氣的髮型，還有最重要的是…歌路要改」我說。
「造型要改我可以理解，歌路要改是什麼意思？」峰哥好奇的問。
「你們一群老人就愛唱什麼雪中紅、雙人枕頭、雲中月圓等…，年輕人怎麼會對你有興趣」我說。
「是喔！那怎麼辦？」峰哥疑惑地。
「我來幫你整理一些新歌來特訓一下好了。」我無奈地。
「真的嗎？」峰哥露出閃閃淚光。
「改天帶你去改造一下外型」我說。

　　走進百貨公司前，活像 50 歲俗氣老人的風格，走進百貨公司後，先從上衣開始改造，挑一些年輕人會穿 POLO 杉 T 恤或帽 T，原本的西裝褲改為有型微破的 LeVI"S 牛仔褲，還有他平常穿的皮鞋也改為白色素面休閒布鞋，配上露出一小截的帆船襪整套換掉，整個人已經剩下 43 歲，為了再迷人一些，排隊抽號碼牌等二小時改造髮型，就為了擺脫 4 字頭的陰影，當設計師停下他手的那一刻，我透過美髮店的鏡子看見他正面，真的是煥然一新，簡單俐落。

「恩…不錯！現在已降至38歲，完美！」我摸摸下巴點點頭。

「真的？真的？」峰哥一直轉頭。

「來，自拍一張留念吧！」我拿起手機幫他拍下 身照。

　　隔天峰哥一走進公司，忽有一陣風吹拂而過，吹起他那件過膝的風衣，室內傳出嘩然聲，這時應該來點「賭神」進場的配樂…。大家交頭接耳中：「這是……誰呀！」氣勢凌人的走向辦公室，居然踢到門口旁的紅色回收垃圾桶，整個氣勢瞬間從100降到30分。

「哇！靠！原來是峰哥耶！」胖哥搗著嘴。

「這個大改造花了多少扣扣」馬哥拍著峰哥的風衣。

「呦 ～ 帥呆了，你想迷死誰啊！」我裝不知道的說。

「安奈干有比較帥」高哥不屑的。

「好年輕喔！」許董微笑著。

「這要感謝我的毒舌改造大師………小慈」峰哥單手揮向我。

「真的假的，我也要改造」華哥立馬擠到前面。

「ㄟㄟㄟ，小慈現在是我專屬的設計師，無價的」峰哥走向前。

「小氣鬼」華哥吐舌頭。

「我說華哥啊！你最該改造的是那頭髮型」我比著他那顆油頭。

我要特別解釋，他的油頭不是「賭神」的油頭，是三天沒洗的油頭。

「我的髮型怎麼了」華哥疑惑地。

「你的頭髮可以炸雞排了」我逗趣的。

「為什麼可以炸雞排」華哥好奇地。

我這個毒舌小妹的梗大家都聽懂了，就只有他聽不懂，旁邊的人已經笑到沒聲音了。

「你幾天洗一次頭？」我換個方式問。

「二天一次」他說。

「你是想省洗髮精？」我說。

「沒有啊！」他說。

「我建議你把頭髮剃了比較有型，還可以省洗髮精。」我說。

「好，我試試」他說。

「下次就不用吃炸雞排了」我偷笑。

　　又到了峰哥值班日，那天老闆剛好要北上開會，公司下午空無一人，只有我跟峰哥，我拿出幫峰哥整理好的，最新流行歌曲約 20 首，裡面當時最紅的是「周杰倫」髮如雪、「光良」童話，這二首先讓峰哥練，我把一樓玻璃門都關上怕嚇到路人，哈哈！

　　我先放二次給他聽旋律，再拿歌詞給他對著哼，第五次開始對 key，那天同一首歌聽了快 30 次都快吐了，可想而知藝人一首歌要練幾次，天天都想吐呀！二星期後，我們到好樂迪 KTV 驗收努力後的成果，畢竟在包廂裡的麥克風音效、燈光效果是可以讓人更加投入的，驗收第一首為周董的「髮如雪」。

準備進入精彩的「副歌」。

妳…「滑如血」淒美了離別。

「偶」焚香感動了水。

邀明月　讓回憶皎潔。

愛在月光下完美。

　　整首歌怎麼變成「伍佰」唱髮如雪，我一直憋著不敢笑，直到他唱完，用遙控器給他唐老鴨的掌聲！

「給幾分、給幾分」峰哥興奮地。

「你看好樂迪給你的分數」我比著電視上的分數。

「70 分，算高還是低啊！」他問。

原則上，字有唱到沒有落拍就有 60 分，接著你的音色及音準佔 20 分，高音有沒有上去佔 20 分」我認真地分析著。
「下一首吧！ 童話」我把電燈調成氣氛燈，讓他投入些。
「請投入歌詞的劇情，會更有味道」我說。

　　這首歌我聽得投入，感受到峰哥已進入歌詞的情境裡，聽的出他有心事在歌裡，唱完不像剛剛那麼 HIGH 異常冷靜，似乎還融入情境無法自拔。

「哇！ 這首 88 分耶！」我比著分數機。
「真的嗎？」峰哥回過神來。
「這首有放感情差很多」我說。
「妳真的聽得出來啊！」峰哥惆悵地。
「當然，我是教練耶！」我說。
「歌要唱得好，不只是好聽，要讓人有感受有感動，可以聽到你內心的情感，才是好聽」我說。
「那我下次跟朋友出去，現場有妹就點這首來唱」峰哥自豪地。

　　某天上第二堂電腦課中，手機突然震動，我一看「峰哥…峰哥………」，我溜到廁所去接。

「喂！ 幹嘛！」我小小聲。
「跟你說…剛剛我唱童話…他們真的嚇一大跳耶！」峰哥興奮的。
「你跟朋友去唱歌啊！」我說。
「對啊！他們表情好誇張，覺得我怎麼這麼潮，會唱流行歌，那個妹的眼直盯著我看耶！」峰哥興奮地。
「哇靠！你該不會美夢成真了吧！幾年次的妹。」我不可思議地。
「好像是 68 年次」峰哥說。

「眞的假的，賓果了耶！如果成了，要請我吃飯。」我邀功。

「一定，一定，妳是我的師父耶！」峰哥開心的。

「對了，記得一個重點，今天不要再唱其他的歌了，就讓這首歌留在他們心中，成爲他們心中完美的男神吧！鑽石恆久遠，一顆永留傳」我說。

「可是如果他們叫我再唱呢？」峰哥其實很想唱。

「你一唱其他的就準備破功啦！劉德華變劉的華，你就說你們唱，我喜歡聽歌，讓他們覺得你很謙虛，妹才會注意你啊！傻子」我用力的解釋著。

「好吧！知道了」峰哥失望地。

「記住，要忍住啊！」我耳提面命的。

　　過了一星期奇蹟發生，那個68年次的女生，姑且取名爲小八好了，居然拿著名片來到店裡找峰哥，我看見她來店裡，很客氣的招呼她，再上樓叫峰哥。

「峰哥！峰哥！你猜猜看誰來找你」我挑著眉。

「誰啊！」峰哥。

「你最想見的女生啊！」我挑著眉。

「什麼……她怎麼突然跑來…不知道要做什麼耶！」峰哥緊張地。

「我怎麼知道………隨機應變嘍！」我聳聳肩。

「喂！妳幫我看看，髮型有沒有亂掉」峰哥謹慎地整理他的頭髮。

「又沒幾根毛，有什麼好整理的，好了啦！」我簡單撥了幾下。

「妳………等一下過五分鐘後到後倉庫打電話給我」峰哥急促地。

「要幹嘛！」我說。

「妳打就是了」峰哥。

「好啦！」我無奈地。

峰哥整理好，緊張又興奮的心情，快速下樓。

「嗨！今天怎麼有空來呢？」峰哥用那假到不行的笑容。

「沒有啦！上次你有給我名片，今天剛好經過你公司」小八說著。

「是喔！下次要來記得打個電話，我平常比較忙沒在公司，怕沒招呼到妳不好意思。」峰哥。

這時我躲在後倉庫偷偷打電話給峰哥，手機鈴聲響起………。

「喂！林太太我有客戶在，再20分鐘到」峰哥看著他的沛納海錶。

「那你先去忙吧！不打擾你了」小八急忙說。

「好喔！那妳留個手機號碼！改天再約妳一起吃飯」峰哥拿出手機留小八的電話。

隨後便愉快的送小八上車，開心揮手道別，回頭走進辦公室。

「YES，拿到她的電話了」峰哥高興的握拳。

「你剛幹嘛要我打給你」我說。

「笨喔！要讓她覺得我很忙啊！一秒鐘幾十萬上下的，這樣下次約會吃飯，她才會覺得我很重視她啊！」峰哥認真的解釋著。

「哇！峰哥你手段高明耶！好像情聖喔！」我用崇拜的眼神，看著他那長得像加菲貓的臉。

「想當年沒有我追不到的女人」峰哥自豪地。

「真的假的，我想聽故事」我雙手緊扣，扎扎我的眼。

造窗心情：每天上班不再只是上班打卡，等下班的枯燥日子，每天跟同事之間相處融洽也是相當的重要，只要你用心對待他們，也會有相對的回報!! 拿出你的熱情來吧!!

把妹武功秘笈

「追女孩有一個重點，逆向操作就對了」。

「別的男人會做的事你不要做，或是把對象改變」峰哥一邊泡著茶一邊說古。

峰哥開始對著我這隻單純，沒見面世面的小綿羊，述說著他浪漫浮誇的愛情史，峰哥自述：民國 77 年，我在花蓮美崙山砲指部當砲兵，剛好那時是顧福利社的，員工中有一位長像甜美可愛的女生，姑且取名為「小可」吧！ 每次她值班時，結帳櫃台都大爆滿大排長龍，另一櫃是小胖妹值班人煙稀少，小胖妹總是熱情的對大家揮手「這邊可以不用排隊喔！」。大家很壞都裝作沒聽見，有的一直掉東西一直撿，有的一直看遠方，有的故意跟隔壁的聊天，就是不想跟小胖妹對上眼。

我在一旁整理櫃子上的產品，看的心酸啊！可憐的小胖妹被排擠，但……我還是不能違背自己的內心，當然我是個正常的男人，還是比較喜歡小可！不過，看到一堆要來追求小可的「宅男」，各各奇貌不揚，不是兩眼無神的，就是穿著邋遢好色的豬哥樣，每個都寫情書等結帳時偷偷塞給小可，我看在小可眼中，每個人都一樣，我也相信那些情書等一下就被小紅怪獸給吃了。

「小紅怪獸是誰？」我好奇地。
「紙類回收垃圾桶嘍！」峰哥。

果然沒錯打烊前，小可默默地打開收銀台旁的抽屜，一把抓起情書丟進小紅怪獸，我真是妙事如神啊！在我研究她一段時間

後，決定開始展開另類追求行動。

第一　要先讓小可注意到我這號人物。
第二　不能讓她發現我喜歡她。

　　每到中午休息時段，福利社就會湧入大批人潮，所以絕對不可以在這個時刻展開行動，必須在人潮散去後，她看的到我的範圍內，好不容易到了一點半，軍人都回部隊。

　　我朝著小可的方向走去，跟她對上眼，就在她以為我是要找她說話時，我立刻轉彎跟小胖妹說話，瞬間能感受到背後的小可，可能正在翻白眼或失望中，但沒辦法這是策略。

「我幫妳拿下來」峰哥過去幫小胖妹接產品。
「怎麼這麼好」小胖妹一臉很興奮。
「沒有啦！應該的，我看你爬的這麼高很危險」峰哥溫柔的說，其實眼睛餘光一直在瞄小可。
「謝謝，謝謝」小胖妹下梯子。
「下次要爬高的，叫我來就好」峰哥看見小可在注意他，所以說話要有氣勢一點，宏亮一點。
「妳什麼時侯休假呢？」峰哥。
「我下星期三休假，怎麼了嗎？」小胖妹開心的以為峰哥要約她。
「沒有啦！　想說下星期好像有旅展，如果妳放假可以去逛逛，妳們女生不是最愛逛旅展」峰哥。
「好像不錯，謝啦！」小胖妹很高興的提著梯子走了。

　　就這樣我都在小可面前對小胖妹很好，對她很冷淡，讓她產生幻覺，為什麼所有的男生都想追求我，就你峰哥對我沒意思？

第一階段　目標對象轉移已將達標，進入第二階段，測試小可的反應，故意跟她聊小胖妹的事，看她的反應，如果是不屑的，那肯定對我有點意思，因為她吃醋！

　　我因為得到最新訊息，就是小胖妹下星期三休假，則把假調到跟小胖妹同天，一早就去租台全黑「賓士 SEL」，開去洗車店保養打蠟一番，下午去洗頭打扮，就算準小可準備下班的時間，我將全黑賓士 SEL 開到福利社門口，帥氣的走進福利社，左顧右盼似乎在找誰，小可一看眼睛一亮，隨即心情 DOWN 下，因為她知道我不是來找她的。

「小可，小胖妹呢？怎麼沒看到她」我假裝問。
「她今天休假啊！」小可不屑地。
「是喔！那怎麼辦，我有二張餐卷到今天，還是妳晚上有沒有約？要不要一起去吃？」我隨性地。
「……真的嗎？…………好啊！」小可有點開心。
「那我先到車上等妳下班」我說完帥氣的走回車上。

　　到了市區一家裝璜精緻古典風的美式餐廳，點了最貴的套餐，現場還有小提琴伴奏，好不浪漫。

「你常來這啊！」小可好奇的東張西望，活像是個鄉下土包子。
「沒有，第一次來，因為剛好有卷」我看著菜單，裝作若無其事。
「對了………一直很想問你一個問題。」小可欲言又止。
「什麼問題，妳問啊！」我說。
「有點不好意思耶！」小可不好意思的扭動身軀。
「就是…為什麼大家都喜歡我，就你對我沒興趣？」小可說。
「沒有不喜歡妳！我覺得妳也不錯啊！」我切著菲力牛排。

我這時心裡想著，怎麼可以讓妳看穿我的計謀？

「是喔！我想說一堆男生都寫情書給我，你怎麼都沒反應？」小可睜大了雙眼看著我。
「我的層次跟他們不同，如果寫了，跟他們有什麼不同？」我品嚐著迷人微甜的氣泡酒。

　　小可似乎因餐廳氛圍，加上我自信幽默不做作的應對方式，而深深地被吸引著。用餐完畢小可似乎不想直接回家，我便紳士的帶她欣賞夜景，就這樣順利的追到手了。

「哇！峰哥太厲害了。」我用崇拜的眼神看著他。
「中途絕對不可以說出這個秘密，可能就追不到了，你也不夠帥氣了」峰哥再三強調。
「你覺得你到底是什麼地方吸引這些女孩子呢？」我好奇地。
「我靠的就是風度翩翩，很多女孩子就是喜歡我氣質非凡與眾不同。」峰哥自信地。

　　這不是台版的沈玉琳嗎？哈哈！哪來的自信啊！不過，峰哥還真是有某種獨特魅力吸引著女孩。

造窗心情：　愛情裡若平淡無奇，似乎淡如水，若充滿驚奇，則天天快活，愛情若沒有轟轟烈烈過，你可真的是白活，幽默風趣才是王道，外表只是最初的評估，你精彩的人生閱歷，才能真正擄獲對方芳心。

富家女的悲哀

峰哥自述：

民國 78 年，我到台北淡水做代銷業務三年，休假前夕一定到淡水河邊看夜景喝茶吹風，那天是我第 38 次來到這間忘憂泡沫紅茶店，必點一杯招牌「忘憂紅太陽」，其實就是一般般的紅茶，硬要取個藝名比較特別，但往往茶的取名是來自於老闆的心情。

老闆是位 25 歲長得年輕美麗又俱古典氣質的女孩，姑且取名為「蕭蕭」，那天接近晚上 12 點微風吹起，人群漸漸散去，只剩我一人，泡沫紅茶店開到凌晨一點鐘。

「看你很常一個人來這看夜景」蕭蕭忙完坐下來跟我一起看夜景。
「是啊！」我很紳士的簡短回應。
「你是做什麼行業呢？」蕭蕭也喝著忘憂紅太陽。
「某建案的代銷部門，就在附近」我比著淡水的另一方。
「妳是員工？」我假裝不知道的問，其實早就注意她很久。
「是爸爸知道我喜歡喝茶，所以開一家紅茶店讓我顧」蕭蕭說著。
「這杯忘憂紅太陽有什麼由來？」我舉起紅茶杯子。
「調配這杯紅茶時，就希望它喝下去有忘憂的功用，而紅太陽是看見曙光的意思。」蕭蕭說著。
「我喝下去就是有忘憂的感覺」我再喝下一口。

相談甚歡後休假那天，我開車載她出去踏青，正好準備經過她南部的家，突然尿急。

「不好意思，可以去妳家借個化妝室？」我不好意思的。
「當然可以」蕭蕭很客氣地。

「是哪一戶啊！」我一直看著左右二邊的破爛平房、透天。

　　這時我往左一看，有一戶像企業總部的花園會所，四米高鍛造大門緩緩開啓。

「哇！這是哪家企業的花園會所？」我好奇的問著。
「這就是我家啊！」蕭蕭一派輕鬆。
「妳…………家」我驚訝地停下車。
「真的啦！你看我還有大門的搖控器，開進去吧！」蕭蕭說。
「哇！妳家會不會太扯，根本就是皇宮」我左顧右盼的。

　　車子開進去一片約 2000 坪的草地，左邊種滿花草樹木鳥語花香，中庭有一個直徑約 50 公尺的噴水池，右手邊還有室外泳池、高爾夫球練習場……，終於開到了白色宮廷式建築物，走進客廳挑高五米八古董滿座，朝著化妝室走去，走了將近一分鐘才到，一樣金碧輝煌，開始想像住在這裡有多麼舒適啊！

「妳也太幸福了，老爸給你開店，家裡又家財萬貫。」我開心地。
「但我一點也不快樂，我倒挺羨慕你的自由自在」蕭蕭看著窗外。
「妳怎麼這麼說呢？」我疑惑地。

　　蕭蕭開始娓娓道來，這光鮮亮麗的背後，到底隱藏著什麼不可告人的危機。我原本住在這別墅，四年前考上淡江大學才搬到台北讀書生活，這段時間家裡發生許多的事，母親外遇鬧到要離婚，我弟弟因為受不了壓力，離家出去跑船，在船上遇上土匪失手殺人被抓去關，父母親確定離婚之後，我搬去跟母親住，之後繼父也搬進來跟我們一起住。母親跟繼父假裝對我好，天天給我進補，還要我自己天天泡一杯養顏美容又養生，繼父常常趁媽媽

不在時，想溜來我的房間對我性侵，所以我才不想回家，也不敢跟父親說，怕他擔心，只跟父親說想到台北發展，才到淡水開店。

　　有一天，我店休回家，母親跟繼父都不知道我回家，在二樓紅色圍牆後面聽見他們的對話。

「現在是怎樣？她吃了這麼多藥，怎麼還沒發作？」繼父不耐煩的。
「我怎麼知道。」母親。
「是不是藥效不夠強，下次再加強一點」繼父咬牙切齒。
「好啦！知道了。」母親無奈地。
我聽到這摀住嘴巴，不然相信自己的耳朵聽見的事實。
「你前夫到底分了多少錢給你女兒。」繼父貪心地。
「最少十億吧！媽的，我一毛也沒有，可惡」母親憤慨地。
「你確定把她搞到憂鬱症，我們就可以拿到她的資產？」繼父。
「原則上是，她有病財產才會被限制」母親肯定地。
原來他們一直對我好，是另有目的，這太可怕了，那天我等他們又出門才溜走。
「天啊！你們家在演八點檔嗎？金色摩天輪」我驚訝地。
「所以，現在都不回家，一點也不溫暖」蕭蕭沉重地。
「不想回去就不要回去，至少爸爸對你好啊！」我趕快緩和氣氛。
「唉！爸爸因為離婚大受打擊，已出國很少在台灣」蕭蕭無奈地。
「沒關係，反正妳平常也在台北，我有空就可以陪妳」我說。
「很謝謝你，每年許願，多麼希望自己的家破產，就可以過正常人的生活。」蕭蕭眼淚滴下。

　　這時我認為什麼也不用多說，就抱著她，陪伴她，聽完她的故事，才明白原來有時候她會不明的小抽蓄，是用藥過多的原因，她也常常說一些放棄自己的話，看了很心疼。

我還是有空就會到淡水河邊喝茶陪她聊天，某天貼上了「終日公休」的字條，我心裡覺得怪怪的，拿起電話打給她，一直都沒有接，我透過關係去查她的下落，才知道原來她回母親家，繼父想性侵她，她反抗拿了書桌上插字條的利器刺他，後來被母親及繼父控告傷害，說她有精神病被送往精神病院，從那天開始就沒有再見過她了，只要走過淡水河邊，心裡就會有種感慨。也因為遇見她，使我的人生價值觀改變，從前的我一心一意的追求錢財，不管情義，現在的我珍惜當下每分每秒，用真心去對待身邊的每一個家人及朋友。

五年後的某天，我接到她的電話，她說她忘了所有的一切，只看到我的電話打給我，活像「被偷走的那五年」，但當時的我已經結婚生子，也不方便再跟她多說什麼，只能默默的祝福她未來一切都好。峰哥分享了他生命中幾個經典的愛情故事，我心有戚戚焉，雖然那時的我只有 19 歲。

造窗心情： 光鮮亮麗的背後，卻是如此脆弱而不堪，曾經別人羨慕她的家財萬貫、豐衣足食，而她卻希望家庭破產，還給她一個平凡的人生及家庭生活。許多人不滿足於現狀，才導致有不愉快的人生，總是期待更好，若可以因為別人的遭遇，喚醒了自己的正確價值觀也不錯。「知足常樂」真的是永恆不變的道理，永遠要覺得自己很幸福，甚至將自己的正能量傳遞給身邊的每一位朋友，學習將負能量轉換為正能量是一件了不起的事，我們一起來學習吧！

參加歌唱比賽賺生活費

　　自從考上私立學校後苦日子就開始了，每個月二萬元的薪水，一萬五交給老媽繳學費及家裡的生活費，我只剩五千元，每月要付電話費、油費等..真的是月光族，不能發生任何的意外，或許因為被迫賺錢，所以膽子特別大，就像「法拉利姐說的－都快餓死了，還管你什麼面子」，有這麼點感覺。

　　每天我都得收傳真機的信件，某一天傳來「台中市仲介公會KTV大賽」我只看見第一名6000元的高額獎金及一台DVD，讓我有些心動，但我只是秘書不知道可不可以參加？立馬去問店長。

「店長：我可以參加這個歌唱比賽嗎？」我興奮地。
「妳要參加喔！」店長疑惑地。
「靠夭，妳講話台灣國語是會唱歌喔！妳騙蕭！」馬哥一直調侃我。
「對啊！小慈妳講話都不輪轉，怎麼唱啊！」胖哥捧腹大笑。
我心想要不是為了配合你們的水準跟層次，幹嘛說話台灣國語的，都不知道我用心良苦。
「店長可以嗎？我需要賺學費、零用錢」我苦求。
「好啊！那我們店就派妳去參加吧！」店長一口答應。
「謝謝店長，店長英明」我開心。

　　因國中有了一次失敗的歌唱比賽經驗，現在明白比賽是該有專業的態度，看螢幕唱歌就是先扣20分，這次比賽是台中市仲介公會舉辦，由全台中市的房仲業者報名參賽，採初賽、複賽、決賽三審，雖然是比三輪，但你得練九首歌曲，因為每一次要給三首曲子，若您給的第一首曲子現場沒有，立刻播放第二順位，再沒有就放第三順位，為了拿到前三名，得研究一下策略。

報名表上清楚說明評分標準： 台風 30 分、技巧 20 分、音色 30 分、造型 20 分，但我想大部份的選手只注重了歌唱，而我將基本功練好後，便開始設計搭配歌曲的服裝造型，請老媽幫忙製作道具，一開始老媽滿嘴碎唸「做這什麼碗糕」，但後來也樂在其中，老媽還疑惑的問我「妳會唱歌嗎？不要去丟人現眼了」，我對她吐了舌頭搖搖頭，繼續做我的道具。

　　為了讓評審有不同的感受，在歌曲挑選上也下了不少功夫，三首都是不同風格、曲風，搭配不同主題的造型，希望評審可以感受我的用心，把我留到決賽，這就是我的計謀啦！！哈哈！

　　第一首是抒情歌，我穿著白皙淨透的天使裝，原本準備演唱的是「許慧欣－愛情抗體」打造清新的氣息，沒想到這首曲沒有，直接跳到第三曲「孫燕姿－壞天氣」，整個跟造型不搭，也只好硬著頭皮上場，轉念的想著「就算壞天氣也要依舊清新美麗的概念」。我看著台下評審交頭接耳的，應該是在討論著我的造型跟歌曲的搭配，是否有何意義？ 當我自信的上台，自信的微笑演唱著，評審似乎感受到我想傳遞的訊息「就算壞天氣也要依舊清新美麗的概念！」到了副歌評審也點起了頭來。

　　真是捏了把冷汗，還好歌詞沒忘，順順的演唱完畢，很榮幸的進入複賽，第二曲「蕭亞軒－一個人的精彩」有些動感加點舞蹈，造型為簡單俐落中空裝，循序漸進的曲風果然引起評審喜愛，順利進入決賽。然而我在等待區時，評審頻頻回頭看我的決賽造型「驚聲尖叫惡魔裝」，微笑著對我比「讚」，顯然評審還沒看見我的表演就已滿心期待了，畢竟在那時期大家都很傳統，穿著保守，我那樣的造型是很酷的一件事！每個人三首都同一件衣服，只有我一直換造型，沒辦法要賺學費。

決賽演唱歌曲－動感的 「鄭秀文－天衣無縫」，開場的音樂是惡魔的講話聲加上大笑，我配合音樂的劇情演出惡魔的情節，大笑完畢脫下面具甩開披風，開始勁歌熱舞，跳到台下的參賽者觀眾都忘了我是他們的對手，站起來歡呼 HIGH 起來了！我不認為這是一場比賽，而是一場自己的演唱會玩得開心、評審開心、台下也開心，我想這才是主辦單位辦這活動主要的意義，我不負眾望奪下冠軍、最佳造型獎，評審頒獎給我時，還補了一句「這冠軍頒給她，應該沒有人有意見吧！」。

「怎麼可能，是只有三個人參加嗎？」馬哥吐糟。
「屁啦！ 70-80 人參加好嗎？」我氣奮地。

其實我很少在公司唱歌，只有峰哥知道我的水準，我唱歌跟講話的聲音完全判若兩人，朋友很愛虧我，妳可以用唱歌的聲音跟我說話嗎？真想揍他們！哈哈！後來我參加了四屆都拿前三名，姐姐說我都是靠舞蹈表演拿高分，我不服，所以最後一場比賽，我初賽選了抒情歌「人質」，決賽快歌「真情人」，一樣拿下冠軍，而且評審告訴我，這次二首歌我都是分數最高的，心裡很安慰。

造窗心情：
坦白說，當天許多人歌聲比我更好，但比賽是一個綜合評分，就像一個人只會單一樣是不足的，最好可以更有彈性的去表現每個細節，因為我是綜合評分中最高，歌唱台風或許只有60分，但我的舞台魅力及造型加了不少分數，才能夠得到全方位的成績。

謝謝老媽替我製作的造型，及當年姐姐批評我的歌唱技巧，才有今天的我，機會是留給準備好的人，您的每一分用心，別人都會有所感受。

二十二歲相親初體驗
意外受傷，依舊玩得精彩

　　某天老爸的朋友說想幫他的兒子相親，問我姐姐結婚了沒，當時姐姐二十六歲左右，但他兒子只有二十三歲，於是就轉嫁到我身上，還好我本身具有主持的功力，不怕冷場!!

老爸問老媽：這麼早給她們相親，會不會嚇到她們啊!!
老媽：你芸仔，不要嚇到別人就不錯了!!（台語）

　　於是安排了第一次的相親，不誇張走進來二位男士，我們居然看不出來哪位才是要相親的對象，我吞了吞口水上前接待，從對方爸爸的介紹中，得知是右手邊這位是主角，遠看像麥可傑克森，穿著超高腰褲，露出白色襪子，那油頭不像造型，像三天沒洗，從我爸媽的眼神看得出來，對這位女婿不是很滿意！

　　現場大家像吃了點頭冰一樣，一直點頭不說話，我則像面試官一樣詢問著他：在哪工作啊!! 興趣是什麼啊!! 後來看雙方家長都一臉睡意，我只好趕緊結束這場相親，為了讓對方有臺階下，我跟姐姐們約了主角再到附近茶坊聊天。

　　其實主角只是宅，缺乏一位設計師打扮他，聊著聊著我們姐妹跟他相約一個月後去遊樂園玩，可惜計劃趕不上變化，我出了場車禍，腳上還打了石膏，這下可好了，姐姐們覺得為難，因為我如果沒去，沒人抄氣氛肯定是一場悲劇，我想也是難以想像的慘狀，於是按照計劃出發。

　　到了遊樂園門口，服務人員看見我拿著拐杖，熱心的推了輪

椅給我坐，還告訴我們各項設施可以不用排隊，直接入場。

天啊！！真的是小確幸，記得那天是假日，一般都是大排長龍，我們是多玩了幾次！！去過這麼多次遊樂園，就這次印象最深刻。

2016 年公司員工旅遊出國，第一天就遇到遊覽車爆胎，使我跟另一位同事腳受傷，一樣四天都坐輪椅，但我是很樂觀的看待，我一路安慰另一位同事，太好了，這四天都有人推我們耶！可以不用走路好輕鬆！腳只要多休息就會好了，這幾天好好玩吧！！

造窗心情： 當下只有一個念頭，如果我們不開心，姐姐們及同事們怎麼敢快樂，反正人沒事就好，不要影響大家出遊的心情，也是一種另類的出遊回憶！！

人家說業務「一張嘴，黑嚕嚕」

那天週末業務一早都出門帶看客戶去，峰哥正跟我聊天，突然公司電話響起，峰哥大聲的正能量說著**「電話一響黃金萬兩」**。

「xx 不動產您好…………」峰哥用熱情的聲線。
「我在報紙看到一間美公寓 3 房 168 萬，這間在哪裡啊！」客戶。
「小姐您好，請問貴姓？」峰哥依舊熱情的問候著。
「我姓何」客戶。
「何小姐您好，您真幸運，今天第一天開賣，已經有預約 3 組要看屋了，這間裝璜的很漂亮，採光通風都很好喔！等一下有沒有空看屋？」峰哥。
「可以明天嗎？」客戶。
「明天啊！我看恐怕來不及喔！低總價都是秒殺物件，也許，今

晚就成交了」峰哥積極推薦中。

「好吧！那下午二點約在哪呢？」客户問。

「大連路 vs 昌平路口等」峰哥。

「好的，下午見」客户。

「哇，那間好便宜喔！才 168 萬！你看過房子了？」我好奇的問。

「沒有啊！還沒看過」峰哥整理資料準備出門。

「什麼，沒看過，那你怎麼知道它長什麼樣子，還知道它有裝潢有採光，還把客戶約出來了。」我驚訝地問著。

「神經喔！笨妹，不用看啦！我們都賣投資客的，一定有裝潢啦！隨便說說也會中，而且你知道我們在賣的房子有多少間嗎？ 妳這次打了多少筆案子。」峰哥問。

「2000 多筆吧！」我回覆著。

「對啊！房子這麼多，怎麼看的完，先有基本常識就夠了」峰哥。

「喔！」雖然我還是一頭霧水。

　　過了二小時，峰哥把客戶帶回來了，過半小時代書也來了，順利成交。

「天啊！峰哥你是我的偶像耶！」我睜大眼睛掩著嘴。

「沒什麼啦！ 小案子是真的跑很快，我們積極一點客戶才有福氣買的到啊！」峰哥敦敦教誨。

「原來如此」我點了點頭。

造窗心情： 不是每個人都能出一張嘴就能賺到錢，前提是必須要有對於工作的熱情，以及積極度，峰哥說的沒錯，如果業務拖拖拉拉不夠積極，客戶就沒有福氣買到他想要的房子，有些客戶比較沒有主見，也是需要業務去推他一把，否則一輩子都在租房子，幫屋主繳房貸，住了5-10年的租金早可以當頭期款了。

大學四年「資訊傳播設計系」

大學四年匆匆流逝，何謂「資訊傳播設計系」在這簡單跟大家介紹一下，電影制作、拍攝短片、節目企劃、多媒體動畫等……，似乎跟我進這個科系當初想的不大一樣，原來主要是拍攝電影短片，四年內也陸續拍了幾部經典短片，一部是浪漫愛情故事，一部是搞笑「圓桌武士」，我都飾演女主角。

在攝氏 8 度的氣溫下，著長尾婚紗在大馬路上奔跑高跟鞋斷了，脫著赤腳繼續奔跑，眼看時間緊迫，在路邊還跟路人借了機車，就為了尋找落跑新郎犧牲演出，獲得好評。另一部則是喜劇片「圓桌武士」，提倡桌上禮儀的宣導短片，描繪二位主角為搶奪美食而大打出打，由現代劇穿越時空到明朝「倩女幽魂」，男主角飾演書生寧采臣，而我當然不是氣質女鬼聶小倩，是邪惡的千年樹妖姥姥，為了戲劇張力，也只好搏命演出，不過這二部短劇都只拿到普普的名次，但就像周星馳的電影，沒有強大的設備及幕後剪輯團隊，但我們有最真實的演技，我依舊贏得全科系「最佳演員獎」太感動了，謝謝評審老師的慧眼，沒有白白犧牲。

大學畢業展「插畫日誌」
用生命去完成的作品

大學生最害怕的畢展，我想只有大學生明白了，六至八人為一組，從準備到畢展發表大約只有半年的時間，聽起來很久，但其實很快，光主題及大綱就要思考很久，人多嘴雜意見多，幹不了什麼大事，還需評估是否有可行性，是否符合趨勢潮流，也許進行了一個月發現沒辦法進行，加上組員個性意見不合、內鬥還要求拆組，又得重新設計新主題。

很不幸地就發生在我身上，在進行至第二個月時，某二位因感情糾葛提出退組，還要求我從他們一男一女中選一個留下，這也太強人所難了吧！但我不選又進行不下去，一個女孩是美麗混血兒，在班上算好友，另一個男孩是我的麻吉也算好友，我實在難以抉擇，最後我選擇男孩，因為他是台中人，未來應該比較有機會繼續往來，女孩是台北人，也許畢業後就只是個最熟悉的陌生人，這樣選擇的方式很爛我承認，但也別無選擇了。

眼看剩不到三個月的時間，如果再拖下去將會開天窗，大家都不用畢業，於是我與另一位女同學「梅子」，決定扛下這個重責大任，其他四位同學幫忙搜集資訊，這次畢展改為「插畫網站設計」EROS。

插畫的部份由我負責，梅子則負責架設網站寫程式，插畫部份先手繪許多樣式做挑選，經過一星期定下插畫主角的模型，進行公仔捏製，使用彩色軟陶，當時為了製作公仔還到逢甲研究店家的公仔如何捏製，使用哪些工具，捏製完成再放進烤箱高溫 130度，約 10 分鐘即可，不可烤到裂開，取出烤好的公仔會有點彈性，放涼後再噴上亮光漆就行了。不過梅子可是相當嚴格，光公仔就退件 7-8 次才過關，電腦繪圖也只是初學者，畫的很吃力，當時我們倆白天都在上班，下了課也沒辦法直接回家，提著手提電腦到梅子那三坪大的租屋處開會討論、設計繪製、修改。

常回到家已經凌晨 1 點，老媽還坐在客廳沙發上打瞌睡等我。

「肚子會不會餓，我煮碗麵給妳吃吧！」老媽揉揉眼睛。
「好啊！」我內心真的良心過意不去。

一邊吃著麵，一邊心想著媽媽真偉大，孩子不管再怎麼樣，永遠都是她的寶，所以不可以讓她失望，未來一定要想辦法闖出一片天。

　　為了不讓老媽常常等我到三更半夜，我只好說了善意的謊言，騙她我在同學家做畢展不回去了，其實梅子的套房只有三坪大，還是單人床，根本擠不下我，於是我跟店長報備，這陣子趕畢展比較忙，可以睡在公司嗎？店長一口答應了，常常繪圖到凌晨三點，趴在電腦前就睡著了，早上六點又爬起來繼續趕工。

　　有一天，我到梅子宿舍門口按門口都沒反應，怎麼敲門也沒反應，我心急如焚，最後門微開看見她趴在地上，臉色蒼白氣喘發作，我趕緊叫計程車載她到醫院，我騎機車跟隨，陪她吊完點滴也天亮了，帶她回家休息後，直接殺去公司上班。因為梅子情況危急交不出畢展報告，逼得我不得不利用上班時間趕報告，花了幾小時趕工順利交件，隔天老闆娘約見我。

「小慈啊！我知道妳最近很辛苦要趕畢展，如果妳的事做完，可以趕作業沒關係，但盡量在同事不在的時候，免得有人來跟我打小報告。」老闆娘小小聲的。

　　「老闆娘謝謝妳的貼心，很抱歉，因為我的夥伴昨晚氣喘昏倒，我陪她去醫院吊完點滴，早上帶她回家後就直接來上班了，也沒回家，但今天有很重要的畢展報告必須繳交，夥伴人不舒服，我認為應當扛起責任完成它」我心存感激老闆娘的善解人意。

「沒關係，下次注意一下，他們出去的時候或是下班後都可以做妳的作業喔！！」老闆娘微笑。

其實，我上班時間是八點半至五點半，但平常如果沒有趕上課，幾乎是呆到六點多甚至七點幫同事把廣告看板寫好才離開，我認為做人跟做事一樣要有彈性，若每個人都需靠打卡控管，那就請機器人就好了。

　　我知道誰是報馬仔，但我的個性不喜歡以訛傳訛，會自行找當事人處理。某天，報馬仔提早到公司，我坐到他身旁聊天。

「報哥，你覺得我是個什麼樣的人。」我一派輕鬆地。
「妳很活潑大方呀！」報哥。
「工作及人際方面呢？」我看著他的眼睛。
「很不錯啊！很積極幫助大家設計廣告看板」報哥。
「你覺得我會是個偷懶不負責任的人嗎？」我說。
「不會啊！妳人緣好，做事效率又好」報哥提高音量。
「是喔！昨天老闆娘找我，說有人提醒她，我在上班時間做報告，說實在的心有點寒，要不是前天我同學突然昏倒，半夜送她去急診室打點滴，早上沒回家就來上班，她還沒恢復意識，情急之下只好幫她趕畢展報告，因晚上要交，不然基本上我不會佔用公司時間做私事，我也可以五點半準時像機器人轉身打卡就走，不需要有一點點的人情味，但我並沒有，很清楚大家需要我的協助，若時間許可我肯定會協助完大家才走人，我想沒有人希望一家公司變得冷淡無情，適時的體諒是必要的，你覺得呢？」我說。
「我覺得妳說的很有道理」報哥猛點頭。
「昨天峰哥好像有聽到老闆娘跟我說的話，他很不高興，說要抓出這個報馬仔」我裝傻的說。
「真的假的」報哥有點緊張。
「我叫他不要無聊了，不要沒事惹事」我說。

其實，這件事沒人知道，只是希望他多體諒別人，不是任何事都像他看到及想的那樣，不要整天只想著算計別人，對自己沒好處的，多說好話，相信善的循環會慢慢回到自己的身上喔！！

終於到了畢業成果展的那一刻，我跟梅子流下了這三個月難熬堅辛的淚水，滿腦中回盪著老媽凌晨一點鐘，還坐在椅子上等待我回家的畫面，梅子一人南下讀書，氣喘時常復發需要支援，倒數一個月時常睡在公司繪圖繪到睡著，還被同事誤會偷懶做作業的委曲都結束了。期間我們設計了許多EROS的週邊商品，公仔、手提袋、造型貼紙、立體書籤、馬克杯、公仔名片架及四格漫畫書卡等……獲得一致好評，也謝謝當初只有搜集資訊的四位同學，願意在身旁不發表任何意見的支持我們，讓我們完全的投入及發揮，最後，我跟梅子都走上設計這條路。

造窗心情： 一個偉大的作品或事業，是背負著多少無形的壓力，我想只有身為設計人及老闆可以深入其境的明白。故事中提到分組創作往往人多嘴雜成不了事，的確是這樣的。
成功，從聚焦一件事開始，找出一位最佳的IDEA大師，將大綱方向確定，其餘的組員負責協助即可，雖然有些組員會不服，但我得告訴你，出IDEA的人必須要有掌控氣場的能力及魅力，否則作品將四不像，成就一盤散沙。

這四位什麼事也沒做的組員，平白無故的拿到了學歷，我想許多人會跳腳，為什麼他們可以什麼事都不做就拿到成績畢業，若我當初計較付出，不願接下這個重擔，若他們不願放手讓我和梅子全心投入，我想今天大家都不用畢業了，也不會在時間緊迫下學習到這麼多的軟體及經驗，所以轉念是很重要的心態，當你處於劣勢，必須想辦法調適心態，一切就會有所改變！

一段柏拉圖式的愛情故事
一段無能為力、無解的愛情

　　總喜歡留著帥氣短髮的我，開學當天也穿的像小男生一樣，喜歡中性的打扮是因為想讓每個人都跟我沒有距離，無話不談，話題大膽前衛，是我人際關係不敗的理由。

　　男生最怕的就是無理取鬧不講理、黏TT，花錢如流水，一定要上頂級餐館，以男友為重心依賴，找不到人就鎖命連環扣，壓得男生喘不過氣的女友，但很抱歉大部份的男生在擇偶條件上，女性的外表特質就是「漂亮、皮膚白白靜靜、溫柔氣質」的女性。男性友人您仔細想想，女孩為什麼不晒太陽，注重白皙皮膚的保養，還不就是為了美麗，讓您帶出門有面子，不晒太陽的話，當然就是逛百貨，開銷自然就比較大，您就不能嫌棄她愛花，而這樣的女生因為比較沒有什麼休閒娛樂，當然重心自然就放在另一半身上嘍！

　　當然也並非外表特質是這樣的女性，都有同樣的特質，畢竟生活環境，交友圈不同也會影響思維，僅是我對於男女關係的一些見解跟大家分享，若您選擇這樣條件的女孩，您就要有這樣的認知，不要交往了才嫌她煩，怎麼這麼黏這麼會花，這樣無理取鬧，其實很簡單只因為她很在乎你。

　　愛情沒有對錯，只是要搞清楚自己到底適合什麼樣的對象，聊這麼多是因為我跟男生女生都很要好，所以我搜集四面八方的想法及理念，做一個融會貫通的葵花寶典，當有女性朋友問我，他的男友有什麼行為時，到底他在想什麼？ 我便可以即時分析給她聽，再告訴她如何去表達會更好，想想也是公德一件啊！

曾經拜師學藝「塔羅牌占卜」，老師說塔羅是透過你目前的內心傳遞出來的訊息，也只能算出這三個月左右的情況，每張牌都有一個正面的解釋，大部份的人問的無非是工作、愛情，若是牌為反向，則要反面思考，所以身為老師必須要具備有善於表達的能力，第二必須有將不好的消息轉換說法的能力，使客戶情緒平穩的回家，這是身為老師的職責。

　　但我曾經遇過沒耐心的塔羅老師沒口德，直接跟我的朋友說：「就跟妳說，他心裡根本沒有妳，妳不要痴心等待了，他根本沒喜歡過妳。」聽完我朋友付了 300 元後，心情更差。

　　若我是老師：「妹妹，這個男生目前應該是忙於工作或是家裡的事，短時間內比較沒有心思談感情，但以他的個性談感情也會比較不主動，妳會比較辛苦，其實妳的條件不錯，這段時間建議妳先把他當朋友，再看看是否有更好會守護妳的白馬王子出現喔！祝妳好運！」妹妹可能就很開心的回家了。

　　同一件事，可以換個方式說，也許她會開心的回家，因為會來問感情，就是為情所困，我們身為老師應該是給她自信，讓她重新找回自我魅力，而不是讓他落井下石，你說是吧！說這麼多，只是讓大家了解，為何如此多的朋友喜歡跟小慈聊天，只因為我很了解愛情的道理，每個人在人生的道路上，肯定會遇見的課題，或許透過跟我的對話，他們可以找到方向，重新調整自己的心態，再談一段完整美滿的愛情，是不是又公德一件了？

　　開學第一天，在彼此不認識的情況下，很自然的會先跟前後左右鄰居打成一片，正後方坐一位長相斯文、才華洋溢，身高一米八二，體重約 75 公斤，標準身材的完美男生，姑且取名為小洋。

右手邊坐一位混血兒皮膚白皙，聰明伶俐，身高一米七五，鼻子也有 45 度的模特女孩， 姑且取名為小模。

　　小模是台北人，來中部讀書工作，跟我一樣半工半讀，是個聰明伶俐有想法的女孩，而小洋是台中人，一樣半工半讀，白天在藥房當藥劑師，英文能力佳，曾在露天咖啡廳打工自彈自唱，是個才華洋溢的男孩。說實在的，這二位很會打扮潮流穿搭，活像一對名模站在我的面前，我真是與有榮焉。

　　選修課好朋友都會選同一班，不是為了學習，而是為了聊天有伴，當然我們這一群就選在同一班嘍！夜校時間說長不長，說短不短，晚上六點半上課，許多人都拖到七點才從後門溜進教室，還提著熱騰騰的麻辣臭臭鍋當晚餐，因為味道太濃太誘人還被老師唸：「上課可以吃晚餐，但請不要買味道太濃的東西影響同學上課」小洋立馬對著我翻白眼。

　　我個性中性，穿著忽男忽女，小洋根本把我當成男哥們，常對著我勾肩塔背的無話不談，一天白天上班去銀行辦公事，準備回公司，看見一個疑似小洋的背影，坐在某社區騎樓喝咖啡，我靠近一看才發現真的是他。

「嘿！小洋，你怎麼在這裡」我興奮地拍了他的肩。
「超，妳怎麼在這裡」小洋噴出咖啡。
「我在這間藥局工作啊！」小洋比著店面。
「真的假的，我公司也在這條路上耶！ 我們距離不到 500 公尺，也太巧了吧！」我瞪大眼。

　　因為這一層的緣份，我們的友情更加穩固，某天他吱吱烏烏

的一付有話想說，吞吞吐吐的。

「你到底説不説，不説不幫你喔！」我有點不爽。
「好啦！好啦！妳不是跟小模不錯！」他小小聲的説。
「是啊！怎麼了」我説。
「我想做東西送她，跟她表白」小洋害羞地。
「原來是有心上人啊！好啊！你想做什麼？」我三八的挑釁他。
「妳上次説妳會做人偶公仔，可以教我？」小洋興奮地。
「可以啊！不過需要烤箱，我家不方便讓你來」我説。
「那我找朋友家好了，下星期就來製作吧！」小洋。

　　一天我們翹了一堂自認爲沒什麼重要的課程，就爲了製作這個愛的公仔，看著他充滿著歡喜開心製作著，在我眼前這個高大才華洋溢的大男孩，瞬間用童眞般笑容融化著我的心，這不是每個女生夢寐以求的對象？高富帥有才華又貼心，還在一邊幻想中，他的一句話把我從美夢打醒。

「超，再來呢？」小洋開心地。
「喔喔喔！再來進烤箱」從幻想中回神，我還是好好做好我哥們兒的角色，別有非分之想的好。

　　等待的時間，我們倆趴在地上聊天，看著烤箱由紅轉暗「噹」一聲，我們興奮的打開烤箱，拿出小模女神的公仔，做的還眞不錯耶！果然有愛就是不一樣！隔天小洋跟我説他約了小模下週吃飯成功，我替他開心，但小模似乎感受到小洋及我的關係匪淺，特意來找我。

「超，可以麻煩妳不要讓小洋知道我有對象的事？」小模説。

「喔喔！」我心裡五味雜陳。

　　這話含意好深，不知道她是本身低調，不希望別人知道她有男友，還是另有想法…………，當然單純吃飯也沒什麼，所以我也沒有想太多了，祝福他們用餐愉快。

　　那天他順便把親手製作的公仔送給了小模，相信一般的女孩子都會被感動吧！更何況小洋的條件很好，小模很感謝他的用心，收下了禮物，也許小洋滿懷著希望來找我分享這個喜訊，被隔壁桌的小王聽到，到處去放送這個消息，把一個單純的飯局，說得像他們約會交往似的。小模非常不悅的找他到走廊上談判，為什麼要到處亂說我們吃飯的事，我想每個人認知不同，小洋也不懂這有什麼好生氣的，重點是他也只有跟我說，是有心人聽到之後，又再加油添醋的傳出去。

　　那天晚上大家搞得不是很愉快的下課，我陪他去喝咖啡安慰他，也忍不住告訴他，其實小模有對象了還請我不要告訴你，我覺得身為二位的好友，真的不知道該怎麼做才好，看你這樣我也心很痛，知道你對於她的用心，但人生時間軸沒辦法都走的剛好。

「她怎麼可以這樣對我」小洋愁眉苦臉。
「也許她只是個性低調，不願讓大家談論她的私事罷了。」我說。
「怎麼可能，一定是故意的」小洋氣奮地。
「她應該把你當成好友，才答應跟你一起吃飯，不要多想」我說。

　　之後他們倆居然要我選邊站，有小洋就沒有小模，真是莫名其妙遭受這無情的對待，其實二位認識的時間是一樣的，我誰也不想得罪，但他們非要我選，很想拿錢幣出來丟，看是人頭還是

文字，最後其實我是選擇小洋，因為他是台中人，小模是北部人，未來往來機會可能比較少。

也或許因為此事件，小洋更加依賴我，什麼事都跟我報告，包括他的課業、愛情遇到了什麼瓶頸，他一五一十的與我分享，我很開心成為他無話不談的朋友，大學前三年，我們各自談著彼此的愛情相互分享及抱怨自己的戀人，我像他的寄生蟲般，遠遠看見他走來，就知道他要說什麼了。

期間因我們公司距離很近，中午有時候會一起吃午餐，他雖然是個大男孩，但心思比女孩子還要細膩，也喜歡吃一些女生愛吃的草莓及水蜜桃，記得有次他失戀心情差，為了討他開心，一早到市場買一盒草莓加一罐他最愛的煉乳，還加上小劇場穿著 全身綠色的衣服活像郵差先生，騎到他們公司門口，按了一聲「叭」。

「掛…………號」我騎到他們店門口大聲喊著。
看著他從位置上抬頭看出來，笑了出來，準備走出來。
「先生，領貨請準備印章」我正經地。
「喔喔」小洋憋著笑又回店裡拿印章。
「奇怪，平常不是一個阿伯，今天怎麼是妳？」小洋很配合的演出。
「那是我爸，今天他有事，所以我代班嘍！」我認真的蓋了印章後，拿草莓給他後揚長而去！

我利用後照鏡看著他的表情，他也一路微笑著，望著我的背影直到消失不見。回到公司便收到他的簡訊，「謝謝妳的草莓，很好吃喔！」有時候朋友的功能就在這裡，在他心情不好的時候，給予適度的溫暖及體貼，可以使他們感到有愛，有人在乎他們的感受，他們很快的就可以回復能量嘍！

彼此常給對方這些生活中的小確幸，沒有任何理由、任何佔有的心，單純的付出。一天，他的家人要換房請我幫忙，第一次帶看房子很興奮，做了許多的功課，整理了7-8間的房子，相約一天休假去看屋，到公司拿了資料請他來公司載我一起去看屋，那天看到晚上六點多，天都黑了，當然順便吃個晚餐，回到公司九點多已關門，糟糕！機車還在裡面，他只好直接載我回家，隔天坐計程車上班了，但我實在不願花那200元的計程車費，請住在我家附近的同事順路來載我去公司。

　　那時有個曖昧的男同事，以為我機車放在公司，沒回家在小洋家過夜，大吃飛醋整個佔有慾大爆發，我想是載我的同事跟他說了什麼，我也不想解釋什麼，任由他無理取鬧，直到他做出了一些「恐佈情人」會做的行為，我再也忍無可忍，剛好公司即將遷移到接近潭子的店面，離我家及上課太遠了，我便提出辭呈！

　　這段期間，小洋擔心我的安危，天天陪我上下學，直到一切平靜！而這段期間，我們的友情悄悄起了化學變化，說不上來的感覺，因為曾經是很要好到不行的哥們兒，彼此深怕觸碰了愛情會無法自拔，又擔心若分手了連朋友都當不成，真的很可惜！這樣的天人交戰日子維持了一段時間。

　　某天，看他心神不寧，詢問下才知道，他有一個曾經很愛的女友移民美國，他說著他和她的故事，帶著我去走過他們曾經走過的道路，介紹著她曾買給他的香水，也就是他天天身上散發著清香的氣味，還有他們愛吃的小吃，說著說著他哽咽了，我抱抱他就像哄著自己孩子般的「不怕不怕」，原來這個女孩前些日子在美國罹癌過逝。

看著心愛的大男孩，為了自己心愛的女孩傷心難免心痛，所以，這些過渡期換我陪伴他走過，帶他去 KTV 歡唱、看夜景、喝咖啡、看電影，就為了分散他的注意力。這些日子他像行屍走肉般的生活，二眼無神，忘東忘西，作業忘記交，總是到交件的那一刻才慌神的對我求救。

「超，怎麼辦我忘記做了」小洋拉著我的手。
「早知道你會忘記，早幫你交給老師了！」我一派輕鬆地。
「謝謝超，太感謝妳了！」小洋像個孩子般開心地。

　　突然又落寞地說，他手機用丟了，連續一星期丟二隻手機，你說離不離譜，但心疼他最近的遭遇，也沒在跟他計較了，但也不能沒有手機啊！於是剛好聽他上次說想換一隻手機，歌唱比賽冠軍的獎金湊一湊還夠，就到門市去訂了一隻全新手機，再過幾天就是聖誕節了，就當作聖誕禮物送給他吧！

　　跟他約定在逢甲大學正門口見，在他快到的前 15 分鐘，我快步走進去某角落佈置場地，他一到我就拿起圍巾圍著他的眼睛，牽著他走進場地，我用自己的手機打到準備送給他的手機，音樂都設定好了，一首「女人心事」播放出來，請他跟我一起唱。一起唱著最後一句，我在這岸看著你游　為你的堅持感動，你會的有一天會幸福的～～～

　　我拿下他的眼罩，他看著地上用螢光棒拼成的聖誕樹 X"MAS，我手上抱著一隻泰迪熊，脖子上還有掛著一隻他想要的全新手機，他抱著我感動到哭了。

「不用擔心，你還有我」我抱著他拍拍他的背。

「如果十年後，我們都沒有對象，我們就在一起吧！」我爲了讓他不覺得孤單。

他笑了，輕輕的吻了我的額頭，牽著我的手去逛逢甲，還去拍大頭貼，就這樣單純的渡過將近二年的柏拉圖式的愛情，相信嗎？我自己也不敢相信。

二年來，我們都是單純的牽手逛街、擁抱、親吻額頭，最高級只有接過一次吻，沒有肌膚之親，說實在的，連我自己也無法置信，但這份愛卻因爲彼此害怕失去對方而如此單純濃烈。這二年的日子是如此浪漫又平凡，如果我跟朋友去唱歌打給小洋，他在家就會立馬衝到他的房間彈奏我現正唱的歌曲，只要心情不佳就會到旱溪河岸買二罐啤酒一起去聊天散心。

第一次的情人節他送了我一罐香奈兒的香水，跟他前女友送他的牌子一樣，心裡暖暖的，而他們剛好搬新家，他房間需要一台電視機，於是我送了實用的電視機及自己縫製的手偶給他。

他生日時，我製作了一份大海報，一早跑去他店門口張貼，讓他一到公司就有驚喜，再把我爲他彩繪的油畫送到他家，這幅畫是他曾經說過想去的國家「委內瑞拉」坐一趟覽車可以看見四季的景色，另外附上一張手作立體卡片。

七夕情人節，我偷偷買了玫瑰花插在他的機車上，先給他小確幸，上班期間再請花店送花過去，給他驚喜，他則在家製作了手工皂送我，男人親手做禮物給女孩眞的是不多啊！值得珍藏！

第二年他的生日，我製作了一個手掌大小的公仔給他，屬猴的他愛小猴子，所以設計一隻小猴子在彈奏琴及專屬天使兌換卷。

　　第二年情人節我不再送貴重的或佔空間的禮物了，因為房間沒地方放了，我租了郵局的郵箱一年約 700 元，把鑰匙寄給他，請他當天晚上才可以去開，我在下午將禮物擺放完成，小小的一個 20X20CM 及深度 50CM 的郵箱，將禮物一件外套放在最深處，前面做了 LED 燈光的佈置，還有一個小女孩拿著蛋糕的立體卡片，透過燈光效果，閃閃發光。

　　一切的一切都看似如此的美好，像白馬王子與白雪公主般的幸福美滿，但往往天不從人願，他唯一的缺點就是沒有時間觀念，常常約好的時間，都遲了半小時以上，有一次還甚至讓我等上五小時，想想我的寬宏肚量是他培養出來的，但每次都被他的撒嬌給制伏了。這二年我們沒有爭吵過，或許是由哥們兒轉變為情人階段無法適應，總覺得跨不過那道牆，也或許他的前女友造成他心裡的一些創傷，使他無法再短時間內接受另一段感情，我一直在為他找許多的理由，告訴自己他沒有錯。

　　畢業後的某天，他參加一個活動問我要不要去，跟我約晚上六點半，我心想這傢伙從沒準時過，我也不用這麼早進去，但我發現他居然六點就到了，當下的心情跌到谷底，但我並沒有當下生氣，而是靜靜的參加完活動離開，所有的回憶湧上心頭，覺得自己很可笑，是一個沒有價值的人，他跟我的約會總是遲到半小時以上，原來他可以準時，只因為我不值，一路哭著回家，傳了簡訊給他「原來你可以不遲到」，當然在這樣的打擊下，自己會覺得不被重視，像是被利用了，訊息中也口不擇言的傷害了對方。

他一直想辦法聯絡我，我就是不接，擔心自己又心軟原諒他，又要再一次被傷害，一星期後經過他的店，他的老闆跟我聊了許多關於他的事，話中有話，一直要我不要再傻等了，我不敢相信自己聽見地揣測。直到有一天，鼓起勇氣直接問了他，他並沒有否認，我明白了，這些日子所發生的一切就像王傑的「一場遊戲一場夢」是該清醒了！不是女人與女人的對決，而是一場永遠無解的謎題。

那次他回覆了一封文情並茂的 EMAIL 給我

有時連朋友都能作到的互相，不要說成利用，不甘不願請不要做，那好虛偽！我從沒要求妳為我做什麼？只會感動妳做的，如果是真心付出，又怎麼會有現在的不甘願，與其說利用，不如說妳有所圖，喜歡在開始可以成為追求的動力，但盲目也可能成為一廂情願的傷害，你不是呆子，如果我是在利用你，你不會不知道，如果我對妳沒心，就不會親手為妳做東西，也不會擁抱妳！

真正自私的是你，當追求不如妳的期待，你便加諸我醜陋的人格，你想愛卻又不敢力爭，因為沒有直接失望的勇氣，只好懦弱的付出渴望對方感動，當感動沒能滿足妳的渴望，只能怪對方偷偷恨，妳愛的是你自己不是我，我對妳的好，早已被妳的恨消泯殆盡！

看完他寫給我的信感觸很多，剛好那時接近他的生日，每年我都會準備禮物給他，這次決定給他一個「不用見面的生日禮物」做為完美的 END，我左思右想騎著機車到處閒晃，到了旱溪河堤，突然有了靈感，從前只要心情不好，我們會買海尼根坐在河堤聊天，如果把圖畫在斜坡上再附上一張「二罐海尼根站在旱溪河岸旁」的拼圖，信中提到禮物就在這個地方，他應該就找的到了。

這個河堤作品還不小心上了報紙，大家都誤以爲是個男生對女生示愛，常有人前來拍照，不小心成爲當時很夯的景點，其實他到底有沒有找到，我也不知道，他氣我不理他，我也明白，他跟他的媽媽說他交新女友，也是希望我死心！我都知道，他的媽媽也傳達給我，其實我送這份禮物不是爲了挽回什麼，而是希望彼此曾經的付出，就封存在美好的記憶中，不要帶著負能量生活。

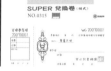

　　他的家人其實都對我很好，最後我有帶著他們的家人去找這份禮物，他們都很感動，覺得他兒子怎麼這麼不懂事，我也並沒有告訴他們的家人，我們之間到底是怎麼了，因爲是件自己跨不過，也解不了的謎題，只覺得遺憾，他的媽媽很喜歡我，甚至要我乾脆跟他的弟弟在一起算了，我整個傻眼！！雖然弟弟也很優秀，但眞的感覺不一樣，眞心感謝他們一家人對我的支持與欣賞，過了三個月後，他媽媽有天打了通電話給我，跟我說：她兒子昨天跟她坦承，其實「阿超才是最了解我的人」，我跟他媽媽說：謝謝妳打了這通電話給我，雖然回不去了，但有他這句話就夠了，一切都值了，我眞心祝福他們一家人未來一切順心平安，之後，我們也就再也沒有聯繫。

造窗心情：

愛情越是單純越是珍貴，越是刻骨銘心，當時的我，愛的到底是他的人，還是愛上戀愛中付出的自己，因為他的一封信真真切切的打醒了我。我們是不是曾經都在愛情的道路上，犯下這樣的錯誤呢？雖然這封信催毀了這段感情，但卻拯救了我未來的愛情。

因為這封信，我對於愛情的態度是180度的大轉變，自己的幸福不再奢望別人給，要先愛自己才能夠愛別人，自己快樂才能感染別人，永遠不要期待別人對自己的付出，要自己能夠給予自己快樂的能量，當自己成為一個正能量傳遞者，才能成為世界上心靈最富有的人。

什麼是正能量？

在北屯區有一間永遠無法忘懷的傳統早餐店，裡頭有賣包子饅頭、蛋餅、燒餅油條、湯包等………，每天是大排長龍，東西新鮮好吃不用多說，我要提的是一個「獨特的風景」，煎蛋餅區是一位 70 歲的阿婆掌廚，離大馬路最近，遠遠的就聽到她那高亢有力的歌聲，排隊時一點也不無聊，就喜歡看阿婆唱歌擺臀跳舞，都唱些經典老歌「針線情」「雙人枕頭」「雪中紅」…，她的服裝才是經典，每天更換不同的造型，都是「精光閃閃」的套裝，鞋子也很講究，都是純手工繡花鞋，還吹個半屏山頭，聽說她常常晚上會去舞廳練歌練舞，就硬生生的把我們當成她的粉絲，就是喜歡她的自信，要我們眼光不放在她身上很難，我看她一天的治裝費，少說也要 4000 元以上，原來她家裡還挺富裕的，一點也不缺錢，只是覺得不認老，心裡永遠住著 18 歲的少女，我想阿婆就是最好的正能量代言人。

台中有一台 67 號公車，司機把娃娃掛滿了公車，雖然每天開著枯燥乏味的路線，但這工作是他自己選擇的，他決定要自得其樂，也讓乘客快樂，他將他的興趣結合工作，他的孩子都很喜歡娃娃，他也愛夾娃娃，每天用熱情的聲音跟乘客打招呼，許多乘客都是特別等著坐他這一部，有種彷彿坐到「龍貓專車」的興奮感，也聽說榮總的病人都期待坐上他的車，上車都會跟司機說他的病好了一半，他沒想過因為他一個正能量的念頭，可以帶給多少人快樂，在這呼籲大家用力的傳遞，你那看似渺小的正能量吧！

　　在我 18 歲考到機車駕照那天，開心的騎著機車在路上閒逛，看到一個女生拖著沉重的行李箱，不曉得在問路人什麼，大家都搖搖頭就走了，那天是 36 度的大熱天，她滿頭大汗的繼續拖著行李慢步地往前走，我直覺告訴自己，是否可以幫上什麼忙呢？ 於是不假思索的騎向她詢問：「姐姐妳好，剛看到妳一直在問路人，不知道有什麼我可以幫忙的嗎？」還好那時還不流行詐騙集團，不然她可能會以為我是否有所圖，她說：「沒有啦！ 我是台北人，來台中找朋友，他的飯店在永豐棧，我不知道方向。」我說：「在我家附近，不過離這還有一點點遠，這樣吧！我載妳過去比較快，妳行李放前踏板上車。」她說：「真的嗎？ 真是太感謝妳了！！」我說：「不會，不會！舉手之勞，每次做完一件善事，心裡就很踏實又快樂。」她說：「謝謝妳的協助，方便留下妳的電話嗎？」我說：「可以啊！！ 下次來台中，如果不知道路可以打給我喔！！」

　　就這樣過了二個月，那位姐姐某天傳了訊息跟我要家裡地址，說她要寄東西給我，之後我便收到了一對從日本買回來的紀念娃娃，心裡很高興，原來自己一個小小的幫忙，在她的心中是如此甘心，時間啾一下過了 15 年，不誇張，透過社群網站，我們還有在聯絡，她還介紹客戶給我，也順利成交。

造窗心情： 你永遠無法相信，原來妳的一舉一動是可以牽引著身旁的每個人，你的正能量也能傳遞千里，你想想我一個人被她的正能量影響了十五年，那麼他們店的生意這麼好，一天少說有1000個客戶，只要她一天感染100個人的心情，一年她就可以影響3萬6500人，他們開了將近20年，早已影響了百萬人，更可況現今社會已有了網路直播影片更加便利。

而自己每天的舉手之勞，看似沒什麼，其實也像種子一樣，慢慢發芽，成為你的人脈及福報，所以在這呼籲大家用力的傳遞，你那看似渺小的正能量吧！

轉戰房地產業務助理

由於原公司與另一家店合併，距離家裡太遠，剛好之前的同事在北屯開了一家小品牌「傳統」的仲介公司，那時的我已經畢業，不再受限於上課時間可以轉做正職的工作，雖然很想挑戰高專，但那時的我不允許沒底薪的工作，因為讀書時期半工半讀，繳完學費就變月光族了，完全沒有任何存款。

於是我跟老闆討論，可以先做業務助理嗎？也就是說，平常把助理該做的事處理完，剩下的時間可以兼做業務，只是%數比較低，那時其他的業務是70%，我是25%，但有基本底薪25000元，對於我來說是最好不過的方案了。老闆是看上我就學的那四年，對於前公司的熱情與設計的服務相當讚賞，所以願意給我這麼好的福利，小慈真是萬般感恩，即將開始業務般的生活，內心興奮不已，想說應該有一連串的業務教育課程吧！ 還雀躍的到書局準備筆記本及文具組。

第一天報到，開會完畢，老闆把我叫到他的辦公室說明了我的工作內容，就結束了。

「老闆我不用業務教育訓練嗎？」我疑惑地。
「不用啊！妳就去貼小蜜蜂，帶看完妳看客戶如果有喜歡，妳就約他來公司看資料就行了，其他就交給我」老闆迅速地說完。
「喔！」我一臉茫然的走出辦公室。

　　小品牌之所以會流傳一句名言「要吃蒼蠅，自己抓」的台語，果然是有意思的。真的是傳統「光靠一張嘴」的生意啊！又都是賣投資客的裝潢屋，也不用開發新的客戶，所以沒什麼專業度可言，只要「很會聊天」這項專長就行了，真是一個阿婆阿姨爺爺奶奶都可以做的工作啊！首先當然是讓自己的親朋好友們透過電話、網路平台知道你現在在做什麼，如果有需要服務歡迎來電。

　　每天開完會，我便以最快的速度將助理該做的事處理完畢，八小時的事務，我三小時就處理完畢，中午出去貼小蜜蜂，吃完午餐休息一下，大約下午就會有客戶來電要看屋，帶看完回到公司，再看看是否有公事要處理，若沒有就幫業務們製作看板或設計小蜜蜂的新版面，晚上吃完晚餐會呆在公司，坐在自己的位置上，偷聽同事他們跟客戶的互動，手也沒停著，剪好泡棉膠開始製作晚上及明天要貼的小蜜蜂廣告，這就是我一整天的行程。

造窗心情：　每天努力做的事情，都是為未來鋪路，誰也沒有想到，平常幫助同事的舉手之勞，總是有人牢記在心，今天老闆願意接受我開的條件，全都是因為我之前的努力被他看見，他認同我的工作態度，所以不要覺得做一件事當下沒有好處，就不願意去幫助別人，不是不報，只是時機未到。

進入業務部，第一個成交案例分享

某天貼完小蜜蜂正吃著午餐，電話便響起。

「小姐，我看見你有貼一張二房160萬，在哪裡？現在可以去看嗎？」客戶沙啞的聲音。

「可以啊！在昌平國小正對面的大樓，先生請問您貴姓？」。

「我不是先生，我是劉小姐，十分鐘到」對方說完就掛了。

我還傻呼呼的睜大眼四處張望，太尷尬了，居然把小姐叫成先生。

　　一位粗曠穿著大衣長捲髮的客戶像我走來，她沙啞的聲音過來向我打了招呼，那間房子在12樓，坐電梯的時候她才說樓層太高了，她有懼高症，我說：「人都來了就參觀看看吧！反正看房子不用錢」，沒想到她走進房子一看說：「這個陽台女兒牆很高，我不會害怕耶！」，剛好同事也帶另一組客戶在看同一戶，另一組客戶看起來也有喜歡的樣子，因爲真的太便宜了，我的客戶立馬把我帶去坐電梯，說她要付訂金，訂下這間房子，我其實才剛入行，還搞不清楚狀況，她好像比我還要熟悉，說要去便利商店領錢，等一下來我們公司談，我也只能回公司等她了，一會兒她真的出現了，領了五萬元當訂金，因爲那間原開價是178萬，底價就是160萬，早期房仲沒這麼嚴格，只要可以售出什麼廣告都可以寫，最後以158萬成交，買方是一位理容KTV的大姐，年齡約40幾歲，原本有一隻吉娃娃，因爲換大樓沒辦法飼養，所以交屋時也一併轉送給原屋主，我還幫狗狗設計了一張轉贈保證卡，希望新屋主好好照顧牠，買賣雙方都覺得我很有心，還幫狗狗做保證卡。

　　這是我成爲業務的第一個成交案例，說實在的沒什麼技巧可言，就是真誠待人，事後跟大姐很好，常常約我去她家坐，請我吃東西聊天，聊天之餘才知道，她們的工作有一餐沒一餐，下午

三點上班，客戶都是 50-70 歲的阿伯，消費也不高 150-300 元，她們就是陪酒聊天滑拳，有時候一天才一、二個客戶賺不到 300 元，喝到身體搞壞看醫生也不夠錢，沒事還要被喝醉酒的客戶騷擾，聽完覺得心疼，還好那時我才 24 歲正值青春，姐姐也希望我多學一技之長更好，我聽進去了。

造窗心情： 不要為客戶設限太多，許多可能就在於眼見為憑，到現場感受才知道，高樓層通風好、採光佳，業務的部份，在還沒什麼經驗之前，可以先做些小案件試試水溫，當您明白了整個流程後，慢慢拾回自信心，再加以充實自己，能力是被逼出來的。

生平第一個專任委託
託富貴手的福

　　託我「富貴手」的福氣啊！在前公司那段期間整天洗鍋碗瓢盆，導致我富貴手，以致於不方便一直碰水及洗清潔劑，所以每個月都有一筆洗髮預算，暑假貼小蜜蜂完都熱得頭髮貼臉，活像瘋婆子似，所以我會貼到哪就順便到附近吃個飯，洗個頭。

　　那次，剛好貼到北區附近，找到一家「家庭式美髮」，看到一張快看不到文字的價目表海報，走近看才知道洗髮是 100 元符合我的預算，便走了進去洗髮，雞婆的個性還是忍不住跟老闆娘說：「你們的海報是不是該換了，都看不到字了，我剛好會畫 POP，明天幫妳們重新畫一張來貼吧！」老闆娘說：「真的嗎？謝謝妳」，過了二天我把海報帶來，恰巧那天是情人節，自己喜歡吃金莎，順便多買了一排金莎請老闆娘吃，老闆娘讚嘆我的效率，我又再次光顧洗髮。

那天剛好正在翻閱「投資客總表」，老闆娘才知道原來我是個房仲，或許不經意發現的，才不會覺得我是個討厭鬼房仲，她告訴我，她有一間店面在勤益科大那要賣，之前給其他品牌銷售都賣不掉，不然小慈給妳全權處理好了，也就是「專任委託」。

天啊！這是何等幸運呢？我當然義不容辭地接下了這個重責大任，目前是收租型店面，一樓為飲料店，樓上二至四樓都是雅房出租，我繪製出平面配置圖提供給客戶參考，一星期後掛上一塊我設計的「可愛帆布」上頭寫著「售，租（豬頭）不如買，加上電話」在租字的前方畫了一隻可愛的小豬頭，個人覺得頗有趣的！二星期後，準買方出現了，那天是下雨天很有誠意還來看屋，之前開價780萬，底價720萬，買方出了630萬，我據實以告回報給老闆娘，老闆娘說：「其實再之前的房仲客戶也都是出大約這個價格，但那時我並沒有很想賣，但最近家人找到另一間房子想買」老闆娘想了又想，決定出售這個價格吧！ 她說因為跟我很有緣，也很喜歡我，所以願意出售這個價格，當下的我真的很感動，在空中旋轉跳舞中。

因為我是一個真的很平凡的業務，什麼話術、業務能力都沒有，只知道真誠的對待每一個人，也許這就是人家常說的「傻人有傻福」傻傻地做就對了，不要想的太多，奇蹟就會出現。

造窗心情： 如今我在房地產也已經15年了，但我還是一直用新人的心態在經營，也不像Sway説的那樣都是「黑心房仲」，那是少數業務破壞了我們的形象，大部份的房仲都很認真努力，人只要發自內心的想幫助他人，不求回報的付出，老天爺就會眷顧你，所有的付出與犧牲最終受益人都是你自己，正所謂「吃虧就是佔便宜」，你若不怕吃虧，也就永遠吃不了虧了，不是嗎？

專任委託「奇葩輪的家」

　　還記得我高職的麻吉「奇葩輪」？ 那時剛好他們家二年前買了一間地坪約 15 坪的預售透天別墅，等到完工後一看，她媽媽說怎麼像「鳥窩」一樣小不龍咚一間，於是決定出售，剛好我正在做房仲，奇葩輪當然二話不說的推薦我給他們的家人，他們也爽快的答應了，授權「專任委託」來給我處理。

　　那間他們當時就買 430 萬，中間還要繳一些費用，他們只想處理掉再換屋，沒有想要多賺的意思，所以那時開價為 498 萬，簽完專任委託，我開心的騎著機車前往看屋，回程後開始擔心了，天啊！ 這也離我們公司太遠了吧！ 同事會想帶看嗎？ 擔心自己能力不足，拖累到奇葩輪。

　　以我龜速 38 的騎車速度，從烏日騎回公司花了一個小時，算了，計劃永遠趕不上變化，於是立馬到書局買了三張淡黃色壁報紙拼在一起，寫上「售，全新完工加上我的電話」，隔天再騎了一個小時到現場去佈置，回程都半天過去了天也快黑了，接到了一通電話說要看這間全新透天別墅，我馬上跟他約了明天早上十點看屋，於是連三天跑烏日，都快成了烏日通。

　　客戶一早九點多就到別墅門口，他跟太太都來了，是住附近的鄰居，想在附近買一間透天給兒子，看完很滿意，就在問我價格，我說過了，老闆從來沒有教我們業務技巧，我都據實以告，我告訴他，這個屋主是我的高職同學，他們因為蓋好覺得室內空間不夠使用，所以才忍痛割愛，客戶說他們也知道當初預售那時的價格，我就告訴他們，屋主沒有要賺錢的意思，單純想拿回資金，目前他開價 498 萬是很實在的價格，如果你們真的有考慮就

出個價格，我可以幫你們試試。

隔了二天，客戶便打了電話給我，決定下誠意的價格 450 萬，請我去跟他收取「斡旋金」，客戶開了 50 萬的支票，我有點嚇到，為什麼要開這麼多，我怕怕！後來才知道客戶是希望屋主可以看見他們的誠意度及真心希望買到的決心，因為他們也不知道何時才能又有機會等到附近要釋出的機會，他們認為家人的幸福更重要「早一天買到，就可以早一點幸福」。

最後在一星期內以 455 萬成交，買賣雙方都好高興，我更高興，帶看一組就成交，圓滿如釋重負，沒有掉漆的成功服務，也不用再騎這麼遙遠的路程，眼看小綿羊機車都快解體了，這回可好好的給它補一下了。

造窗心情：
如果您做業務，請跟您的親朋好友無時無刻保持聯繫，因為你不知道，哪一天是他需要你，還是你需要他，成交沒有訣竅就是「誠實以對」，買方強調他不會再等其他的案子，因為幸福很重要，長輩的年齡一天天老去，我們賺錢的速度，趕不上他們老去的速度，所以早一天買到，就可以早一點幸福，享受住在附近所帶來的便利與幸福感。

業助工作被迫離職

　　這十個月裡，每天的生活不外乎，開會、文書處理、中午貼小蜜蜂、下午帶看，晚上繼續做小蜜蜂，其實好像也沒用到什麼專業及大腦，只靠著真誠服務，十個月內也成交約 7-8 件，以我新人的條件，這樣的成績還算可以，但我仔細思考，爲什麼沒辦法做到極緻的原因到底是什麼？ 原來是家人的不支持，導致我的心一直無法全心全力的去發揮。

　　由於媽媽不知道我每天早出晚歸到底都在忙什麼，天天都十點才回到家，早上七點多就出門，我告訴她貼小蜜蜂，她認爲晚上可以不用貼，但是這是個競爭的社會，你學歷不比人家高，也不比別人專業，你就得比別人認真努力，否則就會沒飯吃，那時大學畢業，全身上下是零存款的，沒有工作就會餓死，還不能生病，可惜天不從人願。

　　媽媽在七月份的某天晚上突然腰痛到站不起來，緊急掛急診是「骨刺壓迫到神經」，必須立即開刀，手術後還沒辦法下床，大約要一個月後，才可以慢慢復原，那時因爲不確定因素太多，加上媽媽一直反對我做這個「整天看不到人的莫名其妙工作」，於是辭了工作，專心照顧媽媽，就在即將滿一個月的時候收到一堆帳單，電話費、保險費等……，頭就開始痛了，沒有錢可以繳，這個月先把豬公的錢挖出來頂著先，還好老媽的脊椎很懂事，好的特別快，看到媽媽可以自己下床了很高興，趕緊跟媽媽說「那我要準備去面試工作嘍！」。

　　寄出履歷，隔天有三個公司面試我，第一間是房仲公司秘書23000 元，但須三審通過才能取得工作，每一審須主管審核一週才

通知，第二間是一間企業公司秘書 21000 元，須二審，第三間是大樓物業管理，底薪只有 19000 元，但明天就可以上班了，我三間都去面試，最後選擇了 19000 元的工作，原因很簡單沒這麼多時間等待，下個月帳單正在跟我揮手，我樂觀的對著自己開玩笑，如果這個社區有幾個單身漢就好了！也許就幸運地嫁出去了！

第一次做大樓樓管秘書，什麼都不懂從頭學習，第二星期便接到前面二個面試已通過二審，其實我知道我應該會上，但真的沒辦法讓自己有空窗的機會，只能選擇零風險的工作先做。

社區剛好遇上了父親節、中秋節、聖誕節的活動，父親節我主動幫社區設計 POP 海報營造氣氛，接著中秋節設計海報及安排烤肉活動，跟社區住戶也相處融洽！我常常誇讚幫媽媽倒垃圾的孩子，沒想到因為我的誇讚，孩子更加主動幫媽媽倒垃圾，這是住戶跟我說的，她兒子平常很被動，後來變的很主動，讓她覺得很奇怪，她問兒子你怎麼最近這麼乖，都會主動幫媽媽倒垃圾，兒子說：「因為樓下的姐姐說我這樣幫妳倒垃圾很貼心很棒」。

主管因為住戶給我的評價很好，覺得表現優異，第二個月就加薪至 21000 元，心裡覺得安慰開心，當然願意為社區付出更多，接著聖誕節的活動都是我一手企劃，從節目道具、活動、海報設計、餐點預算都在理想值內，節目中的舞蹈更是我編舞，每週二及四晚上與住戶一起排練完才下班，主管都對我的付出讚嘆不已。

聖誕活動結束後，突然生活像沒了重心，腦子沒在轉動好像快生銹似的，那時社區來了許多外國租客，看見一群韓國人進住，其中有一個是我的菜，長相斯文，就像韓劇裡的「歐巴」，我像活過來似的，每天上班充滿希望，但因為不會韓語，還跑去書局

買韓語的書來看，但發現這樣太慢了，決定先用破英文跟他聊好了，一開始還不大敢跟他說話，只有早上見面會打招呼，我對他說「阿妞嗨誰優」他對我說「妳好」，這是怎麼回事？？？

　　後來聽說晚班管理員大哥會英文，所以我那天特別留到他上班跟他聊天，跟他說我想認識那個韓國人，可以幫我寫英文的信嗎？順便趁機有動力學英文，這正是九把刀說的「**要有動力才能有學習力**」，老大哥把我當小妹妹看待一口答應，我太開心了旋轉中，於是白天就會把想要翻成英文的字條寫好，藏在櫃子的某個角落裡，給大哥翻譯成英文，隔天早上我像戀愛般的女孩去拿出字條，重新抄到信紙裡再拿給韓國人，哈哈！覺得自己簡直就是天才。其實內容很普通就像一般筆友一樣平凡的問候，例如：您好，我叫 XXX，你們是來台灣工作的嗎？做什麼樣的工作？興趣是什麼？多久回韓國一趟？

　　剛好遇到情人節，我送了他一排金莎巧克力，他送了我一張韓幣，就在我對他的喜歡一點一滴的累積中，某天他到櫃台跟我說了一堆英文，我聽不大懂，他可能心想，妳不是都跟我寫信，怎麼聽不懂，我心想：「死定了破功，早知道還是靠自己比較實在」後來，我請他寫在紙上，我看懂了英文，原來是他家沒電，我趕快陪他上去看看，一路我們倆都不好意思，我擔心他又跟我說話，都不敢正眼看他，我一進他家就發現飯店式的「插卡」沒有插下去，所以沒電，我一插下去就來電了，我們正視而笑，他也覺得很不好意思，我們就趕快下樓。

　　社區中庭彎來彎去的，他走在我的前面，我一直頭低低的走在後面，太緊張忘記前面要右轉了，我整個人摔進水池裡，啪一聲！還好不幸中的大幸，那天水池的水放掉，正準備清洗，

他聽到我的慘叫聲，連忙轉過來看我，瞪大著眼對我說「OH MY GOD」，我從水池爬上來掩著臉說「沒事沒事」丟臉死了，真想找個地洞鑽下去，趕快跑回櫃台，真的是史上最大的恥辱，我想他一輩子也不會忘記我了，這不是韓劇裡的女主角最容易發生的鳥事，居然真的發生在我身上，那陣子回家都會跟家人聊起這件事，老媽嚴格警告我，不准給我嫁去韓國，我狂笑：「老媽妳真是太看的起我了」，我心想：「英文韓文破成這樣怎麼嫁」。

　　「歐巴」的工作變忙碌了，我們的互動也變少了，我也知道這個物業的工作都是一年一簽，每年都要開社區區權會才知道你是否可留在本社區工作，如果沒有通過，那很抱歉就得調社區，可能調到北屯、大里……，誰也不知道，我不喜歡這樣的工作，沒有穩定性，所有的事都掌控在別人的手裡，我只能做待宰羔羊。

　　於是我開始思考著未來的道路，到底有什麼工作可以做到老，還可以維持興趣與熱情呢？腦子浮現出「**房地產及設計**」這二個答案，經過仔細的分析及思考，房地產是每個人一輩子至少要擁有過的一個家，也是人脈的經營，做的越久人脈越廣，自己就是小老闆，要多少業績全靠自己的投入及經營，不必像直銷或保險業容易令人反感，看到朋友電話簡訊邀約，就怕被抓去聽課，而房地產是您有需求才會主動找我們，或是我有好的物件可以提供您參考，沒有任何的強迫，未來親朋好友若需要了解房地產資訊，當然我就順理成章的成為他們專屬顧問。

　　而設計是興趣，可以天馬行空的玩樂，不被尺寸框架給約束，能夠隨心所欲的做自己，只要有台筆電，到世界各地都可以工作，不受區域影響，甚至到了70歲，還在網路世界裡幫客戶接案設計，某天客戶才發現原來設計師是一位70歲的阿嬤，是不是很酷！！

若能夠學到專精是最好不過了，設計可以結合我的房地產事業，融合不同文化產業，成爲另類的房仲業務，不要只是個平凡的帶看員，希望激出創新的火花，提昇自己給客戶最好的服務。

　　由於曾經待過房地產十個月業務助理，明白如果想要成爲一名有經驗又優秀的房仲人員，至少要花半年以上的專業受訓，並學習許多的基本工，例：將道路熟悉、臉皮要厚不斷地拜訪、包裝自己，讓客戶喜歡你……才談得上業績，也很可能半年內會沒有業績，你必須先存一桶救命基金以防萬一，所以我決定先花一二年的時間去學設計。

造窗心情：

許多工作都是接觸之後，才發現不合適，不管是工作內容、薪資或是同事之間不合適，您都該停下腳步好好思考這個問題，不可能一輩子第一份工作就滿意，任何事都是經過比較的，您可以把這份不合適的工作當成一個跳板，對自己進行對話，試問自己想要什麼樣的未來，希望自己成爲一個什麼樣的人，找出自己的專長及興趣持之以恆地做下去，相信會看見驚人的成果。

前往「設計」這條不歸路
設計真不是人幹的，終於明白

　　思考周全後便遞出辭呈，開啓 1111 人力銀行，投出平面廣告設計類的履歷數十間，等待了一星期卻沒有半通電話請我去面試，等到花兒也謝了，我實在不明白爲什麼，就在這個時候，五權西路上的一間翰 x 美術印刷廠的老闆留言給我，請我明天下午到公司面試，我心花怒放的準備了履歷表前往面試，老闆告訴我：「他沒打算錄用我，只是因爲我的履歷很特別，好奇想認識我」，他

聽了我述說著學設計背後的故事，他告訴了我一些設計公司的眉角，再次強調設計是一條不歸路，妳確定要走嗎？ 我很肯定的說「是」，老闆看著我的堅定的眼神，決定跟我分享他的經驗：「設計是很主觀的視覺傳達，通常設計公司老闆沒空聽你屁會些什麼，他們只會看你的作品集就知道你的等級在哪了，決定是否錄用妳，所以，請妳先想辦法去做一本自己的作品集，再投履歷面試，也許就會有好消息了，祝福您」。

眞心謝謝這位貴人老闆，他一秒鐘幾十萬上下的人，居然願意坐在這，花半小時給我這小樓樓建議，讓我少走些冤枉路，我立馬重新計劃，想起大學同學「梅子」，前些日子她說要在台北開設計工作室，我打電話給她，問她什麼時候要開幕，是否找到助理了？ 她說下個月開幕，還沒找到助理，我心想眞是太棒了，簡直就是天助我也，因爲目前是零存款，所以與梅子交換條件。

「我下個月坐車北上當妳的助理一個月，妳不用付我薪水，但要提供我住宿，而我只有一個要求就是，下班後教我設計，幫我完成一本作品集」，梅子阿莎力一口就答應了，馬上準備行李，跟當時的男友說完我的計劃，便出發一個月的設計之旅，雖然他百般不願意，但也由不得他，因爲人生是我的，我必須善用時間掙錢，否則下個月的帳單不就要跟你開口借，我可做不到。

從客戶洽談、採買、攝影、設計、完稿、出貨，梅子耐著性子教導我，一開始畫的圖總是中規中矩，所有的元素都放在方框裡，梅子說「**如果想學好設計，首先要先打破自己的框框**」，我說「怎麼打破啊！」她取過我的滑鼠，將我的名片設計重新排列，把圖都拉大裁切掉，只花了30秒，整個名片變得有設計感又時尙，太神奇了，經過一個月的練習，我設計的圖總算從幼幼班晉升到

國中的級數，正所謂「江湖一點訣，說破就沒價值」。

在回台中的倒數幾天，遇上了一年一度的新一代設計展，梅子要求我每年都要來參觀，未來設計基礎打好後，只需要每年來看設計展就足夠補足你的創意，她還提醒我，要搜集別人設計的名片做為參考，有一天你會用到，於是設計展那天我便搜集了約300張的名片，帶著相機拍下每個作品回家研究，作品集在回台中的前一天完工，拿到作品集的那天很興奮也很不捨的離開梅子及台北，再次謝謝梅子的友情贊助（驢子行銷企劃公司）。

回到台中第一件事就是重新放上作品，開啟履歷，沒想到隔天就有三間設計公司面試我了，最後一間更是嚴格，要我離開公司後設計三款名片，必須在三小時內完成交件E-MAIL給老闆審核，這就是梅子提醒我的，搜集名片隨時有可能會用到，居然馬上就用到了，果然「薑是老的辣」經驗十足，老闆很快的審核完畢留言給我，請我明天上午九點上班，我興高采烈的跟家人分享，殊不知，正式上班才是惡夢的開始。

第一天上班什麼都不懂，老闆只走到我的座位，放下一本交代事項簿，就走回自己的位置辦公，不再跟我說話，另一位美工也不跟我說話，搞得氣氛凝重好緊張，打開老闆給我的手冊，上面寫著「設計三款名片」六個字就空空如也。

我不知道資料放在哪個資料夾，準備走過去問另一名美工，被老闆制止「上班時間不要影響他人」，天啊！我快崩潰了，只好自己慢慢低頭研究，雖然我交了作品集，但事實上還是只有幼幼班的級數，對於設計公司來說，我繪圖的速度太慢，原本第一天上班是晚上六點下班，另一位美工已經下班了，我也不敢離開

留下來練習繪圖的速度及順暢度，老闆走了過來教我使用一些軟體，他一問我三不知，他很生氣手叉著說「開始」，我拿著滑鼠等待一動也不動，他再說一次「開始」，我還是一動也不動，以為他要下什麼指令，他生氣地說「電腦右下角的開始啦！」，我這下才明白原來真的已經「開始」了。

我想在這樣緊張的氣氛下，任誰都會放空吧！很難思考，他一整個覺得我很笨，一直罵我到底會不會，知不知道什麼是學院風？普普風？我都不敢回嘴頭低低的，感覺他可能明天就要叫我回家吃自己，那天八點下班後，不敢直接回家，殺到誠品跑到櫃台問小姐「哪裡有賣學院風、普普風的設計書？」我只要看到有相關的就買下來研究，不到一個月我買了上萬元的書，回家的路上哭紅了雙眼，但一到家門口就擦乾眼淚，告訴自己「這是你自己選擇的夢想，要堅持下去，不要讓家人擔心」。

進了家門一如往常的嬉鬧，其實每天都壓抑著情緒上班，天天面臨不同的考驗，這八個月來每個作品設計老闆都要過目後才可以給客戶，配色怎麼配他都不滿意、不順眼，我都快搞不清楚到底是要老闆喜歡還是客戶喜歡，畢竟每個人口味不同呀！曾經有一次，我設計的一張名片上面有一隻羊，老闆我問「為什麼這隻羊…長得這麼老」，我………真的不知道怎麼回答，真想問，你到底從哪裡看出牠的年齡呢？

另一次我畫了一隻沒有嘴巴的熊，老闆問「為什麼它沒有嘴巴，為什麼它不笑」，我依舊無法回答他，如果當初拿著那隻熊去投稿，說不定熊大的作者就是我了，哈哈，設計真的是沒有什麼道理。總之，那八個月的生活就是每天三句話「早安、吃飯了、再見」，對於一個一天要說上一萬字的我來說，真是比登天還難，

但爲了夢想就忍下來，朋友都說我了不起。

　　這些事情我在家只有小抱怨，吐吐苦水一下，媽媽心疼也會偷偷跟姐姐說，要不要叫我不要做了，這麼辛苦，乾脆隨便找個秘書工作做就好了，三姐告訴媽媽：「這個工作是她自己的選擇，她一定會撐下去的，妳不要去動搖她。」

　　在我快忍受不住的時候，一位國中同學家是開麵包店的，剛好缺人手，她開的薪水比設計公司高，有點心動，因爲自己的心的確也將要出走了，剛好麵包店裡來了一個客戶，在跟我聊天，後來才知道他是我設計公司的前員工，我同學很白目的跟對方說「她要跳槽來我這上班啦！」沒想到那個男生立馬打電話給我老闆，天啊！我不敢想像明天的場景。

　　隔天一到公司，我一臉做賊心虛的模樣，戰戰兢兢的掃著地，老闆突然叫住我「小慈妳朋友是不是叫妳去麵包店幫忙啊！」我說「是的」，老闆說「麵包店很辛苦的，而且也學不到什麼東西啊！還是留下來做設計吧！」我說「好的，我再跟朋友說」。從那天開始老闆不再挑我設計圖的毛病了，偶爾還會拿飲料水果給我吃，整個態度大轉變，讓我受寵若驚，這正是「倒吃甘蔗的道理嗎？」

　　後來聽另一個美工說，原來之前有一年的時間美工一直換人，待最久不到三個月，最快二小時就走人，真的是草莓族的世代，所以難怪老闆在教人時會比較沒耐心，口氣比較差，妳不要放在心上，而且老闆從來不留人的，這次他想留妳的理由，是覺得妳很有耐心！聽到這裡心裡感到安慰，因爲一開始自己的確不是設計的料，也讓老闆得要再次重新指導費心又費神！真心謝謝老闆給我這個機會學習，也因爲你們的嚴格指導，使我進步飛速，正

所謂「嚴師出高徒」。在我滿一年時，設計的整個流程已有了基礎功，我便架設部落格「波比設濟」，沒錯是「濟公的濟」，因為是濟公師父引領我走上設計這條路，為了感謝祂的支持，決定以祂的名做為工作室的名稱。

晚上下班回家開始接設計，一開始沒作品誰敢給你畫，自然沒生意上門嘍！剛好遇上了一位貴人，她在部落格上賣手作造型蛋糕「迷迭香胖趣」，當時她已小有名氣，剛好從我姐姐那得知我剛學設計，她需要名片及貼紙設計，願意給我機會練習，我很興奮的接下這個CASE，跟姐姐溝通幾次後，成功設計出她理想的名片及貼紙，她在部落格幫我分享，就這樣我的設計之路啟動了，謝謝這位姐姐的幫助，才有現在的小慈。

從一開始乏人問津，開放十個免費設計名片名額後，二天就額滿了，慢慢地累積了許多客戶的作品，包括國外的客戶，馬來西亞的也有，甚至有個作品最後進入統一集團，真的很替他們高興，這些客戶我們從來沒見過面，只在MSN上溝通設計，印刷好再寄過去給她，客戶喜愛我的作品，生動活潑有意境，從LOGO、名片、貼紙、海報、DM、招牌、包裝設計等……各式平面廣告設計。

造窗心情：白天我是個默默無聞整天被老闆罵到臭頭的緊張美工小妹，而晚上則是曾經單月破十萬以上業績的「波比設濟」工作室老闆，早上被否定晚上被肯定內心毛盾，每天心情是天堂與地獄不斷的交替著，由於網路設計他們看不到我，我不緊張所以表現優異，而面對老闆的嚴厲卻緊張得無所是從，現在回頭想想，真心感謝那時的老闆給我這個菜鳥學習的機會，並沒有因為我的起頭比較晚而放棄我，因為老闆的嚴厲才能促使我進步飛速，以及當時一起工作的美工們，我能有現在的成就真心感謝你們。

同時兼四份工作

　　爲了多存一些錢，假日到大坑九號步道去擺攤賣「文創手工毛根造型偶及手繪卡車帽」，無意間發現的商機，人家說「**要偷抓雞也要了一把米**」，於是我跟老闆訂了一隻，就站在旁邊研究他如何製作，回家就去買材料，還眞是玩的有聲有色的，上山的客人會先訂他要的造型，下山再來取貨，那時前公司總部跟我訂購了 50 隻他們的吉祥物的造型偶給每位同事，我想…做文創或創意不會富有，但是會很有成就感，每天的快樂因子來自於成就感。

　　每天下班回家除了部落格晚班設計的工作外，還另外接了一個修圖的工作，這是論件計酬的，修一張圖 7 元，那時業績好的時候一個晚上可以修到 50 張照片，共有 350 元的收入是小確幸，我眞是個容易滿足的孩子。

　　這樣算算，我一人兼了四份工作，星期一到五的白天設計工作、晚班的設計工作室、兼差修圖一張 7 元、假日到大坑打工賺外快，還可以玩樂吸取芬多精，多麼充實的生活啊！！那時這樣一個月平均有 3-4 萬的收入，對於一個小資女算是很不錯，現在回頭想想，感謝這些日子勇敢堅強的自己。

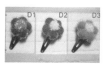

造窗心情： 設定好目標，就要咬著牙撐過去，每個人都希望工作薪水高一點，輕鬆一點，最好錢多事少離家近，但如果有這麼容易，我想也輪不到你，積極突破困境，才能財源滾滾。

脫胎換骨進入專業品牌房地產

　　進入專業品牌房地產前幾個月，剛好完成了當時的人生結婚大事，在設計公司的這段期間，努力存了一小桶金，扣除生活費及該繳交的費用，其實也只剩十萬初，我自己算過，一個月正常花費，不要亂花 15000 元就夠了！頂多二萬，所以在沒業績的情況下，我可以活五個月，有人會問我：「妳不怕五個月後還是沒有業績嗎？」我說：「如果怕了，就不會再來挑戰，因為我已經準備好了，也很清楚自己要走什麼樣的路線」。

　　由於之前媽媽一直不同意我做這份奇怪的工作，整天忙到這麼晚，到底在做些什麼，還沒賺到錢才是她那悶的地方，她認為女孩子做一般穩定的工作就好了，為什麼我硬是要挑戰這種工作？我只能說：「老媽妳在生我的時候，滿腦的男孩男孩，所以除了姓別沒換過來，其他所有的個性都還是個男孩。」

　　媽媽說不過我，只好同意再讓我進入房地產，但媽媽這次親自帶我去親戚的店面進行面試她才能放心，這位遠房的親戚是老闆，面惡心善很有威嚴，在南屯房地產已服務二十幾年，是個大風大浪都看過的老闆。

　　老闆問了我一些基本問題，最後只問我要做「高專還是普專？」我眼扎也沒扎的回「高專」，他一臉擔心的問「可是沒底薪，妳可以？」我說：「我已經存好一小筆錢才來挑戰的，不用為我擔心，因為我明白這個行業的生態，可能剛近公司的菜鳥，三至六個月沒成交是正常，有成交是幸運，我了解自己的個性，需要一些壓力才會有動力」，老闆抵不過我堅定的眼神，只好答應了，我熱血沸騰的開始準備公事包，還有全身的專業配備，站在連身

鏡前給自己一個勝利的微笑，終於又可以回到我最熱血的房地產，心裡無比的開心，這次還是得到家人的支持，分外的興奮。

這間公司跟我以往接觸的房地產公司不同，從前都賣投資客的房子，很少一般客戶的房子，這間公司都是做一般客戶買賣居多，由於他們在地深根已二十多年之久，我在路上派報遞上名片，沒有人不認識我老闆，可見老闆真的是用心經營在地的居民。

我從沒想過利用親戚這層關係鬆懈自己的態度，完全將自己列為新人，一個普通在不過的新人，一樣從新人該做的基本工做起，靠自己的力量成長茁壯，因為我知道大家都在注意我的一舉一動，所以我更應該把本份做好。

身為新人第一件事情就是「散播消息」，讓你的親朋好友們知道妳又回來房地產了，如果有買賣房子的需求趕快通知我，那時已開始啟動社群網站 PO 文出去，群發簡訊給在電話簿裡的朋友們，若遇到家聚或是同學聚會一定「不要臉」的遞出我的名片，讓他們知道「我回到房地產服務了」。

在我進公司還沒開始上教育訓練課程前，我只會貼「小蜜蜂」，因為不希望閒著，所以跟老闆要求可不可以在「掃街」的過程順便貼小蜜蜂呢？老闆說「當然可以」，於是我印製了小蜜蜂就沿路掃街紀錄，順便拜訪管理員大哥，讓他們知道小妹現在正在服務這區，請他們多多關照，再順便貼小蜜蜂。

掃街 => 在公司方圓五百公尺，拿著地圖了解街道，這條是什麼路、什麼街，也就是要跟計程車司機一樣熟悉。

菜鳥如何在一週內簽到「四億五仟萬」的委託
創下當時公司最高委託金額

當時我正貼著小蜜峰，遇到一名開著名車的人，搖下車窗跟我要了一張名片，那個人拿了名片後車就開走，我也不以為意，一星期後他打了通電話給我，跟我約在公司附近的 7-11 碰面，他一坐下就問我「妳做房地產多久了？」，我都還來不及開口，他上下打量我之後起身說「唉！算了，一看就知道只是個菜鳥，一定沒辦法啦！」，轉身準備要離開，我拍了桌子叫住他「你給我坐下，我不管你今天找我做什麼，你的態度我不喜歡，而且我人剛剛在北屯，為了你殺回南屯，就聽你一句：「我是菜鳥，想轉身離開，你當我很閒嗎？把話給我說清楚再走」。

對方被我的氣勢給震住，他突然很害怕地從包包裡拿出一張影印本的地籍圖說「沒有啦！我是地主，有一塊土地在某某學校對面要出售」，我看了一下那張影印的地籍圖，不是正本，我對他說「你隨便拿張廢紙，就說你是地主，你當我三歲小孩嗎？我看你是詐騙集團吧！」，他氣得脖子冒青筋，大吼「我真的是地主啦！！」我一臉不屑：「我憑什麼相信你」，他說：「妳在這等，我回家拿正本跟身份證給妳核對」，我說「好吧！等你十分鐘，不要太久，等一下我還有事」。

過了十分鐘，他拿著正本地籍圖、權狀跟身份證給我核對，當下我心想（靠，他還真的是地主，但也不能這種態度對我）我說「好吧！算你贏，我請你喝咖啡。」這下我們倆的地位才平起平坐，我問他「你這塊地幾坪？要賣多少錢？」他說「要賣一坪100萬，共有四百多坪，還有親戚的四百多坪，如果客戶要一次買八百多坪也可以」我說「一坪100萬，你是要賣給鬼啊！！這裡哪

有這個行情啊！！」當時的我剛到南屯真的不了解行情，心裡一直停留在一坪 20 萬的印象中。

「有啦！！我在學校正對面耶！」他說。

「那你現在給誰在賣呢？賣多久了？」我說。

「就給那些中人、老鳥房仲啊！！賣一年多了。」他說。

「中人、老鳥好像也沒有多厲害啊！！你憑什麼看不起我們菜鳥啊！我跟你說只有菜鳥是張白紙，什麼都願意為你跑腿，重點是運氣還特別好」我說。

「老鳥、中人都賣這麼久了，也沒一個出能聽的價格」他說。

「不要小看菜鳥的運氣喔！！ 有沒有聽過一句俚語（娶某前生孩後），說不定最後是我幫你賣掉的。」我說。

　　他是富二代，這塊地是爸爸贈與給他的，我說「其實我也不算菜鳥，19 歲就在房地產做行政秘書四年，做過十個月的業助，也許在你心裡房地產經歷還算菜，但我有認識許多地產同事，或許可以幫的上忙，另外我花了三年去進修平面廣告設計，在設計的領域裡你比我菜，所以永遠不要比較，沒有什麼好比的，朋友是不會比較的，是互相學習成長的。他聽完便把委託簽給了我，還說他這輩子從來都是口頭約，沒有簽過委託的，我告訴他為什麼要委託：「現在是網路世代，沒有委託就沒辦法上架銷售，你去 7-11 看到的商品一定都是經過委託，否則你放在倉庫裡誰會知道有這個商品，你說是吧！」簽完委託後，我們開始閒聊，他說「我是他見面最屌的房仲」我大笑「哪裡屌」他說「妳都不巴結我，還敢罵我是詐騙集團」我說：「你一開始是真的很像啊！」。

　　我把委託帶回公司，同事都嚇了一跳「小慈，妳是怎麼簽到的，四億多的土地，創我們公司單筆委託金額最大數字耶！！而且，

這個地主超難找的，還從不簽委託的，妳到底是怎麼辦到的」，我說：「我罵他是詐騙集團」，把整個經過告訴了同事，他們笑翻了！ 那次的委託是我剛進公司一星期的第一個開發委託，就創下開店八年來的歷史紀錄，真是感動!!之後他常約我喝咖啡，但我很少去，因為新人有很多基礎功要做，有一天，不好意思拒絕這麼多次，勉為其難的赴了約，他開口要我做他的小三，我說「不可能」，他驚訝的看著我「為什麼？是我長得不夠好看？」我說「那跟長相沒有關係」他說「拜託有多少女人想跟我在一起耶！」我說「那你就跟那些愛你錢的女人在一起啊！」他說：「我可以每個月給你三萬」我說「我不會自己賺嗎？ 」他有點生氣「妳現在是人妻，也沒什麼價值了，憑什麼？」我說「不好意思我的行情還是挺好的」他說：「妳…………」。

我說「你不覺得自己很可悲嗎？ 窮的只剩下錢，只能用錢收買人心，你真以為這些女人是真心對你的嗎？ 別在自己騙自己了，午夜夢迴狂歡後，回到家是不是一陣空虛，沒幾個真心的朋友，我雖然沒你有錢，但我的內心很富足，真正懂愛的人，才是世界上最幸福的人」，他靜下心來聽完：「謝謝妳跟我說這些，從來沒有人這麼勇敢的對我表達過，都只會跟我吃喝玩樂」我說：「你好好想想，希望未來的你是真心對待朋友，朋友也真心對待你，不要再用金錢去收買人心，祝福你嘍！」說完我便轉身離去。

造窗心情： 完成這項不可能的任務關鍵在於，我對他沒有所求，若以利益為優先，想必也會對他阿諛奉承，結果一定也是跟其他人相同，錢沒辦法買到世界上所有的一切，每個人都是平等的，我們不需要因為他比我們富有而矮他一截，因為術業有專攻，每個人都有自己的專業領域，在他面前，完全不需要自卑，所以不用擔心被別人看不起，尊重自己，別人才會更懂得尊重你。

進本公司第一個月成交的案例分享
一個不為人知的秘密

　　進公司第二星期突然接到一通電話，是之前在做業助時的那時理容 KTV 劉姐，她問我還有沒有在做房仲，正巧我剛回來房地產，老天爺真會算時間耶！劉姐說她有一個乾姐姐（潘姐）也是理 K 的，她現在有財務上的問題，需要趕快把她的北屯區房子賣掉，請我去幫忙，我當然二話不說隔天就到那位姐姐家拜訪她，可以明顯感受到她對我還有所防備，也不願意給我委託，回家我有跟劉姐說這個情況，她有請我再耐心一點，因為姐姐她最近生活不是很好，又被人騙，所以防備心會比較重一點，請我見諒！！

　　其實我們也是初次見面，她會有防備心是很正常的，但我真的了解她的情況後，很希望可以幫助到她，我再次的去拜訪她，聽她的故事，慢慢地她釋出善意，她說因為她們的工作有一餐沒一餐的，生意也不好，還遇到變態客戶常常跟蹤她回家，最近房貸也繳不出來，孩子還因為她做這個工作讓他沒面子跟她大吵一架，要搬出去！！

　　其實劉姐日子也不好過，她身上只剩下二萬元，還要繳房貸，潘姐答應過她，如果妳介紹的業務幫我順利處理掉房子，潘姐會包 6000 元給劉姐。其實我聽完心酸酸的，劉姐自己也是日子不好過，潘姐也是為了孩子的生活，但因為沒有一技之長才不得已要去賺這樣的錢，兒子不懂事還嫌棄她，難怪她如此的難過。

　　我跟潘姐說「我會盡量幫妳圓夢，肯定會盡全力的去試」，潘姐看出我眼神裡的誠意，決定把委託簽給我，只給我一個人服務，所以我的責任重大，隔天我把資料做好，立馬殺到北屯區以

前的老東家同事那促銷，請他們幫我介紹客戶，我還到附近的土地公廟祈求土地公公幫忙，告訴土地公公這個客戶的情況，請土地公盡快幫我配對到適合的客戶。

隔天峰哥就帶客戶來看，大約帶看了五組，收了一個斡旋，還在努力拉價中，潘姐突然打電話給我，電話那頭的她說的哽咽，因為孩子對她的不諒解，房貸二期貸款未繳，即將被查封，還有一個民事訴訟準備要前往警局偵訊，當下的我也是內心交戰中，其實潘大姐也沒有對我開口，是我自己覺得想要幫助她渡過難關，因為房貸先繳掉一期，或許案子如果談成就可以順利幫她解決問題，劉姐也可以拿到她的紅包，我前同事有業績，我也有業績，這樣才是全贏。

我主動問潘姐「妳是不是先繳掉一期還可以再拖一個月」她說「是的」我說：「一期是多少？」她說：「四萬多」我說：「妳帳號多少，我先匯五萬給妳，麻煩妳先去繳掉，房子的事希望這個月可以幫妳售出。」她驚訝的「什麼，小慈妳真的願意幫我嗎？」我說「真的，沒時間了，姐姐快去繳掉，我們保持聯絡喔！！如果順利成交後，我希望妳不要再做這份工作了，我有學過設計，妳可以做一個小生意，我幫妳設計 LOGO 和名片都免費，希望妳離開這所有的一切，跟孩子重新過新的生活，好嗎？」。

其實當下我的戶頭也只有十萬，借了她五萬只剩下五萬，我知道這是不良的示範有風險，但我當下就是告訴自己，大不了被騙五萬，錢再賺就好，如果成功了，我救的是一個家庭，也是全贏的局面，而我的良心也會安一輩子的。

隔天峰哥的買方有加價到 380 萬，原本潘姐希望賣到 400 萬，

她的哥哥原本也很堅持價格，但也被我的誠意給感動了，同意出售 380 萬，成交那天潘姐主動上前擁抱我、感謝我，也許在場的人無法明白這其中的感動！！ 我想這份感動只會留在我們這四個人的心中。

　　成交後交屋前潘姐約了我到她上班的地點，將跟我借的錢及要給劉姐的中人紅包一起給了我，當時帶著跟我同組的學弟一起去，之後學弟去剪頭髮，而我立馬把這紅包送到劉姐那，回程拿出紅包的錢請學弟吃豆花，一切看似如此美好。

　　某天我被老闆約談，問我是不是收客戶紅包？我一頭霧水，之後左想右想才想到那天的畫面，我說是學弟看到的「收紅包」嗎？ 這件事情才浮出抬面，當然免不了老闆一頓唸，我回「我知道大家都怕被騙，但這是我一個人的決定，直覺告訴我要這麼做，也許會被騙，但當下的情境真的很二難，主要是潘姐不算是完全陌生，也希望靠自己的力量，可以讓一切圓滿，相信老天是眷顧我的，隔天我拿了簿子給老闆看，的確有這筆備註上是潘姐姓名的匯款資料，我不希望老闆信任我，我希望他信任的是事實。

　　那天之後學弟都不敢正視我，其實我也沒怪他，因為他的客戶說要包紅包給他，他問主管可不可以，主管說「不行」，他當然下意識想到那個畫面，於是跟主管說「為什麼我不行，小慈可以」事情就是這樣來的。

　　可惜這份喜悅才來不久，劉姐就傳來厄耗，因為工作飲酒過量在家吐血身亡，我跟潘姐一起去寶覺禪寺祭拜她，離開後，我沉重地勸潘姐一定要離開那個行業，拿著房子賣掉的錢去做點小生意，四年過去了，某天我在市場旁的紅豆餅攤看見那熟悉的身

影，她聽了我的話做起小生意，還在當地做的有聲有色的，我們在那相見歡好開心，看她的氣色比從前好很多就很替她高興，她多送了我好幾個紅豆餅請同事吃，雖然紅豆餅沒有多少錢，但她的改變讓我覺得那天的決定是正確的，我救的是一家人。

造窗心情： 真正的委託是有責任與壓力的，每個委託裡充滿著故事與淚水，從不認識、排斥到了解接受，再到感受與感動，最後成為一輩子都忘不了的故事，不敢要求一切順利，只求問心無愧，內心的富足早已覆蓋過業績的重量，在房仲業真正開心的，是自己的付出被客戶肯定。很多時候，你看見的或聽見的，往往只可能是片面的真實，但往往忽略了背後的事件全貌，人的價值，不能僅僅以你所看到的畫面作為評斷，當然那是幾年前的故事，現今社會詐騙很多，請大家多加防範。

第一次打陌生電話開發
就被客戶「罵到臭頭」

　　基礎教育課程裡有一堂「打陌生開發電話」，只要是業務部門，都需要通過這一關，那時已流行屋主自售 PO 在 591 售屋網上，第一次沒經驗緊張又遇到如此犀利的對話，真是無法招架啊！！

　　我播了電話：「您好，請問是劉小姐嗎？」她：「我是」我：「您好，我是 XX 房屋，敝姓張，我在網路上有看見您有一戶南區的二房要出售是嗎？」她：「是啊！」我：「那如果我有客戶可以介紹嗎？請問您的鑰匙是寄放在管理室嗎？」她：「小姐，我根本不認識妳，妳長什麼樣子叫什麼名字，我都不知道，幹嘛要把鑰匙給妳，妳家鑰匙怎麼不打一支給我啊！」我：「劉小姐對不起請妳不要生氣」她：「我女兒還住在裡面啦！不方便」說完她就掛斷電話。

頓時拿著電話的我，有三隻烏鴉飛過，我問同事有沒有遇過這樣的事！他們都說沒有耶！那我還真是幸運啊！第一次就遇到，回家後開始思考這個問題，覺得客戶說的也沒錯，我是誰？長得圓的扁的，有沒有兇神惡煞，她都不知道，怎麼可以隨便就把鑰匙交給一個陌生人呢？於是為了這個客戶，我花了將近半個月的時間搜集公司相關資訊，以及我自己的個人簡歷，設計出一本手冊，開心地開車到她們戶籍地再度拜訪她。

　　她們家女兒是開服飾店的，我一進去就說要拜訪劉姐，她女兒很緊張小小聲跟我說：「妳怎麼跑來，我媽很難搞的，不要浪費力氣。」我也小小聲說：「放心，上次已經見識過妳媽的功力了，這次有準備，不怕不怕，麻煩妳請媽媽出來跟我見個面好嗎？」她說不過我，只好進去請皇太后出來。

　　我一看見劉姐就先敬個禮「劉姐您好，我是上次打電話給您，被妳罵到臭頭的那位業務」，這時劉姐一頭霧水：「誰啊！」我：「就是妳說我長得圓的扁的，什麼樣都不知道，怎麼可能把鑰匙給妳的那位啊！！」劉姐「喔～ 想起來了！」我說「那天妳掛了我電話後，我仔細思考妳說的話，很有道理，所以，我製作了一本小手冊給您過目一下」劉姐瞪大眼「哇！沒看過這麼用心的業務耶！」我：「劉姐不好意思，我剛加入房仲業，還沒有其他業務的資歷及輝煌的成績，但我有一顆熱忱的心，聽起來很老土，但還是希望您可以給我機會為您服務，如果服務的過程中有哪裡不足，需要加強隨時可以糾正，小慈盡可能完成您的任務」，劉姐大笑被我的呆萌跟真誠給感動：「好啦！ 這個房子就交給妳來處理，不過，我有一個同事說他可能有興趣，除了這個同事之外，如果妳有客戶都由妳來成交，不過我女兒還住在裡面，她在台中工作回家都很晚，所以房子很亂喔！！ 如果妳要帶看請先通知她」我「好的，

沒有問題」。

　　隔天，我通知她女兒要去看房，一開門發現就是個工作狂的家，想必是回家只想癱在沙發上看電視的節奏，門口鞋子散落一地，廚房很少煮，冰箱門沒關好冰都溶出來了，沙發上都是被子枕頭、房間被子也是捲成虎皮蛋糕般，我到超市買了些清潔用品、香芬袋，經過二小時的清潔打掃，最後放上香芬袋，整個覺得好舒適，拍了照傳給女兒跟劉姐回報一下，她們都嚇了一跳，很謝謝我幫她們照顧房子，其實打掃得還滿有成就感的，雖然最後是她同事跟她買了，我也祝福他們，但劉姐對我的服務及態度很讚賞，直到現在我們都還有聯絡謝謝他們給我這個服務的機會。

造窗心情：　每個客戶說的話就是他們心裡所想的，若您把它聽進去了，將負能量轉為正能量就會有不一樣的收穫！！　劉姐一開始的態度非常的排斥房仲，甚至連女兒都說自己的媽媽很難搞，我沒有什麼特別的業務技巧，只用誠意與熱情感動了他們，女兒都說我很厲害，其實也真的沒什麼，就只是比別人更用心，更注重細節，最重要的還是一顆真誠的心，所以新人們不用害怕，用真誠的心去對待每一個人就對了。

委託到兇宅，衰三個月沒成交
原來兇宅還有分類，今天才知道

　　沿街「走路」掃街拜訪是房仲新人的基本功，聽起來是不是很無趣，但就是要「凡走過必留下你的名片」，你可能會問我「這麼多人都做同樣的事，怎麼輪的到我？」所以要動腦啊！！怎麼讓別人記得你，你都不買樂透，當然不會中，一樣的道理，這是機率的問題，說過了這是基本功，就像學功夫，師父一定會要求你提水半蹲一段時間，才會真正教你功夫，如果你連這麼簡單的事都做不到，那老闆還奢望你的未來嗎？

　　走著走著到處發我自製的名片，怕太無趣一邊走一邊吃美食一邊自拍，一邊賞風景，有時候也會買一些零食跟管理大哥分享，走到了一間旅行社看到門口有個大哥在外面的椅子上抽煙，我上前拜訪「大哥您好，我是 XX 房屋，我叫小慈，請教一下這附近有沒有聽說有房子要出售呢？」大哥用那親切的台灣國語「妳賣房子的啊！」我說「對啊！」他說「我有二間房子，一間在前面、一間在北屯，妳要不要賣？」天上掉下來的禮物啊！ 我急忙著說「當然好啊！」大哥：「那妳去找我老婆簽委託」。

　　就這樣我簽到了二個**專任委託**，北屯那戶是空屋別墅可以掛現廣帆布，隔天跟秘書去拍 DV 掛現廣很開心的回公司等電話嘍！！過二天接到一通晴天霹靂的電話，一個男生打來：「小姐妳好，我有看到一間別墅，是要賣多少？」我說：「開價 898 萬喔！」他說：「不好意思，請問一下這戶是社區內的那間兇宅嗎？」我嚇了一大跳以為隔壁是兇宅：「什麼兇宅，是隔壁嗎？」他說：「妳這戶是幾號？」我說：「8 號」他說：「就你這一戶啊！」我手在抖：「什麼，真的假的」他說：「如果是這戶就不用了」立馬掛了電話。

爲了這戶疑似兇宅事件，我親自跑了一趟社區問鄰居是否眞有此事，最後確認是，而且是上吊自殺的，是一位媽媽久病厭世，不想拖累孩子，在自家浴室裡上吊自殺，我聽了毛骨悚然，還到那區的警察局詢問，但警察局說這是個資沒辦法告訴我，我一個人眞的沒膽再進去拆現廣，找了以前北屯的同事陪我一起進去拆帆布，一進去心裡默念著「阿彌陀佛」到離開。

　　隔天先去跟屋主報告此事，屋主也嚇一跳：「怎麼可能」我說：「你不知道你買到一間兇宅嗎？ 你當初跟哪個房仲買的？」屋主說：「沒有，當初是一個中人報給我的，那邊行情約 800 萬，屋主只賣我 650 萬，所以我就買了。」我說：「你現在打電話給那個中人」屋主立馬拿起電話播出：「您播的電話已暫停使用」我說：「什麼，慘了中人跑了，當初他也沒有給你簽什麼屋況說明書嗎？」屋主一臉憂愁：「沒有，什麼也沒有，只想說很便宜，就買了。」我說：「好吧！ 那我先下架這個案子，大哥既然兇宅已經是事實了，若您要出售也一定要告知對方才行，可能會賠一些錢，但就是買個經驗，記得買賣還是透過專業的房仲比較安全」。

　　最後，大哥賠了一些錢將它售出，而我因爲這個案子被卡了三個月沒成交，客戶看喜歡的房子不是被別人買走了就是屋主不賣了，我好鬱卒，這三個月還不斷的遇到跟兇宅有關的人事物，在路上遇到一個客戶，他看我的穿著走了過來「小姐，妳是賣房子的嗎？」我說：「是的」他說：「我要買兇宅」我嚇了一跳：「你………要買兇宅幹嘛」他說：「但不要太兇的」我說：「什麼，兇宅還有分兇不兇啊！！」他說：「吃藥、燒炭的比較不兇，如果是上吊、跳樓、兇殺，這種怨念比較深我不要！」我說：「喔！！如果有再跟你說」。

回家後我看著他的名片，突然想到前幾天有一個同業 PO 出來一戶兇宅是燒炭的，我傳給他，請他自己去看，我不敢上去，後來他還真的出價，但最後因為產權不清做罷，之後我去掃街沿路拜訪，走到一間透天在裝潢，那天剛好正中午，我走了進去：「有人在嗎？」都沒有人回應我，我便走到隔壁鄰居詢問，這戶是不是整理完要出售，隔壁阿姨又小小聲跟我說：「妹妹，不要去碰那間，它是兇宅，上個月二樓有租客燒炭自殺，屋主正在整理」我說：「天啊！我怎麼又遇到了。」謝謝阿姨跟我分享這個秘密，但我真的受不了這樣的惡性循環，好心的同事帶我去好幾間大廟拜拜過過運氣，有時候不順的時期，該讓自己好好出去走走透透氣，轉換一下心情及能量，之後慢慢好轉，同事說我的氣色越來越好，三個月後終於走出那層烏雲了。

造窗心情： **每個基本功都是一種磨練，還不會說話怎麼學得會唱歌呢？ 機會都在外面，走出門外就可能遇到驚喜，可能是好的驚喜或可怕的驚嚇，但都是一種生命中的一種體驗及經驗，這個故事也告訴我們，屋況說明書的重要性及交易安全的重要性，為什麼不動產不會放在「販賣機」裡按個鈕就成交了，因為它有著許多複雜的法律問題及民事責任，當然還是透過專業的業務服務加上公司及代書最後把關，來完成交易是最安全的。**

千萬不要聽信中人空口無憑的言語，也不要有貪念，就可必避免遭到詐騙，許多人為了省仲介費私下跟屋主交易，以為自己省下仲介費很開心，殊不知，那是詐騙手法拿了你的頭期款就遠走高飛，還有你想想屋主若只想自己賣不願給房仲賣，心態是什麼，就是覺得自己的房子很值錢，聽不下任何人的建議，他會賣你多便宜？ 為什麼3C電子產品，大部份的人還是選擇有品牌的店家買賣，因為他們求的是未來的服務與保障，請好好深思這個問題。

一間銷售二年的「癈墟」
颱風天帶看一次就成交

　　這間癈墟位於台中市某市場旁的巷子裡，已荒癈十幾年沒人使用，屋況需要大翻修，還有路沖的問題，當時我只是經過門口看了一下外觀，同事說這間賣了快二年，已經帶看過不下 300 組客戶了，怎麼還賣不掉啊‼ 我隨口說：「這個老外來買就好啦‼他們又不在意路沖」。

　　剛好隔天遇到我值班日，這通電話在打烊後，將拉下鐵門那一刻，電話響起………，時間是晚上十點鐘，對方：「小姐妳好，我在市場這裡有看到一間透天，現在可以看屋嗎？」我心想不會吧‼ 那間癈墟…現在十點了，他會不會是壞人想綁架我，但我又不能這樣回覆，於是我靈機一動：「先生您好，可以看屋不過那間很久沒住人，目前沒有電，可以約明天上午方便嗎？白天看屋比較看的見採光的部份」對方：「好的，那明天早上十點在現場見」。

　　隔天一早颱風來襲雷電交加，開完會我還問同事「怎麼辦昨天有一個客戶，約我早上十點看那間癈墟，但外面狂風暴雨，他手機沒開也沒接，如果是你你會怎麼做？」同事：「如果有約了時間地點我還是會去一趟」我說：「好的，那我現在就出發，因為風太大了，只能慢慢騎」。

　　我穿著雨衣一臉狼狽騎到現場，褲子都濕透了，遠遠就看見一個身影，很像龍貓拿著一支紅色小傘在門口站著，我急忙著去開門，因為自己也沒進去過，鑰匙鎖太老舊還打不開，最後是客戶幫我打開的，門開了之後，忘記昨天說沒電，還很自然的去開了電燈，客戶：「妳不是說沒電」我心裡一震，但表情鎮定：「可

能屋主去繳費了，才開通」，看到房子真面目的那一刻，還真有點嚇到，不知道怎麼介紹，破破爛爛的房子，地板龜裂，廚房天花板破了一個大洞，二樓到三樓的樓梯是鐵梯，還長在陽台，是那種生鏽到看起來一踩就會摔到地下室的樣子，我笑笑地說「這………房子還真是古色古香又復古啊！不是一般人能懂它的價值」對方終於開口了：「我懂」，我瞪大眼看著他，他來回摸著二樓上三樓的手扶鐵梯「我就是要找這樣的房子，好喜歡這個手扶梯的復古感」我當下真是一頭霧水。

我們爬到三樓還沒加蓋，只有鐵皮及側邊的紅磚，前後都是通透的，他走到了面路沖街道的圍牆，出了一個價格，我嚇到瞪大眼：「大哥，你確定你喜歡它嗎？這間有路沖耶！」，他說「我長期住在國外，我的夥伴也是外國人，我們都不在意這個，覺得這樣很好，三邊都有通，採光通風佳」我說「不過，這間是要大整理喔！」他說：「我們是設計師，所以越爛越好，請問屋主到底要賣多少？」我說：「其實我也不知道屋主的底價是多少，記得這戶從二年前開720萬降到最後開620萬，一直以來客戶都只有出450-550萬左右，但都沒有成交」，我據實以告，他說：「你們公司在哪？」我說：「你要做什麼？」他說：「我去領個錢，等一下去你們公司下訂金」我說：「你真的現在就要決定了，你朋友不用來看嗎？」他說：「他很久之前就看過了，我們最後還是決定這樣的房子適合我們」，我說「好吧！！那我在公司等你們喔！！」。

過了二十分鐘客戶領了十萬來公司下斡旋，下了560萬，晚上我跟主管拿著斡旋金去拜訪屋主，屋主說要600萬，價格很硬，之後我再回報買方，目前是600萬對上560萬，他們也很阿莎力釋出最大的誠意加到580萬，最後以580萬順利成交。

有客戶會問「我怎麼知道你們房仲有沒有騙我們價格」，在這我想說，如果屋主 560 萬願意出售給您，我為什麼還要您再加價呢？您會說「你們可能賺差價」，不好意思賺差價的時代已經過去了，或許現在還有人在做，例如： 不知名的小品牌、中人、牽勾仔才會做這樣的事，我們大品牌是按公平交易法的規定，絕不收差價的，所以請各位放一百個心，我們用心經營自己的品牌，無非就是希望得到客戶的信任與支持，若收一次十萬的差價，毀了我經營十幾年的名聲，您覺得值得嗎？

　　之後客戶把這間房子裝潢完，使用搶眼的黑色外牆為底，栽種許多綠能植栽，一樓經營美式輕食餐廳，紅光氣氛吊燈，打造出悠閒放鬆舒適的空間，二、三樓當住家，設計風格為美式工業復古風，他們每三個月會回法國一趟，帶一些當地的精品服飾及包包回國，放置在店裡擺飾銷售，許多外國人都會來他們店裡消費，已成為當地知名的美式小巧輕食餐廳。

造窗心情：　千里馬要遇上伯樂，而流浪漢也要遇到有眼光的設計師，才能成為巨星，這間癈墟就是遇見了這二位好眼力的客戶，他們看見房子的真價值及內在精神，而不重外表，經過他們的巧手裝飾藝術後，整條街的鄰居都讚嘆創意十足，還有下雨天或颱風天出來看屋的客戶通常都是認真要買的喔！！

吸睛創意老鼠籠，七天賀成交
創意機車廣告

　　人家說「先聲奪人，出奇制勝」，有幻想才能打破傳統的束縛，在明知自己還沒有別人專業的歷練前，就得先搞點「創意」求生存，但需兼具使用性為佳，我的興趣是逛書局、逛五金行，玩創意，

自己開心還可能可以創造業績，你說是不是很興奮啊！！

　　那天騎著機車到五金行批發找尋靈感，看到了一個黑色老鼠籠，便開始研究起來，因為有許多的洞洞可以揹，大小適中，迷你又輕巧，只要設計的可愛，不要破壞市容，我想應該不會被檢舉吧！一個老鼠籠才 100 多元，揹在機車後面也不會影響交通，是個不錯的選擇，買了。

　　提著老鼠籠回到公司，同事用異樣的眼神看著我：「買老鼠籠要幹嘛！不會公司有老鼠吧！」我說：「不是啦！ 我要做廣告用的」同事說：「怎麼用」我說：「做好你就知道了」，於是就拿到後面工具室開始設計製作，完成成品後，同事就用好奇的眼神：「這………真的有用嗎？ 這麼小一個」我說：「不試怎麼知道」，我開心的把老鼠籠揹在機車後面，用了三面做行銷廣告，最上面還有放上我的個人名片。

　　那時我隔壁坐著一位同事，他對我還不錯，但好幾個月沒有業績，很想幫助他，剛好他手上有一個案件，我個人覺得還不錯，也賣了快半年還沒成交，於是把最好的行銷位置放上那則廣告。

　　他接的那間透天在黎明路附近的四米巷裡，屋主很愛乾淨，屋況相當的好，不用再整理就可以直接入住，可惜缺點就是門前沒辦法停車，那時我就在想，這個房子是什麼樣條件的人會來買呢？ 便開始發揮想像力，我直覺是一對很孝順的年輕夫妻，買給年邁的父母親住，他們不需要車位，只需要交通便利，走出來可以坐公車就好，於是我到房子附近的土地公廟跟土地公公及土地婆婆拜託，請他幫幫這個忙，讓我的好同事趕快成交，也把我想像的買方條件告訴祂，請盡快配對成交。

之後，我還是一如往常的騎著機車到處去拜訪、派發 DM、簽委託，可能唯一跟一般業務不同的是，我總是保持樂觀愉快的心情，有時候要到很遠的地方去拜訪，可能車程就要一小時，有的人會心浮氣躁，而我就會很興奮，把整條環中路當我的演唱會，沿路唱歌，當然要注意車多的路段，免得人家以為你有病，就這樣把困境轉換成仙境，你才能夠開心的過著每一天，就在快到公司的紅綠燈口，有人突然從後面叫了我一聲：「小姐、小姐」，我回頭看著她，她比著我的行動老鼠籠「這間透天在哪？可以現在去看嗎？」我說：「可以喔！就在前面而已，請跟我來」。

一到門口停下機車，我就告訴這位姐姐「不好意思，這間透天唯一的缺點就是沒辦法停車」她說：「沒關係，我是買給爸媽住的，他們不開車了，只要有公車就可以了」我眼睛瞪大，心想這不是我心裡設定的客戶條件？我說：「那真是太好了，除了這個缺點之外，裡面真的沒什麼缺點了，座北朝南，冬暖夏涼，後面還有安全的防火巷，最重要的是屋主很愛護這個家，打掃的一塵不染，屋主他們退休準備回鄉下養生去了。」她說：「真的很不錯，我等一下請我先生來看一下」我說：「好的，我公司就在附近，你一通電話，我隨時來幫你們開門喔！」

下午四點半姐姐回電給我：「小慈，我先生五點下班過去看一下，方便嗎？」我說：「當然方便」，夫妻倆看完都相當滿意，馬上打電話給住在豐原的爸媽，請他們坐公車來看屋，晚上七點半來看最後一次，爸媽看了好喜歡，因為屋況很好，在黎明路旁，食衣住行便利，鬧中取靜，走出巷口就是公車站牌，後來才知道，原來他們就住我們公司對面的大樓，而這間透天離他們家只需要 2 公鐘的車程，公車從黎明路上車，只要坐三站就到他們家門口，真的是太符合他們的需求了，當然就順利的成交嘍！！ 他們說找了

快二年的房子，這次是不經意看到我可愛的機車小廣告，一開始是好奇這是什麼，後來看到廣告才叫住我，成交後我當然立馬到菜市場去買了三樣水果給土地公公婆婆答謝，謝謝祂們成全了買賣雙方，就像月老一樣，也讓我同事跟我都有了業績，太開心了。成交後，在公司看到一幕不尋常的畫面，每個人都鬼鬼祟祟的從門口提了一個老鼠籠回來，偷偷的到工具室製作，我看的真是哭笑不得啊！！

可愛老鼠籠大改造

在這教大家**拜土地公的訣竅**，以前有同事問我「為什麼我也有拜，怎麼都沒效」，在這我要鄭重聲明，拜拜是一種身、心靈的結合，可以獲得平靜，也可能使你的願望實現，廢話不多說。

第一　請用善良的心來祈求。
第二　請記得說出你的姓名、住家、工作地址。
第三　請明確說出您想成交的案件地址及目前情況。
第四　請設定日期，例如今天是 106 年 12 月 1 日，請祈求土地公公土地婆婆幫忙這個案件在 106 年 12 月 31 日前成交，我會買三樣水果答謝或捐贈款項給廟宇做使用，以表達感謝之意。

神明有很多案件要辦，當然是先辦最有心的民眾嘍！不過，一切都要發自內心，若你只是嘴巴說，但並不是真心，神明是感

受的到的喔！！

　　以我的案例分析：第一 我不完全為了自己的業績而來祈求，是希望好同事可以趕快有業績，否則他可能會被迫離職，一直以來我都不是很在意業績有多少，喜歡找同事分享業績，只要生活過的去就好，人生活著要有「人味」，不要為了業績把自己的名聲給打壞了，也許我不是業界最強的業務，但我相信自己的風評在外及同業的互動，是大家有目共睹的，除非你妒忌我！！

造窗心情：　好廣告不必符合邏輯，只要可以抓住別人的目光即可，廣告大師大衛.奧格威「廣告應該像有芒剌的草般黏住你的潛意識」，當有人問你做這個有效嗎？　你就更應該去嘗試，因為成功的經營者總是利用衝擊的觀念突破重圍。

沒有錢的行銷方式「交換條件」

　　在沒有錢的情況下，廣告是肯定打不出去的，只能靠著公司報紙稿及來店客，還要跟同事輪流值班，等到有電話都天荒地老了，所以一定得要主動出擊，我拿著自己的優勢去跟各店家談判，一開始店家不認識您，當然不好談，要常去光顧，讓老闆先認識你，再主動研究店家是否需要什麼資源與廣告，有時候我觀察他們的名片快用完了，就跟老闆談，我免費幫你設計加送你們五盒名片，我只有一個要求，就是你們給我放 DM 架在餐桌上可以嗎？有些老闆會同意，有些不方便，但都是個機會，用交換的方式，不收月租費，挺滑算的。

　　因為有時候租半年也沒半通電話，如果租的點很多，一個月光廣告費就三萬起跳，很可怕的！！所以，建議大家可以利用自己的專長與店家「交換條件」，省下月租費喔！

在業績穩定起飛
又被迫緊急降落

　　女人在工作上總是比較吃虧，總在工作即將穩定步上軌道的同時，傳來喜訊，心裡既開心又擔憂，這一年多的付出都將歸零，因早已答應為榮團會主持，眼看剩沒多久就硬著頭皮上了，還好肚子還沒太大，穿個澎裙都給遮住了，結束活動後，第三個月我就在家休養待產，很不幸地在第五個月某一天，發現出血以為沒什麼，還自己騎機車去診所打安胎針，隔天還是出血，緊急送往中國醫急救，罹患「子宮頸閉鎖不全」在 20 週的時候，早產失去了雙胞胎！！過程在第一章節有提到不再加以贅述。

　　流掉孩子後，做完月子三個月，為了走出陰霾，拜託前夫讓我回去房仲業工作，找回人生的價值，他勉強答應，雖然只給了我半年的期限，或許有時候被逼到時，才會衝出自己的戰鬥力，因為中途休息再回到房地產，許多事情得要重新來過，客戶需要重新拜訪、行情需要重新整理，預售案也一棟一棟蓋好，房地產這個行業許多人一知半解，以為很好賺就想進來試試，我告訴你，如果沒有熱情與耐心是做不出成績的，因為房仲品牌多，素質參差不齊，進入門檻很低，從吃檳榔的小品牌至專業的大品牌，人人都可以拿到入門票，但要做的長久，就要看你的真本事了。

　　外界看到的只是外表光鮮亮麗的一面，若您當過主管老闆一定會明白，行銷是需要包裝的，有些直銷人員會開著名車來拜訪，就是要吸引客戶加入行列，業務也不例外，沒底薪已經許多人無法接受，還沒賺到錢就得先花錢包裝自己，行銷廣告，案件沒成交也不收任何服務費，所以，請各位客戶們不要再刁難我們房仲了，成交才收服務費算是非常合理的。

沒底薪的工作，才有高獎金，高風險高利潤，您試著去想，人一生的消費都是成正比的，一輩子你可能在 7-11 領錢、轉帳的次數高達一萬五千次，每次 15 元交易費，六十年你光領錢、轉帳的服務費已高達 22 萬元，因為每一次的扣款金額小，所以不足以讓你有所覺，但長期累積是很驚人的數字。

　　而房地產一個人平均一輩子就是買賣一至二次，由於次數低服務費自然高，這樣可以明白嗎？跟您的房仲業務成為好朋友，對你有好沒壞的，因為他們會成為你們長期的房產顧問，所以你們付的服務費裡，其實包含著永久的顧問費呢！你不要告訴我，你這輩子只打算買一間房，我敢說那是你沒有遇到好的業務幫你做規劃，否則你一定可以成為包租婆，所以認識一個好的業務很重要，你說是不是很值錢？

造窗心情：像我個人就是個購買專業產品不殺價的客戶，例如：3C產品、設計費、家教費，許多人笑我傻，我才覺得你們傻，你們想想專業的東西，肯定需要專業人才，他們花多少時間研究這些產品，如果我們懂得尊重，相信他們會給我們最好的服務。

我曾經向一位在ACER工作的朋友買電腦，我告訴他需求，請他幫我配到好，他說多少我就付多少，因為我相信他的專業，我陸續跟他買了二台筆電，第一台就是我現在正在用的這台筆電，相信嗎？已經快十年的筆電現在還好好的，因為我朋友會定期幫我檢查，臨時有任何問題他都願意幫我排解，只因為我完全的信任他，其實大部份的人都是好人，該給人家賺的就給人家賺，他們都願意做好長期的售後服務及一輩子的顧問，在這特別感謝這位朋友，願大家共勉之。

僅有半年期限，做出亮眼成績
現實扭曲力場

　　回公司成交的第一個案件分享「不計較才有善的循環」由於只有半年的業務時間，小慈做了 A 計劃，為維護客戶的權益，不希望到時又因我中途休息而沒人服務，所以每個案件都跟同事合作分享，這次回來我做了例行性的拜訪，委託過的客戶一一拜訪，有一個客戶最開始是給我專任委託，但我休息後就隨便簽給一大堆房仲一般委託，至少有二十間吧！我看了傻眼，開價從 1280 萬、1320 萬、1350 萬、1380 萬、1400 萬都有，我說：「大哥，你怎麼開價都沒有統一啊！這怎麼賣的掉。」他說：「房仲就說他要開多少啊！我就說「反正我就是要拿 1250 萬啦！其他隨便你們開」我說：「你這樣沒辦法賣啦！！ 對那些誠實開 1400 萬的房仲怎麼公平，而且，那個開 1280 萬的是怎樣，他開這樣是要大家吃土嗎？他擺明不是要賣你的房子吧！如果你是買方看到開 1280 萬，你會出 1250 萬嗎？ 如果買方出 1250 萬，那他有服務費嗎？不要讓人家做白工」他說：「那怎麼辦？」我說「給我一期專任的時間，先把這些委託都下架吧！若一期結束還未售出，你再自己決定要給誰機會銷售，做事要公平、公正、公開，每個業務都很辛苦，不要玩弄大家的心，大家公平競爭，誰成交都給予祝福，之後重新開賣上架。

　　我費盡二星期才下架全部的廣告，剛好租客淨空，我進去檢查發現有濃濃的狗味，去買了一些去味大師及清潔用品打掃清潔二次，才把狗味淡化，拍照回報屋主，淨空後屋主給了一把鑰匙在我身上，同事或同業配件都相當方便，有一位同業配件帶看完告訴我「他的買方有考慮，但他們想量室內的尺寸，才知道目前他們的傢俱合不合適」我說「好的，我處理」。

當天晚上我就進屋子測量尺寸，先畫手繪稿，回家再用電腦軟體設計，繪製成平面配置設計圖，隔天一早就送去給同業，對方也很驚訝！效率真好，還畫的這麼詳細，我說：「希望你的買方因為你的用心跟你買房喔！」對方滿意的點點頭，那天晚上他就拿著我設計的平面圖收到斡旋了，客戶真的覺得我們很用心，可惜那個價格就是屋主的實拿，我們也要生活，不可能都做白工，我再去跟屋主溝通，其實服務這間房子從有租人到淨空清潔，已經服務一年半了，我的屋主也知道我的個性，不喜歡像一般的房仲，沒事就一直煩他。

「大哥，這次是真的有買方，你想想平常我會這樣煩你嗎？因為我們的樓層比較低，實價登錄上的都是高樓層出售，所以當然客戶出的會比你心裡預期的低一些，其實是很正常的，買方目前考慮我們這間和另一間，如果你不賣，他就要去談下一戶了，您自己決定吧！」我語重心長地。

「好啦！就賣了吧！下次再幫我介紹好一點的投資物件」屋主說。
「當然沒問題」我說。

就這樣順利成交嘍！！聽起來很容易，但其實這一年半花費的廣告錢也不少了。

　　這個是我回公司的第一個成交案，但前面有提到，由於半年後又要回家努力調身體「增產報國」，所以案件都是跟同事分一半的業績，這位幸運兒是我當時的夥伴，姑且叫做「噹噹」，她是一位中年媽媽，公司有她真是幸福，每到中午就會看見她傳賴，問大家有沒有要買便當，她順便帶回來，其實幫忙買便當很麻煩的事情，大熱天還要排隊等待，真心感謝她。

噹噹入行比我久，她個性溫和善良，而我是大喇喇的，有什麼說什麼，直來直往的，這次她完全沒有接觸到我的屋主，屋主長什麼樣都不知道，就順利成交，分到賣方一半的業績，有的同事不服，為什麼她什麼事都沒做就可以分業績，我說：「好笑，我要分給誰你管的著嗎？」跟同事不要計較，如果計較就不要合作，這就是我的理念，人生是一種善的循環，相信噹噹也是這麼認為。

造窗心情：　如果要計較就不要合作，人一生不可能一路順遂，有時候也需要借助同事的運氣，讓自己也跟著好運，正所謂風水輪流轉，相信善的循環會回到自身，故事裡也因為買賣雙方業務的積極度，才能夠順利成交。

接續第二個成交案例分享
善的循環立馬回到自身

　　某天噹噹經營二年的客戶，突然打電話進公司，我剛好值班接到，對方說要找噹噹看一塊土地，十五分鐘到公司，我請客戶稍等一下我聯絡噹噹，她剛好人不在台中，請我幫忙帶看，當然二話不說的幫忙，我立馬聯絡土地的業務，開車來店裡載我跟客戶，我看客戶在看地的感覺是滿意的，口頭有說要找朋友再來看一次，於是隔天我請噹噹再聯絡買方約他的朋友一起來再看一次，很快的，他的朋友也來看土地，兩個是要好的朋友，打算蓋一棟雙併別墅，一人一戶住在隔壁多好呀！當下買方有說三天後，要去大陸出差了：「妳們看著辦吧！！」 我說：「是的，了解」。

　　回到公司我跟噹噹說「明天約買方來公司」噹噹：「為什麼」我說：「你沒聽出買方的弦外之音嗎？」噹噹：「有嗎？」我說：「買方有說三天後他要去大陸了，叫我們看著辦」噹噹：「這什麼

意思？」我說：「就是他們有喜歡，要我們動作快一點，不然他們要回大陸去了。」他們總不會說的很明白：「我很想買，你們快去問地主要賣多少錢吧！」噹噹：「是喔！！」

下午買方來了公司，我們拿出產權先跟買方說明土地的坪數、分區，接著拿出最近附近成交的行情，這塊地開價是 35 萬一坪，但隔壁的一坪都開在 38-40 萬，也就是說，地主開的是一般的成交價在賣了，因為地主個性就是「我不想跟一般人一樣開高高的，我就是開實在的，差一點可以談，太多不用談。」那附近的成交行情就是 35 萬左右，而且這塊土地大小剛好，不會太大，也不會太小，很方正，交通相當便利。

買方口頭出 31 萬一坪，我說：「大哥，你很清楚這個價格買不到對不對。」買方互看偷偷的笑，我說：「大哥，你們不是後天就要回大陸了，這樣好了不要浪費太多時間，你們倆現在討論一個最高的價格給我，如果地主有考慮，願意出來跟你們談，今晚就約，如果他們不願意，那就作罷，也不要浪費你們的時間，如何？」買方說「好，給我們十分鐘」。

最後，他們出了一個 35 萬至 31 萬的中間值，32 萬 8 一坪，有接近地主心目中的底價，但還沒達到，經過長時間溝通說服，地主才願意簽約順利成交，當天晚上從八點坐到凌晨一點多，回到家都二點了，真的很開心，也很累人，很多人不相信房仲是過這樣的生活，常常一個案件喬不攏，我們是懸在心上，吃不下睡不好，業務真的需要超高抗壓力才行，小宅宅、小蛙蛙，可千萬不要輕易嚐試喔！

聽噹噹說這個買方的故事，從最開始是看別墅，因為一直都

不滿意格局，噹噹才介紹土地給他，但他長期在外地出差，所以，常常音訊全無，那天是天時、地利、人合，　碰上了，因為我的敏銳度及噹噹的福氣，讓買賣雙方都有了完美的結果，是我們最期待看見的。

造窗心情： 房產顧問葉國華老師的「利他」書裡有提到，不管做任何的生意或交友都該先「利他」，這個案件成交，距離上一個免費送噹噹業績的時間，僅短短一個月，這就是我要表達「善的循環」，我不是期待她能送我業績，而是大家互相幫忙，老天都有在看，為什麼那天不偏不倚的是我接到電話，機會就落在我的手上，才有機會跟噹噹一起分享這份喜悅，因為這二次的經驗，我們更加有了默契，不計較，一同合作成交了許多專任的案件，獨樂樂不如眾樂樂，才是人生最幸福的事，你說是嗎？

遇到夾娃娃同好，成為客戶也是一輩子的貴人
沒想到夾娃娃的興趣也能成為助力

　　沿路掃街看到正在裝潢的房子，就會職業病上前去詢問「是否要出售？」就這樣認識了這位客戶，姑且取名「阿貴」，因為在房地產他幫助我很多，是我的貴人，從他說話的口音，我說：「你是不是有在聽相聲，是聽李國修的？」他說：「妳怎麼知道」我說：「因為我也很喜歡相聲」，於是打開話匣子，嘴巴停不下來，有天我在路邊等客戶，順手夾到一隻娃娃，剛好結束完，帶阿貴看房子，就順手送給他，他說：「幹嘛！送我娃娃」我說：「剛夾到的，送給你嘍！」他說：「莫非妳也是夾娃娃達人」我說：「高職就很愛研究」，他說：「我也是耶！不過，現在收山了，太多娃娃了，沒地方放都送人了。」我們倆又聊到不行。

你們絕對沒有想到，身為一個房地產業務，從不主動聊房子，我們的相處都是很自然的，自在的，除了房子還有許多興趣可以聊，除非客戶想聊房子，否則我也不大會主動一直提出房地產的相關事物，不想給彼此任何壓力，我跟阿貴的相處就像好友，他有什麼好康都會跟我說，其實他是個很有錢的人，身價上億的傢伙，但他的個性相當隨和善良，常常去買便當時，就多買一個給撿垃圾的阿婆吃，我喜歡他的簡單與善良。

而他也說：「小慈，妳跟一般的業務不一樣」我說：「怎麼說」，他說：「他們開口閉口都為了業績問房子，不然就是逼我買房投資，但妳都不會耶！真奇怪！」我大笑的說：「這跟談戀愛一樣，逼的太緊就會想逃，我喜歡自在的相處，你反而沒有壓力，而且我只要讓你記得，我這個小慈一直都在就好了」他說：「說的也是，而且，我發現妳全身上下都沒有名牌的東西耶！」我不要臉的狂笑說「我本身就是個名牌，不需要這些名牌來襯托我的價值」，他說「這年頭妳這種女生很少了，繼續保持」我說：「我會的」。

我跟客戶的相處大部份的對話都是輕鬆自在，有一天，他投資的一間透天收租套房旁巷子裡有一間透天要賣，請我去查，一查發現居然是我親戚的家，透天出租套房，但由於親戚本身就不是本「科系」的料，房子凌亂不堪，一間套房隨便租 3000 元，像廢墟流浪漢在住的房子，看起來需要大整理一翻，貴哥請我去談價，但出的太低，親戚沒打算出售，之後，有一位同業來跟我配件，他的客戶出的比貴哥高 100 萬，親戚才決定出售，順利成交。

造窗心情：永遠不要去模仿別人的方式生活，做最真實的自己最迷人，每個人都希望跟一個沒心機隨和、沒距離感的人相處，專業度可以慢慢去提昇，總有一天你也可以成為某領域的達人。

打破入行紀錄，十天內成交四戶
收租套房經過小慈妙手，一星期成交

　　上一間透天雖然沒有讓貴哥買到，但貴哥還是一直讚賞我的精神，幫我介紹許多客戶，他就像喬吉拉德書裡提到的「獵犬」，總是把最新訊息告訴我。

　　有一天，他一個朋友在北區，有一間整層四間收租套房急著出售，給其他房仲賣了快半年都還沒成交，她朋友問他要找誰才可以趕快售出，貴哥二話不說「當然找小慈」，貴哥立馬也打電話給我「小慈，我有一個朋友在北區的收租套房，妳幫她處理一下，她現在坐公車去你們公司找妳嘍！」天啊！效率也太好了吧！！於是我在公司等待這位小姐的出現，看見一位小姐走進公司，我便上前詢問：「您好，請問您是貴哥的朋友嗎？」她說：「是的，是的，妳是小慈嗎？」我說：「是的，請坐。」姐姐開始訴說賣屋的動機，因為他們最近開了飲料店，壓力比較大，需要一些資金流通，所以希望盡快處理掉這間收租四套房，我說：「好的，姐姐，我會盡量協助您。」委託簽完後，她便自行坐車回家。

　　隔天我拿著鑰匙到現場去看一下，我以買方的角度來衡量為什麼不想買的原因，發現第一　梯間太髒亂，手把都是灰塵，一樓垃圾桶沒有分類，樓店地板也都是落葉，於是，我去買了清潔用品，從頂樓五樓打掃到一樓，及一樓店面也打掃一番，梯間手把都清洗乾淨，遇到鄰居開門，他們也很熱情謝謝我幫他們打掃，我也請他們一同來維護社區的整潔，有空的人，每星期可以從五樓打掃到一樓，這樣一來環境就會好很多喔！一樓的大垃圾桶，我也為它們貼上分類標示，也在梯間貼上告示，已清潔完畢，請社區住戶好好維持，一樓垃圾請做好分類。

清潔完畢後，到附近的土地公廟一樣祈求（方法請參照老鼠籠章節）不加贅述，由於北區離我們本公司有些距離不好銷售，所以我到附近的同業去拜訪，拿著設計好的平面圖及出租情況基本資料，另外打了一把鑰匙給他們，讓他們隨時方便帶看，當下有一名年輕業務很積極，立刻跟我去現場看屋，隔天他馬上就帶看收到斡旋，我立刻約屋主出來面談！一個賣了半年的案件，在我手上竟一星期內順利成交。

　　這個月也是打破自己入行來的紀錄，十天內成交四戶，四種不同產品，有土地、樓店、公寓、華廈，一個瘋狂帶看、面談、還願的節奏，真是爽快。

造窗心情： 重點總整理，首先要有一位貴人幫我介紹客戶，接著一位心態正確想賣的屋主，再來業務本身做好本份，若屋況不佳請花時間清潔，跟社區鄰居打好關係，接著就是「資源共享」，由於，此案件不在服務範圍內，本區域同事客源自然比較少，可以尋求當地的同業幫忙，有錢大家賺，不要怕別人搶你的業績，趕快解決客戶的問題，服務好客戶才是業務最重要的任務。

親戚第一次買房
看一間就下訂成交，完全在於「信任」

　　某天親戚來家中坐客，從小我們二家感情就很好，那時他已簽下陸軍政戰自願役五年，服務滿一年多，突然談到目前他們住的地方是個小樓店很擠，家人為了一些債務問題，可能不久後需要遷移，這時他已開始未雨綢繆，請我幫他們找一間三房車位的房子，三百萬左右，我說「三百萬現在三房都不一定買的到喔！！你們頭期款有多少？」他說：「大約一百二十萬左右，希望在西屯

區離你們家跟阿嬤家近一點」我說：「天啊！還要西屯區，我只能盡量注意了，畢竟這樣的案件是可遇不可求的」。

隔天開早會，同事報告了一間在西屯區三房360萬，有電梯沒車位，我眼睛一亮，看了一下地點，印象中大樓正前方有一個大型的立體停車場，開會結束後，我馬上騎車到現場看，的確有一個月租的大型停車場，那麼停車位就不是問題了，要幾個有幾個，我馬上跟同事、親戚通通約來現場看屋，因為他們還要一個半小時後才到，我已在附近觀察優缺點，這一個半小時中，我同事已陸續帶看四組，看他們客戶都有喜歡，我好緊張，因為如果他們沒有買到，不知道還要等多久，才有佛心來著的屋主。

這間房子位於社區二樓，最擔心就是低樓層採光的問題，進去後，居然採光還不錯，因為跟前面的大樓還有些棟距，採光是ok的，看完大家都很滿意，這時我很為難的提出：「這間你們不快點出價應該是買不到了。」我知道有點急，但這樣的產品真的不多，位於西屯區，步行50公尺就是市場，隔壁就是公園、游泳池，車位要租幾個有幾個，而且市場上銷售中的屋主，百分之九十都希望賣超出行情，很少有佛心來著的屋主，因為房子是繼承來的，屋主剛開公司需要周轉金，這間房沒用到才拿出來低於行情出售，當天有很多投資客都來看了，你們是不是也想買一戶？

親戚相信我的眼光，但他媽媽很難接受，這輩子第一次買房都沒比較過，才看一間就要買，媽媽百般掙扎，兒子用電話跟媽媽溝通很久，最後終於決定出價，請我給他們建議，其實當下我也大約猜的出投資客出價的情況，如果低於他們是不用談了，而且這間開價早就低於行情，就算開價買也划算，我跟他們碰面討論一個出價的價格下斡旋金，但他必須給我一些加價的空間，免

得最後差個五萬十萬被其他人買到，真是欲哭無淚了。

最後三百二十萬左右奪標，成交後賣方經紀人才告訴我們前面有多精彩，這二天帶看八組，有二組已經比我們早一步出價，但我們的遊戲規則就是買方沒有出到屋主寫下的底價前，其他人都還有機會，前面第一組出 290 萬，第二組出 300 萬，我們出 310 萬，最後我們加價成交，其他五組中有二組隔天還要帶家人再看一次，可惜來不及了，低總價都是在競標的，真的很緊張，有時候沒逼客戶，害他沒買到，也覺得對不起他們，不過逼的太緊他們也會嚇到，所以常常左右為難。

每次親戚來家裡坐都很感謝我，上次他媽媽還說到掉下眼淚，因為如果上次沒有買到，他們可能會沒地方住，其他的房子也買不起，那間當初市價約四百多萬，他們真的是賺到了。

秒殺案件競價規則

秒殺案件的服務費是沒有在殺價的，有客戶會說那我可以只付 1% 服務費嗎？真的很抱歉這是競價的遊戲規則，因為這些案件都是同事經營很久的專任委託，我們也就是靠服務費生存，所以，在競價中買方一定是要付 2% 的！幹旋金也需為開價的 1%，例如：1000 萬就是 10 萬，否則沒辦法排上順位，其實您付 2% 給業務，他們努力幫你們留意最好的案件，我認為是值得的，所以請買方多多見諒！

那為什麼 x 義只收 1% 服務費

其實羊毛出在羊身上，這只是個數字遊戲，單純的人就會被

1%服務費給吸引到某品牌，x義不是傻子，這是一個銷售的手法，你仔細想想，如果你一直專注在服務費只收 1%，所以成交多少你都很開心，那也 ok，我要說的是，市場上百分之八十還是收取 2% 服務費，不是沒道理的，因為內政部規定買賣雙方服務費 6% 為上限，其他品牌都是有彈性的，看案件的情況而定，以下舉例：

同一間房子開價 898 萬，永 x 談到 820 萬成交，你付 2%。x 義房屋談到 850 萬成交，只收 1%。你真的覺得你少付了嗎？

不是誰比較會談，只是數字遊戲罷了，以上面這個例子，屋主 820 萬同意出售，永 x 收你 2% 仲介費 16.4 萬。同一間房子 x 義房屋賣你 850 萬，實際上你多付了 30 萬在總價，然後再付 1% ，你總共付了 38.5 萬，還比永 x 這邊多付了 22.1 萬。

有些房屋公司更誇張，打著免仲介費的噱頭，那他賺什麼？仔細想想就知道了，該付多少就付多少吧，不然怎麼虧都不知道！真心分享，最後還是由您自己評估了。

造窗心情：人們總是卡在自己心理的門檻，因為有人會告訴你，房子要看個一百間才可以決定，那我問你，最後那一間肯定會喜歡嗎？會不會錯過了適合你的房子呢？我想什麼房子適合當下的自己，你自己最清楚，外人的話都只是建議，若您很清楚自己要的是什麼，就不會輕易的受到他人影響，也可以很快速的做決定，相信自己的直覺就是正確的。

自己不擅長的領域，可以尋求各方專業人士幫您評估，他們服務的好，你才會幫他再介紹，所以一點也不用擔心，沒有人會為了多賺這麼一點，砸了自己的招牌，他們都需要你們的全力支持及口耳相傳。

當流浪漢遇上設計師
再售一戶癈墟

　　人家常說「設計人」眼光視角就是跟一般人不同，所以你會發現癈墟只有二種人懂得欣賞，第一 投資客，第二 設計人，其他的一般客戶一進去肯定說「這怎麼住人啊！！」，聽到這就知道，他肯定是個凡人，不懂得欣賞癈墟的價值與美，近年來，許多餐廳服飾店都是由癈墟改裝完成的。

　　記得那天我值班，是個黑色十三號星期五，我不覺得有什麼可怕的，還很興奮的說，今天一定有好事會發生，這就是「轉念」，下午五點左右接到一通電話「小姐您好，我在報紙上有看到你們有一間透天在 xx 路，開價 998 萬，等一下方便去看嗎？」我說「可以的，請問您是開車嗎？ 因為巷子剛好有人在施工，您住在附近嗎？ 還是我去載您，順便帶您去附近繞繞」她說「可以喔！！ 那我們五點半見」。

　　聊天中發現，她不是台中人，剛搬來不久，本身跟我一樣學設計的，難怪會想看這間房子，我先沿路介紹一下附近的交通及公設，順路經過我曾經售出的癈墟，跟她介紹這間房子的由來，當初屋況比我等一下要帶妳去看的那間還要可怕，但經過我的客戶設計裝潢過後，現在可是當地知名的美式復古輕食餐廳喔！！

　　聊著聊著就到了售屋的目的地，不過天色也黑了，我拿出手電筒帶著她一層一層的看，這間地坪雖然只有 18 坪，但早期都增建到滿，而且這戶是蓋到四樓，所以建坪算是不小，看完就到她家去坐坐聊天，才知道原來她也是喜歡這種舊屋的風格，打算自己玩創意，一層樓自己住，其他部份出租給別人當包租婆，我問

她是否要再請家人來看一次呢？ 她說「不用，我沒結婚，自己可以決定」我說「現在時代真的不同了，女人要是有錢就可以很自在，不用當伸手族，多好啊！」她說「是啊！想買什麼就買什麼」我說「我也覺得靠自己比較實在，女人有經濟能力，才有安全感」。

於是，當天晚上她出了一個價格，當然是還不到屋主想要的價格嘍！！不過，屋主願意跟她面談就是有機會，最後買方加了二十萬，賣方降了二十萬順利成交，皆大歡喜。

造窗心情： 不管今天是星期幾，就是自我催眠，今天一定有好事會發生，也許喝上一杯咖啡可以讓自己心情美麗，那就去買，維持好心情，好運就會跟著你，接著介紹癈墟前我先帶客戶去看了先前成交的案例，給她信心，讓她明白癈墟是需要有心人去改造的，就像千里馬也需要伯樂去發現，而流浪漢遇上設計師總能蹦出火花的。

帶情人回家見父母前，最好先跟父母說，不要報太大的期望，他長得不怎麼樣，這樣子見到面之後，通常父母親心中的分數會比原先的高一些，這是心理學。

半年期限已到
回家增產報國

由於體質虛寒，本身就不容易受孕，還經歷 20 週流產、刮除手術，其實許多醫生不看好懷孕的機率了（我不忍心告訴前夫），但還是自己騙自己，不斷的吃中藥調身體，中西合併的吃，婚姻的後期，我想是我怕了，對方是獨子，其實他真的對我很好，只是他無法理解我的工作，也很難跟他解釋，還有期待孩子的慾望

壓的我喘不過氣，而自己很清楚，努力也可能給不起，到底該怎麼做好？婚姻變質了，因為生孩子成為例行公事，所有的日子都是醫生給的，使我想逃，我需要朋友、需要工作、需要活著的存在價值！！

　　這樣的日子又過了一年半，我擔心誤他的一生，在他懷疑的一切裡，我全然接受，也許傷了他的心，但也許這樣做，才能為雙方找到各自的出口！！雙方人生目標不同，我要的是有價值的人生！！經過一段時間，彼此給了對方祝福，劃下了完美句點，結束了第一段婚姻，常常到廟裡也不忘祈禱，他可以找到一個適合他的女孩，祝福他們永遠幸福美滿！！

第五次回到房地產
做回全新的自己

　　朋友常問我，你一直被迫休息又回來不累嗎？妳怎麼沒有想過，是不是自己不適合這個工作？我堅定的說「對於房地產的熱情是無庸置疑的，休息都是情非得已，我很清楚自己要什麼。」他說「真的耶！本來還想找妳來做保險的說」我說「保險的朋友很多，我都支持他們，但我不會從事，謝謝你」。

　　103 年我終於清心的回到最熱愛的行業，但原本的品牌在月費上做了大幅異動，老闆股東們在 102 年底決議換招，更換品牌「太平洋房屋」，其實許多人不知道，**太平洋房屋是台灣第一家合法的房屋仲介公司。**

　　1985 年，一個蕭瑟冬日的黃昏，在熙來攘往的街頭，一婦人坐在路邊哭泣。路過的太平洋建設集團章總裁，忍不住趨前探問，

原來是有一位婦人在買房子的過程中，被不肖業者將其一生的積蓄全部騙光。當時從事建設事業的章總裁，深知「家」對每個人的重要，婦人的哭訴讓他思索著，如何才能讓房屋買賣交易更安心，於是有了台灣第一家合法的房屋仲介公司－太平洋房屋。

103 年 10 月太平洋房屋台中區加盟總部完工落成，陸續加盟了許多店家，當然在交替時期，難免會遭到同業惡意的攻擊品牌，我倒是很樂觀的看待，有人攻擊代表我們優秀，有的人選擇離開，有的人選擇留下沒有對錯，這次我們老闆拿下中區代理權，自己也希望可以讓團隊更好，於是決定先放棄個人業績，協助公司中區總部企劃周邊商品設計。

大約花了二至三個月，從招牌的材質挑選、大型帆布設計、公司精緻 MENU、L 夾設計、信紙、信封袋、雨傘、礦泉水、公車車體設計、聯賣彩色 DM 設計、同事 DM 設計等……，有的同事笑我傻，不去做業績賺錢，幫公司設計又沒多少錢可以領，我說「如果犧牲我一人，可以讓大家帶著完美的產品出去拜訪客戶，就心滿意足了。」那種成就感跟做業績是不一樣的，一種是為了生存，一種是對生命的熱愛。

造窗心情： 賺錢是為了生存，還是為了享受，我想大部份的人是為了生存，而我對於金錢並不是特別看重，我更重視事情的意義，五萬元可以買一個自己喜歡的品牌包，也可以選擇幫助人，而我選擇暫時放棄業績，是因為我有這個知識與能力可以奉獻。

吳念真導演曾感性地分享自己從條春伯身上學到的重要傳承：「知識不光是用來謀取利益，知識是可以用來奉獻的、知識是可以用來幫助別人的 。」

魔鬼藏在細節裡
找出問題立即成交

　　由於專長就是行銷設計包裝，回到職場上，自然吸引到業務主動上前找我合作開發，小慈當然非常樂意嘍！有錢大家賺最好不過了，記得同事帶我去看一間大樓，他說「小慈，你幫我看看，為什麼這間房子到現在還賣不掉，是不是有什麼問題，已經賣了快半年！」我走進去看完後出來告訴他：「第一　這間房子配色強烈對比，中老年人無法接受，所以買這間房子的人百分之九十機率，肯定是 20-35 歲之間的年輕族群，第二　門口這個地方怎麼會燻成這樣」同事說「那是前屋主傍晚都會拜神明插香」，我說「客戶看到那個天花板燻成這樣，觀感不會太好，也可能有所疑慮，所以才一直沒人出價，如果可以我們就把它油漆一下就好了！」同事「這才一般委託耶！如果我們油漆好，被同業賣掉不就很衰」我說「人在做天在看，信念很重要，就算沒成交在我們手裡也不用難過，相信老天會再補給我們的」同事「好吧！就聽妳的」。

　　隔天，我們買了油漆及清潔用品還有室內拖鞋去放，油漆完順便把馬桶清洗乾淨，掃地拖地完畢，把室內拖鞋擺好，貼上公告，請同業一起共同維護整潔，我想皇天不付苦心人，一星期後同事帶看了一位年約 30 歲的年輕人，看了有喜歡，還把這家房子的地址拿去給算命師算，過關了，聽說這個年輕人看喜歡的房子，都算不過，這間算過了超開心的，當然立刻跟我同事下了斡旋，也約了屋主來面談，最後成交價雖然不便宜，算是社區內的行情中上，但我想說的是，第一　這間房子如果算過是對他本身好的，多十萬也要買，再者這間房子的門牌號碼還真是漂亮，88 號 8 樓，所以比人家貴一點點又何妨？ 開心就好，您說是吧！！

造窗心情： 做任何的事情，不要抱有任何目的，只要能力所及盡力去做，信念會導向正義的一方，房子賣不掉，是因為每個業務都計較，只是一般委託沒必要做到這樣的程度，的確，畢竟每個人時間有限，會把寶貴時間花在有意義的事情上，所以屋主若是早點想通，把房子交給一個信任的業務專任委託，我相信他會打掃的比誰還要勤快，因為我們是沒有底薪的工作，請屋主體諒。

現代新趨勢 - 社群網站經營
FB 動態定期更新，讓你的朋友知道你還「活著」

　　某天，大學同學打電話給我，第一句話「超，妳知道我是誰？」我說「我知道啊！ 妳是那個天蠍座的女生」，她說「天啊！妳不記得我的名字，只記得我的星座，也太好笑了吧！」我說「因為妳改名字，我記不起來嘛！」。因為國中時期我就很愛研究星座，班上的每一個人是什麼星座我都記得，這是大學的好友，不過畢業後大家都各自成家立業，至少有五到十年沒聯絡了，但她透過 FB 動態一直有關注我，直到有一天，他們需要買房就主動聯絡上我。

　　目前跟公婆同住，但兄弟孩子的成員，猶如洪水暴漲，孩子也慢慢長大，決定買下人生的第一間房，由於先生上班地點離居住地有些距離，希望買在公司 近方便照顧，於是，我先到同學家了解一下他們的需求，喜好、條件、接受中古屋，還是要全新的，

了解需求後，開始將目前線上銷售中的案件通通整理出來，從 20 戶裡挑出 10 戶她想看的，我會先跟賣方經紀人了解房子的情況，例如：這屋主的想法，為什麼要出售的原因，是否有什麼風水抗性等……，了解後再回報同學，有的屋主想賣天價，這種我想也不用花時間去看，所以最後只剩下 3-6 戶左右合適的房子。

　　我們相約下午二點約在第一間房屋大門口集合，因為有六戶要看，所以早上十點小慈必須先到各家同業借取產權、屋主授權的委託書，再將路線依序排列好，讓路線是流暢的，由於看屋地點在南區，所以借完六間產權、委託書後就中午了，不可能再回公司吃飯休息，就路邊找個午餐隨便吃，等待二點的到來。

　　看完六戶後，通常買方心中會有所感，如果感情夠好的，不趕時間的，可找個星巴克坐下來聊聊，如果要賺奶粉錢很辛苦，沒關係，喝 7-11 的咖啡也不錯，因為買方不像我們天天在看屋，他們可能明天就忘了今天看屋的格局，所以，可以在這時幫他們做個總整理，例如： 第一戶採光不好，不喜歡，第二戶格局怪怪的，不喜歡，第三戶大廳不夠氣派，第四戶 看出去好像很不舒服，第五戶 還可以 ，第六戶 樓層我喜歡，只有房間小一點可惜。

　　好的，我來總結一下，聽下來買方注重「採光、格局、社區大廳要最好挑高氣派點」，目前應該只剩下第五戶及第六戶還OK，好的！那就跟先生再約時間看這二戶，很不巧的，先生有空的時間，我人剛好在香港，幸好我平常人緣不錯，同業也相當的友善，我立馬從香港 LINE 第五戶及第六戶的業務，他們都很樂意幫忙，而且因為買方是我的好朋友，也沒什麼好擔心的，我把資料都給了雙方，這時候一定要給予滿滿的信任度才行，其實有些同業會擔心太多，反而造成許多不便，當然前提就是信任度夠，

大家也比較放心，所以平常在同業的口碑很重要喔！

於是，這二位優秀的業務幫我帶看後，跟我回報帶看完畢，再由我回國跟同學討論，相當的感謝他們的配合，雖然一位是落選了，但他的精神我依舊讚賞，回國之後立刻約了同學跟她的先生及第六戶的業務，一同到星巴客討論這個房子的情況，第六戶的業務，姑且取名爲「小如」，小如可以感受到我對她的尊重與誠意，因爲她是賣方經紀人，對於房子的情況她是最了解的，也希望同學的任何問題，都可以在第一時間解決。

這間房子是小如的專任委託，照料的很好，高樓層採光通風都相當不錯，房了是因爲屋主臨時被調回北部工作，才不得已出售，所以在價格上並沒有像一般的屋主想要獅子大開口，他們算是非常了解市場狀況，平盤小賠出售，經過小如詳細的分析後，同學也覺得這間房子很適合他們，下了斡旋，隔天面談與屋主相談甚歡，最後屋主讓價成交，真的很恭喜他們！！

故事還沒結束，買房之後先生家長一時無法接受孩子要搬出去的事實，開始找出各種方式要解除合約，但因爲合約是具法律效益的，若解約是需要賠償不小的數目，小如真的是相當的敬業，知道這個情況，立馬陪我跑了好幾趟同學家安撫他們全家，其實我們都曉得，孩子在父母的心中永遠都長不大，他們住在一起 30 年，突然要搬出去，長輩會一時無法接受，真的需要年輕人費心多多溝通，最後還是圓滿順利交屋嚕，恭喜他們！！

造窗心情： 社群網站是現今社會不可或缺的多媒體，也許你FB文章按讚的不多，但他們其實都有看到你的消息，所以你不定期還是需要PO文章，讓身旁的朋友知道你目前的近況，與同業間保持良好的互動，在你需要幫助的時候，他們也會全力協助您。

北部人來台中買房「一頭霧水」
如何在一週內成交

　　那天我值班，接到了這通電話「小姐，我看到你們網站上有一間樓中樓……」，這位姐姐說了許多，我幫她做個內容總整理，這位姐姐住在北部，許多親戚在南部，所以他們想在中部找一間房子當中心點聚會所，放假大家都可以到中部會所居住，也成為他們的渡假休閒地，假日有空就會到台中看屋，不過看了快二年都還沒買到，她也覺得奇怪。

「姐姐，你是不是每次來台中都是找不同的業務看屋？」我說。

「對啊！就看哪個案子，就找哪個業務，不是應該這樣嗎？」她說。

「理論上是這樣沒錯，但因為你們看屋的範圍太廣了，這些業務帶看完也不知道怎麼再介紹案子給您，你們又回北部了，下次來你喜歡的又售出了，而且一直換業務，妳自己怎麼記得之前看過了什麼？」我說。

「妳說的也是厚！！」她說。

「姐姐這樣好了，這次你們來台中看屋，就由我全權處理，跟著我就好，你們想要的條件給我，我的業績跟其他業務分也沒關係，只要可以幫助你們買到合適的最重要，因為您要的樓中樓案件本來就不多，再者你們有金額上的限制，所以應該不難找，那麻煩姐姐跟我一起努力，我這二天會把初部看起來合適的案件貼給你，如果你有想看的請回貼給我，在假日前二天回傳給我，我們得把要看的案件整理好，我需要一天的時間聯絡看屋，借產權及委託書」我說。

「好的，明天就開始」她說。

　　於是星期一至星期三我們過濾了將近 20 戶房子，姐姐傳給我

的資料，我會一張一張過濾，如果有任何問題或格局不好的，採光不佳的，我們就刪除不看，經過三天的整理，最後剩下八戶，台中跑透透，從潭子、中區、北區、西屯區、南屯區、南區，共八戶，有人會笑我幹嘛準備這麼多，我說「他們沒有全區看完就是沒辦法甘心，所以才一直沒辦法下決定，還好樓中樓產品本身釋出不多，經過篩選後成為個位數，一天就可以看完」，由於範圍實在太廣，他們又是北部人，於是星期四小慈就要開始準備道具，到書局買了一大張地圖，貼上黃點點寫上編號，讓客戶一目了然，我們的大略位置點，星期五一早開完會，則是去跟同業配件，借取產權跟委託書，你光想全區都要跑，少說花了四、五個小時借產權，星期六帶看完畢，還得再還一次，媽呀！！好想有一個任意門喔！！之前朋友問我，如果給你一項「超能力」你要什麼，我二話不說就是「任意門」，哈哈！在還沒發明出來以前，還是乖乖早點出門比較妥！！

　　星期五晚上做最後包裝，將八戶基本資料裝訂起來，下面附上評分表，給客戶自行評分優缺點，給客戶一個自製的「不織布側背包」，放進二罐公司製作的小瓶迷你礦泉水，還有基本資料及大地圖，通通放進去，等待星期六的到來，我們相約一個地點，我再坐上他們的車，當他們的中部導遊，拿著大地圖，從第一戶開始看，沿途介紹當地的優缺點，中途有一位同業，他有另外介紹一間不錯的房子，不是樓中樓，但有大花園，客戶也覺得不錯，於是我們看完八戶後，一起去日本料理吃午餐，討論著剛剛看的案件，八戶裡只有一戶是全家滿意的，所以，目前就只有那戶想談，接著等待下午二點半，看最後那間有大花園的大樓。

　　二點半我們直達房屋現場，屋主也來了，原來這棟小巧的大樓是這位老屋主蓋的，他也住在這個社區，僅有 14 戶，25 年前他

們是做建築營建的,品質相當真材實料,小社區居然開挖坡道地下室平面車位,還設計通風對流,頂樓還有開心農場,25 年來沒漏水過,電梯還做透明設計,因為有些人會有「幽閉恐懼症」,這樣的設計他們比較不會緊張,可以看到外面,電梯梯間也都有採光,我只能說屋主的用心,客戶跟我完全可以感受的到。

看完後我們到 7-11 討論,壓根忘記中午前還有一間喜歡的房子,現在整個被這位地產界的「劉德華」給深深吸引著,很少看到屋況佳,連社區都如此完美的設計,非它不可了,這間唯一的缺點是一樓,採光沒辦法像高樓層好,但它的優點早已淹沒這小小的缺點,當天買方就出價下了斡旋,出了一個算合理的價格,但我還是提醒買方,如果屋主願意出來談代表你們出的價格或許離他心中的底價不遠,恭喜你們,但見面後還是需要加價,請你們做好心裡準備,隔天星期日,買方跟賣方都有空,所以就約了面談,我只想說買賣雙方都是超級 NICE 的人,屋主不缺錢,只缺好鄰居,買方不缺錢,只缺好房子好鄰居,最後屋主告訴業務「他很喜歡買方這家人,看起來和善好相處,所以就賣給他們吧!! 我希望他們來當我的好鄰居」。

天啊!! 這看起來太感人的畫面了,這個屋主跟買方都長的好和善,屋主長的好像那個聖誕老公公一樣,交屋後我還買了聖誕小禮物去送給他們買賣雙方,我很謝謝這位業務介紹這個好案件給我們,大家都是有福報的人,才會聚在一起,之後包括那位業務我們都還有定期聯絡,他們來台中偶爾也會買特產給我,真的做房仲最開心的事,就是被客戶疼愛及認可。

造窗心情: 房仲業是個相當競爭的行業,但也不是要你擁有十八般武藝,只需要一顆熱忱的心,讓客戶感受到您的熱情與活力,

他們花錢可不想看一個擺臭臉的業務，您的貼心服務，客戶都感受在心，他們若覺得你的服務很周到，自然會一直跟隨著你，直到成交為止，祝福大家的用心都被看見。

身旁也有一些朋友會熱心的幫我介紹客戶，但其實有些客戶是被朋友硬是介紹來的，或許他們並沒有這麼急著要購屋，也或許是預算不足，還有本身看屋的積極度也不是很夠，例如：跟他們的互動，對方並不是如此熱情，也可能不是很熟，再者傳了一些案件給他們後，只回了一句謝謝，也沒有再回覆，當然我是應該再積極些，但別忘了我們有許多第一線的客戶等著我們服務，真的分身乏術，所以我認為成交的關鍵還是在於雙方彼此都要有心，才會有好的結果喔!!

另類包裝，讓客戶把目光停留在你身上
聖誕節「行動麋鹿」派報「賀成交」

　　小慈不喜歡一成不變的生活，即使在房地產也不例外，想到什麼就做什麼，純粹玩得開心就好，喜歡搜集可愛道具的我，聖誕節的前夕開始準備，有特別去批發店買聖誕節糖果及自製原子筆，希望每個路人都可以感受到聖誕節的歡樂氣氛。

　　介紹一下這件麋鹿裝，其實它是三歲小孩的聖誕造型服，某天逛寶雅被我看見這件可愛的造型，一開始很失望，因為沒有大

尺寸的，但經過我仔細研究後，發現它的上衣下面是中空的，所以，我可以當作上衣套上去即可，太開心了，買了一件麋鹿裝，外加一件聖誕樹裝，都很可愛。

假日許多地方有辦大型活動，或者大賣場附近人很多適合派報，我是行動麋鹿，騎到哪有人就下來派報，那天下午二點先到十字園道派報，沿路走還一堆人要求跟我合照，怎麼覺得他們好像以為我是街頭藝人，哈哈！！

最後下午四點到 IKEA 的側門，許多人排隊要進入停車場，但人潮太多停停走走的，不過也因為這樣，他們才有時間拿我的小禮物喔！小朋友看到我這可愛的麋鹿在跟他們揮手，就主動把車窗搖下來了，後面的汽車看到前面的人都有拿，也就很自然的都搖下車窗來拿聖誕禮物，也有遇到跟我加油打氣的客戶很窩心，還遇到不同品牌的房仲店長來跟我要名片，說我很棒，拍下我拿給他們店的同事看，什麼叫做業務，什麼叫做勇氣，我想跟他說，「勇氣跟不要臉」只是一線之隔，但大部份的業務還是沒辦法做到的，不要為難他們了，哈哈！

下午四點半左右，有一台車已超過我，又倒車回來跟我拿 DM 說「這麼可愛的麋鹿，怎麼可以不跟妳拿 DM 呢？」，又是一對家出遊的客戶，他五點打電話給我問 DM 上的案件，說他們六點會出來，我們約在那間房子現場看屋，我說「好的」。

於是，六點半客戶到了現場，天也黑了，但這戶平房需要大大的整修，所以他們不考慮，之後我再介紹另一間二樓的洋房給客戶，相約下周日來看屋，這間面寬八米，臨路也八米，一樓還有孝親房，二樓三個房間，屋況還算不錯，簡單整理就可以入住

了，客戶看完很滿意，於是約了我至他鄉下的家收斡旋，這位大哥真的有著鄉下人的隨和及熱情，送了我們一大包他自己種的水果，有自己的農田還有魚池，我就問他「那大哥為什麼要來台中買房？」他說「孩子長大了，他們還是喜歡都市的生活，也比較有工作機會」我說「也是，沒關係，你們買了之後可以二邊跑，生活也挺愜意的」。

客戶隨和歸隨和，談到價格就不一樣了，立馬變精算師，一分一毫都要計較，我說「沒關係，不要出的太離譜，我都願意去努力」，雖然他的出價跟屋主想要的價格還有落差，但這就是為什麼需要房仲的存在價值，隔天我們回報屋主，之前這個價格屋主連看都不看一眼，這次只能說我的客戶很有福氣，屋主剛好看到想要買的產品，這間房子決心處理，所以最後約面談，買方加一些價，屋主讓一些價，順利成交，太開心了，之後，大哥在彰化有一塊土地，也交給我專任委託來幫他處理。

造窗心情： 就像我的好友房仲紅人Vicky常說的「緣份」，緣份是一種吸引力法則，當你渾身充滿著熱血，身旁的人都可以感受的到，他們自然會被你吸引，這位客戶就是看見可愛的麋鹿，加上努力的程度，吸引著他們的目光，進而順利成交，另外再接續服務他其他的產品，人與人之間有一種氣場及頻率，會把同氣場的人聚集在一起，所以請保持正能量，好運就會伴隨而來喔！

僅有十萬買房的艱辛成功案例
屋況「整型前流浪漢，整型後劉德華」

一句話業務常說的「**謝謝，客戶的信任**」，小慈今天就在此跟大家分享這句話的精髓吧！

某日中午十二點，正打開熱騰騰的便當，準備大塊朵頤一番，這時手機的賴響起，是一位早餐店的老闆娘，她很少打電話給我，肯定有什麼急事！早餐店老闆娘都還沒說話，我放下便當接起電話說：　我現在馬上過去！(很深的默契)，　她現場介紹了一個客戶給我，感受的到，對方對我還是有些防備心，沒關係！！

「我兒子想要結婚了，要換屋，目前住三房，家裡有四個成員住不下！！要換四房的」阿姨說。

「　阿姨那你預算多少買到這個四房？」我說。

「我也不知道也！！當然是越便宜越好了！」阿姨說。

「阿姨我知道越便宜越好，但 400 萬跟 1000 萬差很大啊！我不知道你的便宜是多少？」我說。

「900 萬以內要買到」阿姨說。

「好的，那您的自備款有多少錢？」我說。

「自備款？什麼自備款？」阿姨說。

「買房子的自備款啊！」我說。

「沒有自備款耶！存摺裡只有十萬元」阿姨說。

「什麼，只有…………十萬元」（　我頓時無言……）

那阿姨你可能要先賣掉現在的房子，再拿著錢去買新的四房喔！！

「好吧！！不然也沒辦法了！」阿姨說。

　　於是，我先到他們家去看看情況，OH MY GOD，一間瀰漫著虔誠香火味的人家，堆疊著 20 年滿滿的愛。

看完覺得東西太多，客戶根本看不出來房子的空間，還是跟阿姨討論是不是先搬出去，把房子淨空比較好銷售！阿姨也說好，我就開始幫忙找租的房子，但預算只能 15000 元，我們找了快一個月，阿姨休假我就載她去看房子，但他們想租短期的半年，屋主都不肯，阿姨想想，她如果租半年又要再搬一次，她會瘋掉，但阿姨戶頭裡又只有十萬，天啊！我第一次遇到這樣的情況，有點措手不及！！

　　後來，我們詢問了許多銀行及朋友，有一位朋友在銀行很久，說可以先增貸，於是我們先將阿姨的房子送估，可貸多少，目前剩多少房貸？ 還好只剩 100 萬左右的房貸，目前這間房子以行情價值 600 多萬，所以銀行願意增貸 380 萬左右，我們好高興，終於有機會可以先買房再銷售了！於是我開始幫阿姨尋找四房的案件，說實在的 900 萬內要買到，的確有難度，某天不經意同事接了一間在西區的二樓透天，開價 898 萬，我立馬載阿姨去看，阿姨很喜歡，隔天我再跟兒子和爸爸約看，他們都好喜歡！！

「突然說：等一下，地址先拿來算一下」阿姨。
「阿姨你們都要先算過可以才行嗎？ 還是只有方位的限制？」我。
「對，一定要算過，因為我們的神明廳位置每年放置方向會不同」
「天啊！這也太難了吧！」心想這樣的價位案件已經少的可憐！
「對了，一定要有平面停車位」阿姨。
「oh My God …… 如果可以成交，真的會很有成就感的，好吧！！阿姨你先拿回去算一下再說！！」我。

　　過了二天，阿姨回電給我「沒過」，我心裡有點小失望，他的兒子也很失望，大家都很失望！我就在想如果這樣一直看，但大家都抱著期待，最後一句「沒過」，大家又要再失望幾次呢？？

我跟夥伴商量是不是有什麼方法可以解決？於是，我們決定大方向搜尋，先找到大約合適的案件，取得地址給阿姨先去算過，再來看屋，反向操作。

　　很幸運的，再第二輪就算過了一間，年後帶全家去看屋，看完很滿意，的確這房子的價格，方位又算過，確定是適合的房子，當然二話不說就約屋主來談價格了！當天，很順利的成交了，但我們沒預料到這麼快就買到，增貸的部份都還沒開始跑流程，雖然有先告知屋主會做增貸的部份，屋主也體諒同意延後幾天，銀行也告訴我們評估後幾天就可以貸出來了！！

　　但天不從人願，原來兒子還有一些學貸還沒繳完，所以還要再評估一次，時間一拖再拖，因為上班時間都沒辦法配合到業務的時間，終於快到要交屋的時刻，都還沒確認是否能夠增貸，我們像熱鍋上的螞蟻般的緊張，賣方經紀人也很努力地說服屋主再等等再等等，還是攔不住啊！屋主下最後通牒，三天內第一期款80萬沒有給我進履保，我就查封她的房子或寄存證信函進入法律程序，天啊！！小女子第一次遇到這麼棘手的事件，立馬通知阿姨！阿姨：「我如果借的到錢就不用去增貸了」。

　　我們晚上跟阿姨還有銀行行員約在 7-11 一起想辦法，我知道大家都不是故意的，因為誰也不曉得，兒子怎麼還有學貸都沒說，差點貸不出來，銀行行員也很辛苦，為了這個案子，壓力太大，還掛急診，我們想了一堆方法，跟朋友借、解自己的定存、最壞就是借高利貸了…瞬間我跟阿姨都眼框濕了！難道真的要賣給投資客才能解決嗎？

　　那天我們溝通到很晚，大家都累了！！ 還是打電話給屋主請他

通融，讓我們三天內確認是否增貸過關，錢一星期內匯入，最後辛苦賣方經紀人被罵到臭頭，屋主答應了，否則真的大家都不用睡了！這幾天每個人都戰戰兢兢的追著進度跑，銀行追著上游，我追著銀行行員，賣方經紀人追著我，屋主追著賣方經紀人，環環相扣，不到最後一天，大家都沒辦法睡好覺，真的只有我們業務明白這樣的壓力！

　　希望不要再為難賣方經紀人，這三天我陪著阿姨到銀行申請各個項目，並拍照傳給賣方經紀人目前的進度，好讓他可以向屋主回報！！還好老天爺看見我們的努力，在第三天的中午就通知「增貸核準」解除警報！當時的心情像是看到了希望般的愉悅！！ 立馬通知賣方經紀人，大家終於可以睡好覺，臉上都不知道多了幾顆荳荳及黑眼圈了！買方部份總算順利交屋！！ 因為新屋要改格局，原訂半個月的時間可以完成，沒想到他們找的工班太會拖了，拖了三個月，阿姨現在是二邊貸款都要繳，但又急不得，只好等他們裝潢完！！

　　月中準備搬家，我聯絡搬家公司、油漆、清潔、都是長期配合效率好的團隊！家還沒搬完，油漆就一邊漆了，我也到場監工，清潔就接著處理，從搬家、油漆、清潔，短短一星期內完成！各位冰友你們看看是不是「煥然一新」呢？

　　其實這間案件我很有把握成交，因為在屋況很差的時侯就已經很多客戶排隊要看，但由於一般客戶很難接受原本的屋況，這

房子就像流浪漢還沒梳妝前的樣子，你敢跟他交往嗎？因為我們的經驗豐富，房況糟沒關係，清潔就好、乾淨就好，地點及格局採光最重要，早期的投資客就是有這樣的慧眼，才能賺到時機財！！

在清潔的那幾天，有一個信任度很高的舊客戶突然打電話給我，說她跟男友明年要結婚了，最近在找房子，請我幫她留意，我說好的！清潔完當天，我就開放給同事預約看屋，也立馬打給這位客戶及其他之前想看的客戶，這位舊客戶剛好有空就來看屋了，再帶公婆來看，很滿意，也因為之前的服務很好，信任度夠，看完馬上收了斡旋，準備約屋主來面談時，沒想到屋主收到我傳給他清潔後的照片，給親戚看，親戚居然說想買，我好緊張喔！！但我也是分析給她聽，因為親戚關係賣他貴，他不能接受，賣的太便宜，你也不要，還是單純點好！！

還好阿姨也相信我的評估來面談，在清潔開賣後一天收斡成交！！看起來是如此順利！ 但往前看看這些故事可是歷經了將近八個月的時間呢！真的是很不簡單！

這就是我最開始要跟大家分享同業的一句話，「謝謝，客戶的信任」隱藏著多少故事與淚水！！

造窗心情： 一直以來我都很尊敬每個人的工作，每個人的付出！成功果實的背後都隱藏著多少故事與淚水！！ 謝謝這位積極善良的早餐店老闆娘，因為有她，阿姨才能遇到我，也才讓我有機會服務她、解決這棘手的案件，人與人之間多一份關心，多一份愛心，社會就會充滿著溫暖與愛心，世界的每個角落都需要一個有愛的你喔！！

連神明都聖杯指名的業務
你還不放心嗎？

某天有位舊客戶傳了一個 591 網址給我，說他想看這間房子，由於，上一次他跟我下斡的平房，晚了一小時被別人買走，所以他現在很積極的看屋，但他打算出國一趟，請我幫忙，於是我便開始到他給我的訊息附近查看是哪一戶人家要賣，再調出第二類謄本查出戶籍地址，到了彰化去拜訪，可惜屋主不住在那，他的家人說屋主在台中，原來離房子很近，我還繞了一大圈。

找到屋主住家就上前拜訪，早做好被拒絕的心裡準備了，深呼吸敲門「有人在家嗎？」，走出來一位男仕「找誰？」我「我找某先生」，他說「我就是」我馬上遞出名片「您好，我是 xx 房屋，請問您是否在 xx 路上有一戶透天要出售？」他說「有啊！不過，我現在給我朋友在處理了」我說「是喔！因為是客戶指定要看你這戶，想說是不是可以給我這個機會服務」，其實說這句話時，一定很多人想打我，不要假裝有客戶來騙委託，好嗎？其實我也覺得聽起來很像假的，但我就是說事實啊！我記憶力很差，所以很不會說謊，不然，我也是很忙耶！幹嘛大老遠去彰化找屋主。

還好屋主還算明理人，沒有唸我是不是來騙委託，他只淡淡地說「妳名片給我，我想想再跟妳說」，就要我先回去了，不過我也告訴他「大哥，不好意思我的客戶下個月初回來，希望那時一定要給我回覆喔！！」，他跟我揮揮手，要我先回去了。

過了一星期屋主突然打電話給我，要我去簽委託，我也不疑有他，所以，他就只有給我跟他的好友銷售，他的好友我也認識，所以，我們是一起努力為屋主打拼。

月初我的客戶回來了，立馬帶他來看屋，因為地坪只有 20 初頭坪，他擔心重蓋地坪太小，隔天又拿了皮尺來量面寬尺寸回家研究，由於上一次他跟我下斡的平房地坪約 26 坪，他期待土地坪數在 30 坪上下，這間除了坪數不符他的期待外，其他部份他都相當滿意，讓他一直很掙扎。

　　那時屋主的公司剛好需要一筆周轉金，所以希望可以趕快找到有緣人，於是我跟屋主建議讓我做一個現場廣告，雖然這透天在靜巷比較沒人潮，但有放有機會，屋主也同意讓我們放廣告，因為如果客戶是看到現場廣告打電話來，至少第一階段的地點是沒問題的，可以免除一些罔看的客戶，打擊率會高一些。掛上去三天，就有同業來配件了，雖然同業已找到屋主，但屋主還是比較信任我及他的朋友，喜歡單純一點，其他的業務一概不接受，同業配件後，買方有出價斡旋，但價格還不到屋主想要的，所以約了雙方面談，最後的成交價格雖然未達屋主滿意，但還可以接受，當然也謝謝屋主的那位好友給屋主建議，不要差太多可以出售了，也算是解決一樁心事，讓他可以專心事業！！

　　成交後，屋主又拿了一間房子給我專任委託，他才說「小慈，其實我會給你委託，全是因為濟公師父的指示」我說「什麼，你也是拜濟公的啊！」他說「妳不是早就知道了嗎？」我說「我不知道啊！我怎麼會知道，你又沒說過」他說「我家門口有掛濟公活佛的平安燈啊！」我說「我沒看見！」屋主帶我出去看，我說「還真的耶！」　又回客廳比著邊邊的一尊迷你「濟公活佛」，我瞪大眼「真的耶！我之前都沒注意到」他說「妳也是拜濟公啊！」。

　　我說「我是心存感激，心誠則靈，沒有把濟公請回家，只是八年前一個同事帶我去彰化的一間濟公廟問事，祂幫我化解了許

多的事，包括我家人的健康，所以我很感恩濟公，現在賣房子也很常去，幾乎每個月都會去拜拜、捐善款，報著感恩的心一直到現在，每個人都有自己的信仰，只要你覺得哪個神明或事物可以讓你感到心靜、心安，祂就是你的守護神」。

他說「原來如此，因為那天我給了他名片，他就拿到濟公前面詢問博杯，沒想到居然是（聖杯），他滿驚訝的，因為之前的業務都沒杯」我說「因為濟公知道我是真心想幫助你的」後來，我們也因為這個案件成交，跟他們一家人也變成好友到現在。

造窗心情： 每個人都該有自己的信仰，不一定是宗教，可以信不要迷，不管是真是假，只要你有信念，它就會產生強大的吸引力法則，你相信它就會帶給你力量。原來冥冥之中，神明也會幫我們跟同好客戶做配對耶！！ 總之，心存善念多做善事，老天爺都會幫助您的！！

租客變超麻吉客戶
從租客變屋主

舊客戶有間透天請我幫他出租，我po上591幫他出租找客戶，某天晚上有個小姐致電詢問「小姐，我在網站上看到你有一間透天要出租，明天可以去看嗎？」我說「小姐您好，明天可以看屋喔！」隔天看完她覺得沒這麼合適，她說「那妳還有其他的店面出租嗎？」我說「目前沒有，因為基本上我們都做買賣件比較多，租的部份都算是幫舊客戶服務」，她說「是喔！ 因為我問過很多業務，也都沒什麼回覆！」我說「妳知道為什麼嗎？」她說「為什麼？」我說「因為租件賺的很少，處理的問題又多，時間成本花太多，如果一個租件還要二個業務分，也沒有人想要做，所以如果

我有心想幫你去跟其他業務配件，他們也不一定願意，因爲一間可能只有賺二萬，還要對拆變一萬，再跟公司拆完只剩 4000 元，可能補貼油錢只剩 3000 元，所以比較少人會積極爲您服務，請您見諒」她說「哇！！原來如此，謝謝妳分析的這麼清楚」我說「不會，不會」她說「其實，我會找妳也是看到妳的英文名字跟我一樣叫 Alina，覺得很親切才打給妳的，沒想到我們這麼有話聊」我說「是喔！眞巧，既然如此，這樣吧！我幫你上網找看看，其他同業的案件或屋主自租的，如果妳不會談我再協助妳就好」她說「眞的嗎？太開心了」。

　　二星期後終於找到了她理想的店面，在中科愛買商圈旁，對面就是一個大的停車場，客戶再多也不怕。經過深聊後才發現，她原本是一名知名科技業的工程師，因爲邁入婚姻後，不能再偶爾耍點任性，產後的體態變化、育嬰照護及工作壓力，種種的改變和時刻的忙碌，Alina 少女心被迫消失了。就在鬱悶低潮中，Alina 想起了大學時代構築的夢想，讓自己充滿希望的想法油然而生，巧妙的變化因此在身體與心靈上蔓延開來，開始履行夢想，規劃著精油紓壓、美容 SPA 館的藍圖，運用其芳療的專長，與共同理念的夥伴攜手合作。

　　這間店面的設計裝潢及開幕，小慈都有全程參與協助，因爲喜歡這個朋友，眞心希望她可以創業成功，不求回報的付出，開幕後才知道，原來他們有一間房子想要出售，之前先生一直都給某品牌專任中，不放心交給這位他自覺脫線的老婆來處理，但經過租屋、設計、裝潢及開幕的整個流程，先生終於放心的將這間房子交給小慈全權來處理，謝謝他們給小慈這個服務的機會，相信我們會是一輩子的好朋友。

覓棠精油香氛園 SPA
04 2461-9356 早上 10:00 - 晚上 8:00
地址：台中市西屯區福科路 362 巷 20 號

造窗心情： 不要帶著任何利益及目的去幫助別人，你會得到比原先想像的更多，想吃虧的人，永遠吃不了虧，他只是不斷的累積人脈及善的能量，那強大的氣場，使你走到哪裡都陽光。

積極的人像太陽，照到哪裡哪裡亮，消極的人像月亮，初一十五不一樣，想法決定我們的生活，有什麼樣的想法，就有什麼樣的未來，共勉之。

最熟悉的陌生人
成交新北市大樓

小慈認真經營 FB 大約是這一二年的事，從前 PO 文是亂寫一通，現在 PO 的文希望可以是勵志人心，增加知識或是幫助別人，甚至現代人壓力大需要一些舒壓，偶爾會自己設計產品免費送給大家，散播歡樂、散播愛！！

賣方客戶在今年五月份 FB 私訊我，是一位完全陌生的人，沒有朋友推薦下找到我，她說她常常看我的 FB 文章很喜歡我的 po 文，正能量很多，希望我能為她服務。

她「我有一間房子想賣，目前出租中，要到八月份才退租喔！」。
我「可以啊！ 有什麼需要我協助的嗎？」。

她欲言又止「可是 ..... 在台北市耶！」。

我「酷斃了！我最喜歡挑戰新奇的事」。

她「好的，那我等租客退租再聯絡妳喔！」。

我「好的，沒問題」。

某天她主動聯繫我。

她「房客退租嘍！我們約一天一起北上看房子，順便簽委託吧！」。

我「好啊！不過，你先生會不會覺得給台中陌生人銷售很奇怪？」。

她「不會啊！他很尊重我，我們覺得讓妳處理我們很放心！」。

我「太好了，那我們再約時間」。

　　那天我就當做一日北部郊遊趣，這就是為什麼我熱愛房地產的原因，帶著郊遊的心情四處玩樂，又可以服務客戶，真好！坐高鐵北上，看看淨空的房子，由於出租一段時間了，屋況牆壁需再整理過會更好，給了屋主建議，花了一二星期請師傅來粉刷清潔後，煥然一新，將地板做基本清潔後開賣。

　　掛上紅布條，591及各大品牌的網站銷售，由於案件在台北，所以，來電的客戶詢問的細節，我一定會一五一十的回答清楚，若有意願來看屋的客戶，幾乎都七成符合他心目中的需求。第二次去帶看才發現「紅布條」太烏龍居然放反了，老天爺應該在為我這脫線女「捏把冷汗」不過，我還是要說「傻人有傻福啊！」。

　　不瞞您說，成交的客戶還真的是看現場「紅布條」打電話來的呢？這個客戶看了三次，還好台北有朋友可以幫忙協助，第三次全家人都來看了，當然「嫌貨才是買貨人」。房子地點很棒，唯一小缺點「客廳光線稍嫌不足」，也請專業師傅評估過，廚房那道牆面不為主牆面，可拆除裝修。於是，在第三次帶看，我繪製出「室內平面裝修參考設計圖」提供給買方做參考，經過了二

星期家人討論決定買下這間吉屋，對我來說是個很棒又很酷的成交經驗，跨縣市也阻擋不了我的熱情！

室內平面裝修參考設計圖

　　再次謝謝屋主的信任，給小慈專任委託全權處理，也恭喜買方幸運的買下吉屋，祝福大家順心如意！！

個人 FB：「張慈芸」
痞客邦：「超業小慈－造窗女孩」
粉絲專頁：「超業小慈－造窗女孩」
設計粉絲專頁：「波比設濟 － 有設計有保庇」
超業小慈粉專都是房地產 ，設計作品皆在痞客邦及波比設濟

造窗心情： 只要有心，就連你寫的文章都可以深植人心，不騙你們，每一篇文章小慈都要寫上一至二小時，就希望別人可以看見細節，也許只有一個人感動，有所覺就夠了，這個故事也是告訴我們，不認識的陌生人都很有可能，被你日積月累的文章一點一滴而感動，所以，如果你還沒有社群網站趕快去申請一個吧！好好累積喜歡你的粉絲，好好服務他們喔！！

社群網站用心經營第二年
交出傲人成績單

去年 FB 來電委託的陌生客戶高達年委託量的 1/4，其中專任委託佔二分之一。

時代變化快速，不改變就會被淘汰，所以我們必須時常保持更新的狀態，不斷地學習新知，充實自我，二○一五年底我意識到這個問題，人們生活方式漸漸改變，買東西上網購，因為有了家庭也沒時間跟朋友聚會，所以都會趁著孩子熟睡後，透過社群網站來跟親朋好友留言交流，看看新聞報導。

FB 嚴格來說不算是個行銷工具，是一個「信賴的累積」，透過FB發文，可以讓您的朋友得知您的近況或是您目前的工作為何，目的在於「使他人於產生需求時第一個想起自己」，不需要刻意的銷售商品引人反感。

貼文中會使用到「按讚」、「留言」、「分享」等功能，這回歸到「動態消息的演算法則」，FB的邊際排名，是由「親密度」、「權重」、「經過時間」這三項因素所構成，「按讚＜留言＜分享」，舉例說明，有 100 個讚的貼文會排在有 50 個讚的前面，主要是因為 FB 判斷擁有較多回應的貼文對大多數人有益。

還要記得「發文的時機」，最佳發文時機是「21 點至 22 點」，或者通勤時間 7 點至 8 點，午餐時間 12 點至 13 點，返家時間 17 點邀 18 點，通常下班後，洗完澡才有心情滑手機看新聞，睡前躺在床上前，回覆您的貼文。

如果您希望別人給你按讚、留言、分享，也請你主動積極地給予他們「按讚」、「留言」、「分享」，多提供一些有益的貼文或是自己撰寫的文章，分享生活型貼文也滿受粉絲喜愛。

「儘量不要發佈」的貼文
第一　消極悲觀、給人負面印象的貼文
第二　政治言論或宗教話題濃厚

　　最重要的重點是要持之以恆的發文維繫關係，才能讓朋友、粉絲更了解您這個人的特質，經過了一年多對 FB 的研究，這一二年我真的很用心的分享看完文章的心得，或者分享我的故事及作品，從成績單上就可以看到努力的成果，今年開發的委託量，FB 來的客戶佔了 1/4，其中有一半是給我專任委託，還有二件是台北的案件，最重要的是，我們都是不認識的陌生人，完完全全是透過 FB 的文章，傳遞了正能量給客戶，他們感受到小慈的熱情與正能量，給予服務的機會，在這感謝這些默默支持我的粉絲朋友們，小慈會更加努力，靠著自己的力量，繼續想辦法散播正能量，讓社會更加和諧。

造窗心情：不要小看文字的力量，就像水是如此柔軟，但水量夠大時，是足以沖破冰山，而文字的力量也是一樣，只要你持之以恆的寫，不只在於您的文采提升，文章的渲染力也會大大影響著每個喜歡你的人，所以你若分享正能量，就會慢慢感染著負能量的朋友，也漸漸轉為正能量天使，利人利己，你說是不是也是善事一椿呢？

一個背著老婆偷偷買房給兒子
卻不能讓兒子知道的無奈富老爸

　　這個案件不是我委託的，是團隊裡同事所開發的專任委託，由於此案件不是在她服務管轄範圍內，光是帶看路程就要 25 分鐘以上，她對我們這區也不是很熟悉。

　　某天中午下著大雨，她撐著傘來我們公司借產權，將要前往帶看這戶，我看著她消逝的背影，心裡由衷的佩服，她那瘦弱的身軀裡，卻住著一個強大的巨人，內心的強大光芒四射，我看見她對於這個案件的熱情與努力，只可惜地區不熟有些吃力，心想我是不是有這個機會可以幫助她呢？於是我默默地去看了這間房子，了解地點、屋況，發現這間房子地點是鬧中取靜，距台灣大道 BRT 相當近，離逢甲、七期都很近，屋況也維持的相當好，唯一小缺點是採光沒有到非常充足，但還可以接受，我拿出專業單眼廣角相機，開始從大樓附近的街景、外觀至室內照，重新拍攝，回到公司再後製，上傳 591 開始幫忙銷售。

　　同時間其實有三至五人 PO 出同一個物件，但我第一張照片放的是社區綠意植栽，也許給人清新的感覺，室內照也重新抓過不同角度，所以致電量還不少，前幾通是同行來配件的，我就直接請他們跟賣方經紀人聯絡。過了一星期，又是一個磅礴大雨的日子，客戶致電來說要馬上看屋，我心想下雨天看屋的客戶不就是最有誠意的買方，我立馬說「沒問題，現場見」，當下多準備了近的一戶給予比較，我通常會提早到，上去將窗戶電燈打開比較通風，我站在社區門口等待，看見一個年紀約 50 歲左右的大哥，牽著一個約 8 歲的孩子，很難將他們的關係湊在一起，還是先別多嘴的好。

我看著他們「是何大哥嗎？」他說「是的」我說「您好，我是XX房屋張小姐，叫我小慈就可以了」，我引導著他們看屋，一開始大哥都沒說半句話，仔細的看屋，搞得我很緊張，小慈惡人無膽，天不怕地不怕，就怕冷場而已，他終於開口「這附近還有其他案件嗎？」我說「有的，幫您多準備了一戶」，因為沒有很遠，所以我們步行150公尺過去，看完後他開口「我們再去看一次剛剛那間好嗎？」我中氣十足地「好的，當然沒有問題」。

　　於是我們再次回到第一間房子參觀，看完他坐在客廳問了我「如果是你，你會喜歡哪一間？」我反問大哥「這房子是你要自住的？ 還是……」他說「買給兒子住的」我說「那應該是尊重兒子的決定，就像大哥你喜歡巧克力口味，我也喜歡巧克力口味，但兒子喜歡草莓口味，這房子是他要住的，應該由他決定」他說「說的也是」我說「你盡快約你兒子來看屋，我們再討論」他說「好的，可能是明後天，我再跟您約」，我陪他到停車場牽車，才發現他開了一部最新款的BMW，讓我更納悶了，是有錢人為什麼要買這種小小的中古屋？ 開始閃過很多畫面，真的是買給兒子嗎？ 還是金屋藏嬌？小三？天啊！不過，不大可能，小三才不會想住這種樸實的中古屋，唉呦，真是亂猜一通，反正等明天就知道了。

　　隔天我主動聯繫，他傳了一個網址給我，說他明天要去看這間很便宜，在北區科博館附近二房有車位，五年屋才638萬，我看了也覺得很便宜，但總覺得不符合行情倒是真的，心裡滴咕著，不過，還是請客戶去看現場比較準，後來晚上十點他又傳賴給我說「那間業務說沒車位PO錯了，所以明天早上十點再看一次上次那一間喔！」我開心的「好的，沒問題」，心想我就知道怎麼可能二房車位五年屋才638萬，太不合理了，果然不出我所料。

隔天大哥一個人出現，並沒有如期帶兒子來，再次看完房子，我們坐在客廳聊天，我好奇「大哥你……兒子怎麼沒來」，他才嘆了一口氣將買屋的整個動機說給我聽「其實這房子是買給我兒子沒錯，但不能讓他知道」我說「不會吧!!是生日禮物？ 也太爽了吧。」他說「不是啦!! 其實我是開一間企業公司（我查過在台灣算是小有名氣），我也不缺錢，就只有一個兒子。

　　去年兒子交了一個女友，年初懷孕了，女友不滿兒子是媽寶爸寶，不准我們拿金錢支柱他，什麼錢什麼車都是我們買給他的，女友希望他們靠自己的能力過活，所以現在搬出去租房子，我只知道好像在這附近，所以只想買在這附近，如果買到了再麻煩小慈，幫我偷偷租給我兒子，因為我怕他們繳不出錢被房東趕，因為這件事跟他們倆還有我老婆也鬧的不愉快，我老婆再過二天就回國了，所以希望明天就可以有消息！這件事也不能讓老婆知道又要吵架了。

　　我說「大哥，你的故事好精彩耶!! 好像八點檔的劇情，不過，要怎麼偷偷租給你兒子，他不會知道是你嗎？」他說「我會跟兒子說，郭總剛好有一間房子空著要便宜租你，妳再假裝是郭總的特助出租給他，8000 元他一定租」我說「有這麼嚴重啊！」他說「他們現在就是完全不拿我們半毛錢要靠自己，但我知道他女友沒工作，他現在做的只有二萬多薪水，怎麼過活」。我告訴他「其實，大哥你換個角度思考，這個媳婦對您的孩子是真心的，她鼓勵兒子凡事要靠自己打拼，她不是為了你們家的財產接近您的孩子，或許，孩子生了，您的孩子當爸了，他會更加成熟，體諒你們對他的愛，相信有一天，他會明白的」。

　　他說「謝謝小慈的分析，好像蠻有道理的耶！ 好啦！ 小慈你

覺得多少可以買？」我說「大哥，屋主又不是我，我沒辦法告訴你多少買得到，但我可以告訴你買在多少算是合理！」他說「好啦！我出個價不要讓我買貴就好，你要跟屋主說我很窮，算我便宜一點喔！」我唸他「你窮個屁啊！ 還開新款 BMW」他大笑「好啦！去面談會開國產車啦！！」我說「還有，不要夾這個名牌包來，反正價格我就是盡力，最後還是由屋主跟你自己決定嘍！！」。

最後約了雙方隔天面談，買方果然開著「國產車」拿著一個塑膠袋，裡面裝著破爛的皮夾，遠遠的對著我揮手，走向前開心的拿高他的 3 斤塑膠袋對著我說「用這個裝可以嗎？」我立馬翻白眼「可以，可以，你開心就好」，最後是雙方可以接受的價格成交。

買方很開心的離開公司前問了我一句「小慈你們的服務費要匯到哪？我現在就去匯」，不誇張，這句話是我這輩子聽到最悅耳的話，因為通常服務費大家都想到最後一刻才要付，能拖則拖，而他是第一時間就想到，過了半小時，他傳了匯款後的單子給我「小慈謝謝您，辛苦了，拿到服務費就可以去吃大餐嘍！！」，這個訊息會一直存在我的心中，滿滿的歡喜！！

造窗心情： 說實在的，每個人都需賺錢討生活，而當你的付出被受重視，相對的你也會加倍付出真心，買方付了他原本就該付的服務費，只是態度不同，但對於我來說，是一種尊重與信任，小慈成交後當然會將客戶的心願放在心上，盡可能完成他的夢想。
服務不該只是當下的買賣，而是一輩子的服務，什麼時候需要我，我就什麼時候出現，業務銷售到頭來，最主要銷售的東西，其實不是產品，也不是公司形象，而是「你自己」。
再有錢的人，都有他的煩惱，所以我們每個人不需要去羨慕別人，因為你永遠不知道有多少人羨慕你的曾經。

無厘頭又機車的屋主
沒有強大的心臟怎麼應付這樣的客戶

　　某天在591自售平台上，看見一則自己覺得很可賣的物件，當時的夥伴打了電話過去拜訪，想約碰面，我看著當時的夥伴自我介紹完，拿著電話一句話也沒說到，屋主大約說了十分鐘之久，我算算以台灣大哥大，當時一秒0.8元來計算，一分鐘48元，十分鐘480元，掛了電話後，我好奇的問夥伴，請問屋主到底說了什麼？　他說「屋主說了一堆銷售方法，說他以前很會賣房子，現在的業務都不行啦！！　霹靂啪啦 ………最後只問了我出生年月日，後來才說我的命格可以賣他的房子，要我們明天去找他」。

　　真是無言加三條線，好吧！都約了就去探險看看吧！！別墅前面有棟大樓，路寬只有5米，前院停車，客廳一打開，看到堆積如山的垃圾及文件，還有一股水果食物壞掉很久的臭酸味，這時彷彿聽到屋主的聲音，但我找不到他，因為東西多到，他坐在那我看不見他，就知道有多可怕了吧！這裡是客廳，但桌上堆滿了東西，不是一般人的高度，有吃過「蒙古烤肉」？　就是堆的很高那種，隨時會倒下的感覺，我們還得自己找個小板凳坐在他面前，聞著他家的臭酸味，還有那隨時都可能會倒下來的文件山，聽著屋主屁他的風光偉業，真是痛苦，還要分析我們的星座，我很想跟他說「大哥你這麼強，怎麼現在還沒賣掉？」

　　事實上，時代不同了，以前純樸社會單純，也沒這麼多詐騙，更何況現在有實價登錄了，資訊透明化，沒有人會再當傻瓜了好嗎？屋主說了一個半小時，這時我的肚子解救了我們，發出了「好餓」的訊號，屋主才帶我們參觀他的房子，走到廚房也是堆滿了雜物，打開後院有一隻大狼狗嚇死我們了，還好是隻老狗不會叫，

走上二樓看到一間堆滿衣服，看不到床單的床舖，這時屋主很幽默的說「小慈不是很會設計，把這些修掉就好啦！」我心想要整形重建，也需要有好的皮來貼啊！！你們家是亂到連正常的地方都沒有，怎麼重建？無言。

再走到三樓，看到一間漆二種顏色的房間，是亂漆的那種，不是走藝術街頭風的那種，我好奇的問「大哥，這二色是…………怎麼回事」，大哥一派輕鬆的說「就老大漆到一半沒有油漆了，就隨便拿另一罐來用，所以就二色了」，我還是無言。

回到客廳討論著價格，屋主說他網站上「開價就是底價，我不喜歡殺來殺去，2280萬就是2280萬」，我說「大哥，現代人買房沒有不殺價的」，而且你希望我們幫你做廣告，你刊2280萬底價2280萬，那我們的服務費呢？他說：「你自己加上去」，我說「所以是要開2380萬？我又不是白痴，這廣告費肯定是白花的呀！而且你還刊自售」，他說「你們不要賺服務費，不就成交了」，我說「大哥，不賺服務費，你養我嗎？還是要我吃土，如果你不下架（把自售刪除），我們就做朋友就好了，而且行情大約在1500萬上下，所以你也要有心裡準備，除非你再放個三、五年試試」。

最後簽了委託，他同意下架，他們家說好聽點叫「隨性」，難聽點叫「隨便」，我隨手拍了幾張照片回去，這應該也是史上最難修的照片了，但又不能廣告不實，所以會在廣告頁面上備註，淨空後的客廳，其實買方看房子主要還是看「地段」「格局」及「採光」就好，這些淨空後都會消失的，但屋主自住就是最好保持衛生乾淨，客戶來看的觀感會比較好，大家都有相親的經驗嗎？相親當天穿睡衣又素顏還沒刷牙，就算你是林志玲，人家也倒退三尺，保持衛生乾淨，是基本禮儀及尊重。

一般房屋都是淨空後，客戶會比較買單，因為可以看出真正的實用空間，屋況是否有壁癌的問題，免去日後的麻煩，期間有帶看幾組，進去前我都得先給客戶一些心裡建設「屋主準備搬家，東西非常非常的多，看到請保持鎮定，有什麼問題等看完屋再討論喔!! GO!!」

　　每位客戶都很配合，但也看得出來，每個人表情痛苦還要面帶微笑，因為屋主在裡面，很想尖叫又不行，我很想叫屋主可以把那些壞掉的東西清掉嗎？ 但他說「他怕他找不到東西」我又再次無言了，客戶看完後都頻搖頭，雖然我已經奮力解釋淨空後的樣子，他們還是不滿意，其中有一個原因，客戶說「看屋主住成這樣，風水可能沒有很好」，這個其實是個「關鍵」，屋主的裝潢擺飾及本身的氣質，其實也是會為屋子加分或扣分的喔!!

　　我曾經在北屯銷售一間別墅，屋主開價838萬，底價750萬，買方出720萬，怎麼也不加價，有一天，我到社區帶看發現這戶的正對面那戶，原來是住一個小有名氣的藝人，他們客廳還掛著全家福，我問了管理大哥，他說是啊!! 他們一家都住這，我立馬跟買方說這個消息，買方二話不說750萬買了，所以屋主的條件背景也是買方考慮的一環喔!!

　　過了一星期，屋主突然傳訊息給我的夥伴，訊息中都是罵我同事「你到底行不行，會不會賣房子，怎麼到現在都沒人出價，你的業務能力太差，死菜鳥…………」不過奇怪了，我卻沒收到這個訊息，可能我同事個性溫馴比較好欺負，我可沒這麼溫馴了，隔天剛好屋主生日，我買了蛋糕帶著道具去幫他慶生，他看到我們嚇一大跳，一進去我就「大哥，你這訊息是什麼意思？」

屋主嚇得急忙解釋「沒有啦!! 我是想說刺激他，看他會不會比較積極一點」我說「那也不用言語人身攻擊，菜鳥又如何，誰沒當過菜鳥，你生下來就懂人生大道理了嗎？還不是媽媽教你的，只是你忘了」，屋主「好啦!! 只是要你們趕快幫我賣房子」，我說「我也很想成交啊!! 不然簽回去幹嘛!! 但要有合理的行情買方才會買單，還有你家如果沒辦法整理乾淨，價格又這麼高，千萬經紀人也賣不掉你的房子」。

　　屋主「你有去拜拜嗎？」我「有啊！拜過土地公了」屋主「一定是你不夠虔誠」我說「所以怎樣才虔誠」屋主「你們應該要睡在廟裡！」這時看到我的夥伴臉已經綠了，我依舊保持鎮定的接招「大哥，你這建議很酷耶! 我還沒試過，不過既然要虔誠，大哥當然也要一起嘍!! 帳篷我來準備，如何？」屋主驚訝地「不不不，你們去就好」我說「不行啦!! 只有我去不夠誠意啦!!」最後，結束了這個話題，幫他唱完生日快樂歌，吃個蛋糕我們先行離開。

　　再一星期就是農曆七月，屋主傳訊息給我「你們有去睡廟嗎？」我回「還沒，等你一起」屋主「你們去就好」我回「等農曆七月過後再計劃一下」他回「就是要農曆七月去才有效」我回「為什麼」他說「好兄弟會幫忙」我回「是喔!! 難怪我昨晚有夢到好兄弟，不過祂們有說一定要屋主一起來才願意幫忙」，他就已讀不回。

　　這個怪怪屋主常常打來說一些有的沒有的，都會被我的無厘頭回覆搞得接不下去，我還有告訴他，我從業以來遇過「最機車屋主第一名」就是你，他還很開心，真的是不知道該說些什麼，同事每次聽到我跟他的無厘頭對話，就知道是這個屋主打來的。

　　他的房子到現在還沒售出，已經快三年了，他有事沒事還會

打給我，說有另外的房子要給我專任，我都拒絕了，真的不是一定要賺錢，房子正常，人不正常也是挺無言的，我不是怕銷售不出去，是怕成交後的麻煩，擔心影響新的屋主就不好了，做生意講求的是「誠信」，信用是一輩子的積累，不能馬虎的。

造窗心情： 業務單位總是會遇到形形色色的客戶，有的業務心情會大受影響，而我是處之泰然，用幽默詼諧的方式去處理，你說他難搞也是，但我轉念去想，這是個很特殊的案例，挺特別的，簡直就是無厘頭的「即興演出」表演。

我還告訴他要頒獎「最機車屋主第一名」給他，會把他的故事寫在書裡，所以他看到這個故事可能會笑場或是殺來找我算帳，這時，我就會告訴他「我是個守信用的人，說到做到喔！」

這個行業的確是業績迷人，但遇到的狀況還真是不少，所以提醒女性同業們要多多注意自己的安全喔！！

歡慶拿下「百萬經紀人」
辦一場盛大的「小江蕙演唱會」

　　前面有提及，一開始家人對於房地產這個行業的排斥及不諒解，歷經照顧長輩、婚姻、流產、休養、離婚，在我五進五出百般堅持下，家人終於明白我對於房地產的熱情與決心，總算全數贊成並轉為支持，在我第五次回到房地產，因家人的支持及放下心裡多年的壓力，才能順利的拿到「單月百萬經紀人」這個殊榮。

　　相信一個人的成功與否在於他的環境嗎？ 放心，我不是要你

來我們公司上班，不要誤會，我只是深深體會，以前在小品牌都做投資客小案件，就算成交 8 件都可能沒有辦法成為「單月百萬經紀人」，或許是公司的氣氛影響了我，當我加入本公司看到牆上的百萬經紀人布條都不同人，我心裡偷偷想「怎麼可能，不會是自己訂製的吧！」因為一般的房仲公司都是同一位或是某二位常勝軍在拿獎。

加入之後發現每位同事都是真實的拿過「單月百萬經紀人」，他們都是資深的房仲人員，所以讓我超有安全感，突然一種壓力就來了，因為只剩我這隻「小菜鳥」沒拿過，不過同事們都很看得起我，不斷給我加油「小慈，妳很快就會破百了，加油」，這是一種磁場，一種柔性的自我催眠，好像還滿有效的。

記得那個月初，老闆在台上拿著平板電腦說「這個月來舉辦競賽，百萬經紀人送 acer 平板一台」，當時我看著老闆手上的平板，心想家裡那台快壞了，來拼一下好了，一開完會就瘋狂聯絡客戶，機會就不小心出現了，那個月是成交二戶，聽起來成交很容易，但都是服務很久的客戶了，還遇到機車屋主真的是百般折磨，打電話不接、傳賴已讀不回、簡訊也不回，我只好每天殺去屋主家了解，還被罵，所以賺到的錢要拿來壓壓驚才行。

那個月成交很開心，全公司的同事更開心，歡迎我加入他們的「百萬俱樂部」，其實賺多少錢不重要，重要的是自己又突破自己的歷史紀錄最開心，不需要跟別人比較，因為比不完，也許人家背景雄厚，也許人家已經營許久，你是自欺欺人，做人開心，把喜悅跟大家分享就是最滿足的事。

當時「江蕙」準備封麥，小慈為了紀念「江蕙」姐姐的歌聲，

苦練她的 10 首主打歌，辦了一場「小江蕙演唱會」，邀請了直營店及要好的同事到 KTV 舉辦，中間穿插舞蹈表演，還有同事獻唱，大家玩得不意樂乎。

　　邀請了「特別嘉賓」老媽來到現場，她養育了我三十幾年，一直忙於家庭工作，不知道我會唱歌，也不曾參與過我的任何公司活動及比賽，今天就讓她好好欣賞我的歌聲吧。

造窗心情： 花了五千元包廂費，讓在場的同事及家人有個歡樂又難忘的夜晚，有人笑我傻，笑我錢太多，我想說「錢可以買到任何的產品，但卻買不到人心及快樂」，而老天爺賜給了我這樣的天賦，我是應該在能力所及範圍內，散播歡樂、散播愛。

當一個人開心的時候，體內會產生快樂因子，就會降低他的焦慮與壓力，你說我散播歡樂、散播愛，是不是也能算是善事一椿呀!! 每次帶給大家歡樂完，心裡的滿足感，已遠遠勝過成交後的快樂，所以小慈很喜歡跟別人合作，獨樂樂不如眾樂樂。
以上舉了許多故事，不是要告訴你，我有多屬害，只是告訴你，

要如何享受生活中、工作中所發生的一切，享受著興趣，讓更多的人學會幽默、簡單、平凡的看待每件事情，甚至學會治癒自己的心，不用期待別人的安慰。

用歡樂成交著每一個案件、每一場活動，不以業績、賺錢為目的時，反而人緣更好，過得自在又有「人味」。

菜鳥也不用擔心，每個人都當過任何一個領域的菜鳥，包括你的老闆，所以心態調整好就可以快樂地享受您的工作及生活喔！！

若您想更了解房地產，在此小慈介紹一些相關書籍推薦給您 ：
品嘉建設/尚禹營造 胡偉良 － 每一本都很推薦，都是專業分析
首席房產顧問 葉國華 利他，才是房仲該做的事
專業財務顧問 施亮州　千萬年薪的房仲高手
　世界最偉大銷售員　喬.吉拉德　「這樣賣，我獲金氏世界紀錄」、「我的名字叫Money」。

我的銷售教練「路守治」老師 － 不再為錢工作
我的部落格教練「Jerry」老師 － 百萬部落客教你如何月入百萬
二位教練都有著豐富實戰經驗，推薦給您!

若您是想看激勵人心的書，我會推薦
力克.胡哲「人生不設限」，作者沒手沒腳，沒有限制，從一無所有，到一無所缺，他的人生卻活得比每個人都要美麗，值得一看!

活動企劃大師
誰說一定要有企劃師執照，才能辦一場好的活動

一首好歌，不全然完全靠技巧，而是帶有情感的歌聲感動人心。
一場好的活動，企劃是相當重要的，精髓在於是否有靈魂。

　　我不是一名有執照的活動企劃師，但我的熱情與天馬行空的
能力已取代了執照，憑著豐富的人生經驗及熱血研究，總能為活
動帶來一番新意。

　　從小不愛讀書的我，國英數、地理、歷史、物理化學等……，
沒有一科讀的好，唯獨對美術方面有熱情，自幼家境不佳，家中
上面還有三個姐姐，個個都是品學兼優有氣質，只有我成績不佳，
又不愛讀書，真是把我老媽給氣死了。

　　老媽曾經在國中有想過送我去補習，才去了三天，我都在放
空，還一直跟別人聊天影響別人，最後終究放棄，讓我自身自滅，
從此老媽沒有再花過半毛錢給我補習，也好反正我也沒興趣，有
興趣的事，我都會自己想辦法去研究，去書局看書用速讀的方式
記下，回家再拿紙筆出來練習，大學後有了手機，在路上、百貨、
設計展，只要看到讓我興奮的作品，我就會拍下它存在電腦裡，
這樣日積月累的興趣，才是我在廣告活動企劃成功的第一步。

　　人家說喜歡「廣告企劃設計」的人，永遠「不安於室」，對
什麼都充滿著好奇心，要成為一個傑出的活動企劃廣告設計人，
一定要先豐富自己，活出自己的味道，以及擁有敏銳的觀察力。

辦活動是有趣的，是瘋狂的，是走在流行趨勢中的，「活動企劃」是一種經過約束的創造力爆發，在企業公司中，可能會辦內部的活動及對外促銷的活動皆可使用。

內部活動目的是提昇業務向心力及熱情

若是企業內部的活動，目的在於勾起同事之間的情感及向心力與熱情，人在一起不叫團隊，「心」在一起才是「團隊」，有效的內部活動企劃會刺激大腦因子，讓同仁永遠記得「當天的氣氛及熱情」，甚至勾起每個人內心的渴望及表演慾，進而感染每個人的內心世界，達到積極向上的態度，而無效的內部活動就是例行公事般的流水帳，所以建議好的活動一年一次足夠，好好規劃讓人耳目一新更加重要。

外部活動目的是銷售產品

廣告包裝在於外部活動就極為重要，你想像走到一間禮品店，打算買個禮物送人，眼前有二個雷同的產品，大小價格一樣，但左邊這個包裝精緻有質感，感覺買到賺到，你當然選擇左邊的產品，所以包裝設計配色在外部活動上是相當重要的環結，決定買家是否將視線停留在您的眼前。

套句俗語：「有效廣告可以讓你的產品上天堂，無效廣告可以讓你的產品住套房」，可能為了省錢，隨便找不專業的人設計就上架，也沒有後續的專業包裝及活動企劃來支撐，很難引人注意，而有效的廣告都是做了長遠的規劃，砸錢讓專業的人來處理，通常會聘請「專業的行銷廣告企劃顧問」及設計團隊，這位顧問不能只是出一張嘴，必須也懂設計才能與設計團隊進行良好的溝通，

從 LOGO 設計、品牌故事、包裝設計、活動企劃，創意媒體影片拍攝，每一階段須詳細檢視各種面向，市場方向、競爭者與傳播策略，當然執行力及持續力才是最重要的關鍵。

尋找出競爭力的利益

若以消費者來談，他們最在乎的是產品事實，滿街都是咖啡館，爲何星巴克的生意特別好？ 因爲喜歡星巴克不僅僅是因爲一杯咖啡，更重要的是這個品牌中所蘊含的文化、所賦予的一種生活和消費的氣質，作爲一家咖啡店，咖啡品質的重要性毋庸置疑。

星巴克是一家時常不按常理出牌的「任性」公司，在營銷上甚至顯得有些「隨意」，但必須承認，與其他咖啡品牌相比，一直以來，星巴克在「營銷」手法上有著難以超越的過人之處，始終先人一步引領潮流。星巴克是一家高顏值咖啡店，星巴克出現之前，沒有一家店可以如此成規模地因「顏值」、因視覺和精神享受而受到人們青睞。去星巴克是爲了拍照，星巴克甚至被稱爲是一家「以咖啡店爲主題的照相館」。

因爲從店面設計到產品再到產品包裝，它創造了豐富又時尚的視覺元素，品牌的高 加值也由此形成。每到各個節慶或聖誕節就會有最新的設計款馬克杯，使消費者會有衝動想去逛逛，順便消費，在禮盒包裝上也是設計美觀，當然這也是一種營銷策略 ——「美學營銷」營銷好，產品也要跟上，否則營銷會加速產品的死亡。區別於傳統營銷關注理性消費，美學營銷注重消費者的感性體驗——通過調動人們的視覺審美，喚醒他們的內在消費衝動，產生對品牌的認同。

企劃活動主軸及道具製作分析

　　小慈不談論太複雜的理論，一切簡潔明瞭，今天談的是企業對內的活動部份，正確的規劃是必要的。從前的房仲業都是傳統企業開發銷售，在還沒搞清楚奢侈稅前，又來了個「房地合一稅」房市太多未知數，起了大變化，許多店家開始收邊，有些店則密集招募業務，明顯感受到房地產競爭激烈，如火如荼，每間店就像綜藝節目一樣，除了搶業績之外，搶超級業務員更是花招百出，每家店從「店頭風格、業績趴數、業務熱情度、公司制度、公司活動創意度」下去招募，也有同業的主管來找我聊天，我跟他們分享設計的重要性，現在幾乎每間店秘書都被要求需具備基礎設計的專長，你說是不是很激烈呀！

　　小慈的專職是一名「房仲業務員」，但因鬼點子特多，目前本身擁有八年的平面廣告設計經歷，常被總部派遣設計企劃活動或公司產品，願意接下這些活動，當然是小慈本身也要有興趣，另外可以實現一直以來天馬行空夢想中的一部份，最重要的是可以娛樂大家，散播歡樂，散播愛。

活動主軸重點分析：
第一　預算
第二　神秘
第三　主題
第四　互動遊戲
第五　道具製作
第六　是否有要傳達什麼概念
第七　佈置會場執行力
第八　主持人

歲末活動－人體大富翁

　　101 年歲末活動，當老闆邀請我企劃主持此活動時，我只問了一句話「預算多少錢？」老闆想了一下「一萬五千元左右」，我接著問：「包含場地租借？」老闆：「是的，還有慶生會二個大蛋糕」。我說：「OK，我會控制在這個費用之內處理好，只需給我一位執行秘書，所有的進度由我跟執行秘書處理即可，您可以不用操心，內容是秘密，所以不要問我，到時候我會設計邀請卡給大家」。

　　老闆瞪大眼：「什麼，我也不能知道？」我很淡定地點頭：「是的」，老闆吞了口水無奈地：「好吧！」我了解他一時無法接受的心情，有些痛苦，但為了給大家驚喜，只能犧牲老闆了，因為鴨蛋再密還是有縫，如果消息被破梗，一切的效果就會減半，相信我，這是事實。

第一　預算－一萬五千元（含場地費用）
第二　神秘－最好只有你跟執行長知道
第三　主題－大富翁 大家都耳熟能響的主題
第四　互動遊戲－分組，簡單不用太複雜，才能達到娛樂效果
第五　道具製作－跟自己企業品牌有關
第六　是否有要傳達什麼概念－向心力及熱情力
第七　佈置會場執行力－需一名負責任的執行特助
第八　主持人－需有自 high 的功力，最好有酷炫的造型

　　大綱匯整完畢，進行費用分配，或許因為企劃設計到印刷小慈都是一條龍服務，所以真的超級省，不過還是跟大家分享一下。

先將固定支出抓出來，由於經費有限，通常我會到會場勘查，詢問現場有什麼可以提供的服務，桌椅、音樂等…，其餘費用一半會花在主軸上，主軸為「人體大富翁」，顧名思義就是大型的大富翁，尺寸為600X600cm，由人體下去玩的，中間設計老闆及二位店長的Q版畫像，四週格子內容設計一些跟房地產相關的主題，例如：駐點、拜土地公、帶看、賣到兇宅入獄等…。

此活動的難度在於精準的估計，大約會抽中的獎金及購買的禮物，有些禮物先製作成看板，例如：電影票、7-11禮卷等……，有抽中先拍照事後補發，才不會多花不必要的支出，而時間上的設定是參考，還是得看實際活動情況，主持人隨時做調整！

支出表

項目	費用	項目	費用
場地費	3000 元	小禮品	1000 元
蛋糕二顆	1600 元	洞洞樂	600 元
大富翁海報	6000 元		
其他海報	1200 元		
道具	1500 元	總計	14900 元

下午二點同事看見大型「人體大富翁」海報都會心一笑，我們的大腦有個器官長的像海馬，是掌握記憶以及幫助學習的關鍵學名叫做『海馬體』，任何進入腦中的訊息必須先通過它。只要是有劇情、有故事性、有圖像、有趣的，海馬體馬上敞開大門歡迎 ，並送到我們高倍速的右腦去儲存，成為你長期的記憶。所以，活動的設計圖就得要深植人心，每個格子裡設計許多房地產相關的關卡，讓業務樂於其中，而大型的創意海報設計，是本次活動的主軸，相信參加過的同仁一輩子也不會忘記當天的歡樂。

有靈魂的化妝舞會

102 年 9 月份，這場活動是由我自發性舉辦的，由於前面的故事提到，此次回房地產工作只有半年的期限，需要再回去休養增產報國，心裡不捨，看見大家忙於業績，總是眉頭深鎖，所以小慈希望在暫別舞台之前，再給大家一個激勵人心的活動，於是向老闆主動提議這個活動，由於不在公司預計活動內，所以小慈自掏腰包處理，了解我的朋友都知道，錢對我來說，生不帶來，死不帶去，夠用就好。

相信許多人常聽到「化妝舞會」的活動，但一般的化妝舞會就是訂出一個主題，大家打扮好來唱歌、跳舞歡樂、自拍，這樣的設計主軸出來了，但內容是虛的，沒有靈魂，活動結束後，隔天睡醒，您會像是昨天去了一場夜店派對般的空虛。

此活動最難的部份是「讓宅男動起來」，認識我們團隊的冰友都知道，我們的員工是有名的專業及穩定，若是以綜藝界來分析，目前市場上競爭激烈的都是走「偶像派」路線，而我們是走「實力派」路線，實力派的定義大家都了解，就是一點都不活潑的專業人士，只能專注一件事情，所有的體力都奉獻在業績上了，我想這也是老闆最想看見的，但我認為他們不可能只有這樣，只是比較悶騷一定是有潛力的人物，我一定要激起他們內心的靈魂，於是小慈開始策劃這一切。

某天會議老闆給了我五分鐘跟大家報告「化妝舞會」舉辦的日子，我一上台：「月底我會辦一場化妝舞會」，此時有人不屑的在台下滑手機、放空，我在台上看的一清二楚，沒關係，那幾位我會給他們特別的套餐，我說「每個人都要參加，如果你自己有

想打扮的角色，請於下星期一前告訴我，如果星期二沒有通知我，
公司的角色由我設計，不得異議，或是你有想做的角色，可以跟我討論，我幫您製作道具，所有人的角色跟腳本當天才會給你，每個人的角色都有台詞，或是你要即興演出也可以，會有三位評審給分，以整體表現給分，取前十名，最後由全體人員投票，前三名有獎金，預祝大家活動愉快！！」大家聽完都醒了，眼睛放大，嘴色張開開的。

　　星期一晚上，僅有二位致電跟我討論角色，一位要自己準備，另一位想要扮演「熊大」及「兔兔」，當下最夯的話題卡通人物，其餘只有人傳訊息要我給他面具就好，不要露出臉太丟臉，我說：「你確定，未來沒有人知道面具裡的人是你喔！！」，還有緊張台詞太多記不住的，要我給她少一點，其實每個人都不超過三句很簡單的，也可即興演出，因為我只想引出你們內心的瘋狂靈魂。

活動主軸分析
第一　預算－一萬元內（場地費用5000元）
第二　神秘－僅告知活動主題，表演內容及造型都是當天才知道
第三　主題－化妝舞會
第四　互動遊戲－分組表演
第五　道具製作－某幾位的造型是由我親手設計
第六　是否有要傳達什麼概念－勾起大家瘋狂的靈魂
第七　佈置會場執行力－又是我的專屬特助
第八　主持人當然還是我啦！

　　原則上活動行程表只是一個參考值，所有活動還是視現場氣氛而定，以大家的氛圍為主，活動場地也不宜過大，人員太散不好，沒有集中凝聚力。

活動行程
18:00 進場（公佈每個人的角色，發放道具及腳本，換裝）
18:30 用餐（晚餐由老闆贊助）可自行拍照留念
19:00 活動開始（每組輪流上場）
20:30 比賽結束，進入投票，取前三名
21:00 頒獎

　　這次活動原訂 18:00 進場換裝，但換上造型後就情不自禁，瘋狂的在走廊上玩起自拍，再加上用餐，結束時已經 24:00，完全超出預定行程三小時，但大家臉上的笑容已經說明了一切，不想回家啦！！最後隔天不用上班的，還續唱二小時才過癮！！

　　角色分組：復仇者連盟、小叮噹、食神、大野狼、愛麗絲夢遊仙境、環珠格格、熊大兔兔、鐵達尼號、強尼戴普、魯夫、蠻牛廣告、男人！千萬不要剩一張嘴廣告、中元普渡猛鬼篇等……我是壓軸「女神卡卡之海鮮總匯」，頭上一隻生的章魚，到魚市場買的，前天跟媽媽先把它川燙，加上頭套造型再冰凍起來，大家都以為是假的，後來抓下來給大家聞，他們才相信是真的章魚，脖子上還掛了一隻「假龍蝦」，原本是要買真的，但太貴一隻要 2500 元，如果川燙頭掉了，那就好笑了，項鍊是前晚的「大蛤蜊」做的，內褲是海棉寶寶造型，衣服是買晚禮服來改的，哈哈！！因為造型是海鮮總匯，所以舞蹈到一半，本來要剪章魚給大家吃，但太腥了，最後改為請大家吃「鱈魚香絲」，一樣玩得不亦樂乎。

　　老闆的服裝原本是「皇帝」，但被訂走了，只能用「海龍王」頂著了，哈哈，每個人渾身是勁，一個演的比一個投入，看劇照就可以感受大家的熱情，這下老闆終於相信我說的話了，大家只是悶騷，其實都很有潛力的。

太平洋房屋中區尾牙
挑戰自己的極限

　　102 年尾牙剛好輪到本加盟店為主辦單位，看著店長焦急的模樣，嘴裡直嚷嚷著：「天啊！ 怎麼這麼剛好輪到我們主辦？ 我沒辦過尾牙活動，不知道從何下手？」這時我聽見店長的呼喊，那時我已經準備休養中，但心裡總覺得想幫店長，還可以挑戰自己最高級極限，把從前天馬行空的幻想，實現在這次的活動當中，想著想著，腳就很自然的走到店長面前告訴她：「店長我想幫妳企劃及主持本次的活動！」店長感動的都要哭了，接著去找總部的總經理報告，我將協助店長企劃及主持本次尾牙活動，總經理當然開心，因為前幾次的活動辦的有聲有色，獲得一致好評，他對我有信心，也全權交給我來企劃！！

活動主軸分析
第一　預算－正常外聘主持表演及道具花費約 15-20 萬不等
第二　神秘－尾牙活動內容不需公佈
第三　主題－演唱會的氛圍
第四　互動遊戲－FB 打卡送棉花糖、有獎徵答
第五　道具製作－大型道具製作
第六　傳達什麼概念－同仁的舞台魅力，你就是 SUPER STAR
第七　佈置會場執行力－執行長分配好各個環節的接待
第八　主持人－造型及台風

　　這次由於場面浩大，我們提早三個月就開始準備，跟我的執行秘書長一起研究，先開小組會議，討論一般尾牙一直以來的風格，我們是否可以做些改變，傳統的方式當然就是在餐廳用餐，主持人及唱歌、舞者都是外聘，加上抽獎至活動結束，大概光外

聘主持人加表演、舞者三小時花費估計 15-20 萬，抽獎獎項也大約花費 20-40 萬不等，看場次人數。

這次主軸把舞台留給太平洋房屋的業務們，增加向心力，主唱及舞蹈表演者都是加盟店的業務及秘書參與，第一輪開放給各店報名，可以提供表演項目，通常很多店家不會主動提出表演活動，所以我會親自去拜訪認為有實力的業務，進行特殊訓練，我希望他們上台就是「SUPER STAR」。

第二輪　經過百人海選後，挑出了幾位加盟店「佼佼者」，共二組舞蹈表演，一組為流行舞蹈共六位，舞蹈團名為「SEXY DANCE」，每位參與舞蹈的舞者都可以拿到一份，團體設計海報留做紀念，另一組是可愛舞蹈表演「女僕舞」，另外演唱部份分為四組，另有雙人合唱，每場表演我都參與編舞、舞蹈及演唱，才能了解每個環節及進度。

在倒數三個月中，流行舞蹈花費最多時間，因為大家都是業務，需利用下班時間練習，但因經費不足，一開始就遇到進入寒冬的天氣，只能在萬壽公園門口，吹著冷風對著大面鏡子練習，身為主辦人最為難的是，沒有給業務最好的環境就算了，吹著冷風練習還沒有酬勞，真心感謝大家對這場活動與小慈的支持，還好第二個月有善心人士提供他們社區的瑜珈教室給我們練習，讓我們可以不用飽受寒冷之苦。

第一個月趕進度，初步練習舞步，一星期 1-2 次，雖然都定在晚上七點至九點練習，但大家都是業務，有時會影響到時間，我也沒辦法太過嚴厲，畢竟這是一場友誼之舞，沒任何酬勞的工作，常常到八點才集合，過了一個月的練習，發現有些人的進度

太慢，我就得花時間再加場幫這二位加強，最後一個月是每星期二次，團員一起到逢甲挑選團服，我們只用配色下去搭配，並非穿同一套衣服，一起逛逢甲時，彷彿回到大學生活，一群朋友吃喝玩樂，一起努力打拼的去完成一件事情的喜悅，是我最滿足的，挑選好服裝後，進行劇照拍攝，有個人的、團體的，經過我加工設計後，出爐一張我們 SEXY DANCE 的團隊海報，還有粉絲的手拿牌，增加現場活動的熱情氣氛。

「女僕舞」是穿插在抽大獎之前的舞蹈表演，因為舞蹈簡單有趣，很快上手，所以只練習一個月四次，每次都會錄影起來，團員自己回家練習，謝謝二位美女秘書友情贊助。接著是四組演唱實力派歌手，我們第一次先到 KTV 進行第一輪的選歌，他們唱出最拿手的三首歌，我從中選出一首，感覺他最能駕馭的歌進行練習，第一次讓大家看歌詞，第二次就不能看歌詞，一開始大家很抗拒不能看歌詞的事情，我說：「看什麼歌詞，看歌詞很像那卡西耶！！俗氣又台，沒辦法抓住台下粉絲的目光的，你們有看過演唱會的藝人在看歌詞的嗎？ 你們要想像自己就是 SUPER STAR，場觀眾都是為了你而來」慢慢地大家就越來越不要臉了，哈哈！！

這次就是希望把舞台打造成演唱會般的閃耀，道具當然少不了了，演唱會的基本配備就是「大型螢光棒」及燈光效果，如果你在跨年夜買路邊的一支大約 80 元，如果去一般的氣球館，量超過 50 支大約一支 50 元，當然我是找到大盤商拿到最滑算的價格，還有一些黃色小鴨的氣球，在演唱會時可以灑到台下給粉絲，可以想像那畫面多麼 high 啊！！

當然你會問，餐廳不是都圓桌嗎？大家都乖乖坐在座位上，你們又不是真的藝人，誰要到舞台前跟你們歡樂，叫不動的啦！！

我說：「當然叫不動啦！不是我們去叫，讓鈔票去喚醒他們的慾望吧！」我設計了二顆巨無霸大型氣球，懸吊在舞台前面二側，舞者及演唱會前，主持人就會告知台下的同仁，這二顆球裡有樂透彩卷及刮刮樂，也許今天你不用等大獎機車，就成為百萬富翁嘍！！立馬舞台前就客滿了，這就是人性！！

接著就是現場的道具佈置，以往摸彩箱就是那種紙箱，外層加包一層俗氣包裝紙，這次我設計了一台幻想中的「**大型地產販賣機**」，想像您買了一塊土地，只要在販賣機上投幣，按下您想要的那戶，24 小時內就會蓋在您的私人土地上，是不是很酷！！這台「大型地產販賣機」高 330 公分，寬 180 公分，就是一層樓的高度，如何製作呢？

當然我們只是小平民不可能請工廠客製化，所以開車到工業區找了許多家紙箱工廠詢問，紙箱尺寸最大就是 100 公分高，否則我們也載不了，最後就是分三層來設計，再拼接起來，訂製好紙箱，再找一個空曠的地方進行貼圖，過程中困難重重，因為作品很大，在拼貼需要細心與專注，有些地方只有二個人真的沒辦法完成，最後是一位路人一起來幫忙完成這項作品，我們從白天做到黑夜，完成後心裡覺得開心，這輩子居然有機會可以完成幻想中的作品，開心的將成品放入倉庫，此作品命名為「**同心協力**」，它是一台大型摸彩箱，投幣口在最上層，除非你身高 200 公分，否則必須與您的同事們同心協力完成投入摸彩卷的儀式。

當初太平洋房屋還沒有設計出太平小羊吉祥物時，我自己先設計了一款吉祥物，是「**太平猴**」及「**洋妞兔**」，洋妞兔是住在美國，設定他們是到在太平洋認識的，於是使用了吉祥物設計了一款「有獎徵答摩天輪」，由房地產業務的行程下去設計，從派報、

駐點、帶看、複看、收斡、面談、機會到成交，設計出活潑可愛的有獎徵答摩天輪，而有獎徵答裡會出現的題目，都是入口處的道具設計及房地產基本常識，台下猜中的同仁，可以上台選擇一個摩天輪，大部份都是電影票或禮卷類，另外將禮卷皆設計成大型看板，才能達到拍照效果。

為了免除大家進入會場等待時的無聊時刻，另設計「太平猴」及「洋妞兔」的人型立牌，提供拍照打卡，即送出 100 支「超大支棉花糖」，送完為止，當時現場整個門口是擠到爆炸，門口安排六位少爺保鑣，打著紅色大啾啾，為大家教學打卡的方式與接待！本場活動動用了許多人力，小慈另設計一個大型看板，將每個辛苦的工作人員都一一列出，感謝他們的熱情與支持！為紀念這偉大的時刻，小慈另設計一款 1 比 150 的小模型留做紀念，一邊製作一邊回味，我的好幫手執行長，每天忙完總部份內的工作後，再前往我的公司跟我一起製作道具，常常加班到 12 點才收工，卻沒有一句怨言，我想這就是賈伯斯說的「熱情」，真心感謝她的協助。

本次尾牙活動，小慈主持也要表演，所以另外聘了一位年輕有為的主持人一起站台，小慈三個小時內換了五套衣服，說是藝人辦演唱會真是不為過呀！ 最後直接在舞台旁設置一個我的更衣室，每到變裝時刻，台上的主持人就開始起鬨，台下的同仁也是佩服萬分，搞的像變魔術一樣刺激，讓大家看見我敬業的精神。

最後二週的時間，重新將行程表再到會場採排一次，進行修正再修正，音控師也要跟燈光師配合，什麼時候要關燈，才能達到我們想要的舞台表演燈光效果，希望當天平民超業能打造出令人驚艷的活力尾牙場。

現場佈置及表演活動費用，我僅花費三萬元完成，為團隊省下約十幾萬元的基金，因為全部自己設計組裝，覺得很有成就感，超級省但效果卻異常的好，這就是企劃的重要性，您要把錢的運用分配在有效果的地方。

造窗心情:

不跟別人比較，只跟自己比賽，挑戰自我，學無止盡，智慧是拿來奉獻的，散播歡樂、散播愛，是我的使命，我找到了。

在這特別感謝我的執行長顏x萱小姐，她這三個月的陪伴，認真負責態度，使我放心許多，每天下班主動來店內陪我做道具，常加班到12點，她也無怨無悔，尾牙前天晚上，我們將作品做到最完美，忙完已將近凌晨一點鐘，收工時，她突然感動到哭了，投入一件艱難的任務，一開始需要的是勇氣，然而堅持下去得到的成就感是如此動人，這份革命情感已經深深的烙印在彼此的心裡，這場活動結束後，看到每位同仁帶著笑容回家過年，是我們最大的快樂與滿足，再次謝謝公司老闆給小慈這個機會發揮。

「春酒」– 大搬家

　　106年2月份，事隔三年沒辦活動，總經理已經邀請我好幾次，但都被我婉拒，因為再回到業務單位真的相當忙碌，還跟同事合作，不方便再把心思都投入在辦活動上了，怕對不起同事，因為了解自己的個性，如果接受了一定會很投入在活動上，沒辦法兼顧工作，但這次因為是春酒活動，接近過年也是我們房仲業進入淡季的時候，所以才接了這場活動。

活動主軸分析
第一　預算–收支明細表
第二　神秘–寄發邀請卡請同仁著紅色衣服或配件、一個環保袋
第三　主題–大搬家
第四　互動遊戲–大家一起來拼圖
第五　道具製作–準備每個節目的場景，影片剪輯
第六　傳達什麼概念–與磐石有約的節目，傳達真實的友誼及情感
第七　佈置會場執行力–執行長分配好各個環節的接待
第八　主持人–造型

收支明細表
活動人數約 60 人

項目	費用	項目	費用
大搬家物品	15000 元	餐敘外燴	1400 元
慶生蛋糕 12 吋	960 元	紅酒	老闆贊助
道具、海報	3200 元	抽獎獎項	6000 元
頭獎機票	15000 元		
總預算約	54160 元		

活動流程：

14:00 入場著紅色配件可領取摸彩卷

14:30 大搬家

15:00 第一輪摸彩

15:20 勁舞

15:30 爵士音樂時間

15:50 磐石拼圖及慶生

16:35 第二輪摸彩

16:40 與磐石有約

17:40 自助吧

17:50 第三輪摸彩

18:00 我是演說家

18:30 未來展望分享時間

　　本次活動是我們太平洋房屋中區磐石團隊，四間直營店聯合舉辦的「春酒」活動，過完年新春的第一場活動，新年新氣象，什麼東西大家最愛？ 當然是免費的、稀有的、搶來的，沒錯，還記得十幾年前的綜藝節目中有過這項活動嗎？ 他們是在賣場裡搬，在時間內搬多少算多少!! 我們當然沒辦法到那去舉行啦!!老闆會破產，所以我們在自己的加盟總部場地中舉辦，個人辦過這麼多場活動，覺得我們總部的場地大小是最適宜的，可容納 60-100 人的場地，不會太小，也不會太大，剛剛好。

　　活動內容一樣保密到家，做道具也都要偷偷做，保持神秘感，業務只能猜活動為什麼要帶環保袋，要做什麼？ 直到活動當天，同仁一進會場才會有驚喜，看到會場就會明白為什麼要準備環保袋了!! 有些同仁很賊，看到之後偷溜去跟秘書要大垃圾袋跟麻布袋，算是很機靈啊！

大搬家的東西都是到家樂福選購，實用的日常生活用品，例如： 最實用的衛生紙、牙刷、牙膏、口罩、洗衣粉、環保袋、飲料、餅乾、等…………，記得千萬不要開車去買，可以去現場看完，直接在網站上購買，讓他們宅配到公司即可！！

　　一開門大家又開始好奇的看著這山禮物，研究著等一下要怎麼搶才可以拿多一點，我怎麼可能讓他們這麼好對準目標，當然是有機關的啦！！ 哈哈！！

　　大搬家共六十人，分為二組，30人圍成一圈，第二組在他們的後面，音樂一下就開始轉動，大家先往右走，看著大家的眼睛直盯著禮物，等我吹下哨子，大家飛撲過去，搶完全部後，第二組的人馬幫他們拍下「戰力品」，第二輪的禮物再由工作人員倒入第二批，進行第二輪的大搬家，大家已經沒辦法控制了，第二輪哨子一吹，第一輪的也偷溜去搶了，我心想：「家裡是有沒有這麼欠衛生紙啊！！」哈哈！！ 總之大家玩的開心最重要嘍！！

　　接著是活動必備的勁歌熱舞表演，我們一樣找了五位同仁及同仁的孩子一起表演，練習了二個月左右，從公司練習，到客戶有鏡子的家，最後二次再到社區租借場地練習，希望我可以一直跟年輕人們勁歌熱舞，永不停息！再來是爵士音樂時間，大家放鬆的坐在地上，享受著他們美妙的歌聲，品嚐著總經理贊助的紅酒，就像每年的爵士音樂節般的Relax，二位同仁也各自在家練習多次，活動前一個星期再一起在公司練習，感謝二位同仁友情贊助他們的歌聲及吉他！！

　　接著是拼圖時間，每個人抽出一張牌，一個個放進拼圖板上，慢慢完成這68張大拼圖，一起同心協力完成磐石團隊的大LOGO。

再來是「與磐石有約」的節目，現場的佈置，有沙發有花瓶造景，就像小燕有約一樣，只差沒有一隻柴犬，哈哈！我是主持人，在活動前一個月就找了幾位特別佳賓，進行錄影變聲，讓大家猜猜他是誰，猜中有獎品，一位單純的秘書，曾經被某位同事罵到哭，但經過長時間的相處，在她遇到困難時，這位同事總是在旁鼓勵她，所以她藉由這次機會來感謝他！大家猜出是誰後，我就會邀請雙方到節目中來採訪！透過採訪讓對方知道，原來你的鼓勵，對於他來說是如此重要，也讓彼此更珍惜這份難得的緣份！！

　　影片錄製完，為達到完美效果，我又花了二星期進行剪輯配音加上字幕特效，自己有時候會覺得，人的潛力是被激發出來的，原本我根本不會剪輯，但又不好意思麻煩這些秘書，因為我想要的效果我自己最清楚，所以乾脆自己研究比較快，事實證明有心就能完成目標。

　　到了晚上用餐時間，進行自助吧餐敘時間，最後一個節目「我是演說家」這個節目邀請「有故事的人」來跟大家分享，算是練練膽量及談吐！那天我邀請了一位新人自我介紹，他為了三分鐘準備了二星期，期間我請他給我稿子，教他如何說會更好，一開始他像唸經一樣，報告他 18 歲到 25 歲做過的八份工作，我問他哪一個特別？他說不出來，我說你這樣的演說方式，很像在報告流水帳，我早上七點起床，接著刷牙、洗臉、吃早餐，我問他：你覺得這有趣嗎？ 他搖搖頭，所以我將他的稿子換個方式說，我希望他跟台下的人有互動，所以，他改成：「請問在場的人有沒有 25 歲以下的，只有一個舉手」，他再問你從小到大做過幾份工作？對方說：「二份」，他說：「我目前已經做過八份」，這是我教他的開場，是不是好多了，後面他就比較不緊張的分享他的故事。

我也準備了一份自己簡短的故事，做了 PPT 讓大家更了解小慈，其實樂觀的人並不是因為他的生活一直很順遂，而是他能夠在短時間內「轉念」，我的開場是：「你們現在看到的我，是我進出房地產的第五次」，有朋友曾問我，妳每次都被迫休息，妳怎麼沒有想說是不是不適合這個工作？ 我告訴他：「我是不得以的情況被迫離開五次，但我鍾愛它的心一直沒變，就像賈伯斯所說的「你必須找到你所鍾愛的東西，因為它是你成功堅持的動力」。

造窗心情：每個人都有自己的故事，如果有天你發現，你有能力可以改編劇情，我想你的人生就會不一樣了，而我所謂的改編劇情，就是「轉念」，不管您是遇到了什麼鳥事，你都可以把它寫在你的日記裡進行改編，也許你會發現有趣的事就發生了，許多的童話故事及小說就是這樣寫出來的呦！！化悲憤為力量，久而久之你就會成為「金鋼不壞之身」，願每個人都能夠擁有這樣的能力，什麼鳥事都可以輕鬆面對，讓世界更加美好！

實現媽媽多年來的願望
南投大集合

　　南投是老爸的故鄉，自從結婚後就搬到台中，阿嬤過逝後就比較少回去南投，二年前南投伯母中風，情況一直沒好轉，孩子長大後，也都各自搬出成家立業極少聚會，長輩們一直渴望大家可以再團聚，但心有餘而力不足，那天陪老媽回南投老家走走。

我問：「老媽妳的夢想是什麼？**我是神燈可以給你一個願望！**」
老媽嘆了一口氣「唉！第一　當然是伯母的病情好轉，希望大家可以回來南投三合院聚一聚，不過我知道很難啦！大家都在外縣市，要我們這四代同堂一起再拍個全家福還真不容易啊！」
我說：「好！我想辦法幫你實現夢想！你等著！」

　　隔天我立馬上 FB 肉搜堂姐們，私訊後加入賴，另開一個「南投大集合」的群組，從 1 個人到 40-50 人，在群組裏我負責活動道具準備、企劃主持，南投堂哥堂姐們負責準備當天的食材及場地帳棚卡拉 OK 租借！為了抄熱氣氛一定要不斷地 PO 出你們準備的進度在群組上，使大家感受到這場活動的用心。

　　於是 24 年來舉辦了第一場南投全體大集合，所有第一第二代的長輩完全被蒙在鼓裏，當天四代都齊聚一堂！人數多達百人，相當狀觀！搭配道具帶來的笑果，大家樂開懷。甚至連曾經有所誤會的兄弟檔，從來不同時出席，也一起出席力挺！另外還有一個離家好幾年在外打拼的哥哥也聞訊回來團圓！當天最令人感動的一件事情就是，那病情嚴重到無法辨識出誰是誰的伯母，那天受到了我們幸福歡樂的氣氛而瞬間病情突飛猛進！照片中的她坐著輪椅，還自己比了 YA！我們都看傻了！

南投大集合

這難得的南投大集合，一定不可錯過
歡慶母親節，歡迎大家一起來熱鬧！！

10:00 中庭集合（將禮物送至服務處）
　　可以開唱囉~~

10:30 備午餐. 團拜. 大合照 務必到場

11:00 開動用餐 哪踏史時間~
　　模範母親頒獎時間~~~

12:00 交換禮物 以200元為基準
　　大人小孩皆可玩

13:00 趣味競賽 分組競賽

14:00 K歌時間 盡情歌唱

15:00 準備烤大豬

17:00 準備回溫暖的家

久違了24年的大家 **南投大集合** 圓滿成功
Happy Mothers Day
106年5月7日

造窗心情:這場活動完完全全融化了每個人的心,絕對是大家的意念,讓這場活動完美圓滿!相信這一天將永遠在你我心中!長輩的夢想通常很小卻很難!需要您的用心及耐心才能一起邁向幸福的未來,願小慈也可以把這份感動傳遞給更多人!

最後還是介紹一下我們當天請來的「龍城烤全豬」,申氏家族在烤山豬的技巧可說是絕頂一流,酥脆好吃。人數如果多,場地夠大,來隻烤山豬是真的不錯!價格也很合理,一隻大豬烤到好,大約一萬六至一萬八左右!

公益及愛心
一份禮物是心意，加上行動是執行力

　　我們太平洋房屋台中磐石團隊，每年年終都會送愛到森林小學，先做市場調查，了解小朋友他們學校缺些什麼，以及小朋友們想要什麼禮物，我們再盡可能去滿足他們的願望。

　　每次辦的「大手牽小手」的公益活動，公司都會先派我們到現場去勘查，再討論怎麼準備活動內容，因為已經辦很多年了，內容不加贅述，這幾年房仲業也受到同業的感染，紛紛做起了公益活動，有些人會覺得我們在做戲，不是說應該「為善不欲人知」？這句話是沒錯，但有些人就是需要感染力，當他看見別人在做，並且開心愉快，他也會跟著動起來，有多少能力就出多少力，沒有錢就出力，這個社會才會越來越好，不是嗎？

　　三年前的森林小學公益活動，那位小朋友我們到現在都還有在聯絡，有空我還會帶他們全家去附近走走，請他們全家吃飯，他們也很熱情，爸爸如果有採收水果也會寄一箱來給我，而我自己如果拜拜需要買乾糧，也會買一些他們需要的寄過去給他們，其實這些都沒有多少錢，我要說的是「一份愛的感覺」，沒有血緣關係依舊可以擁有滿滿的愛，這個孩子心中充滿著愛，相信她長大也會把這份愛給傳遞下去，這就叫做「傳承」。

　　如果你是個人戶，也可以做許多簡單的公益活動喔!!小慈再跟大家分享一下吧!!有時候會一邊駐點一邊募發票，例：買公益彩卷、捐血、搜集發票或物資捐給弱勢團體、到育嬰院幫忙等……，從小事做起，相信我，您完成後，您的內心會充滿著愛與滿足感，願每個人都可以為這個社會盡一份心力。

只要是發自內心的付出
小愛心也可以累積福報喔！

　　助人為快樂之本，施比受更有福，諺語說：「愛是一個口袋，往裏進是滿足感，往外拿是成就感。」我們受到別人的幫助，得到的是滿足，去幫助別人，得到的是成就感和快樂。

公司週邊商品設計

103 年回到總部幫忙中區加盟總部設計週邊商品，例：公仔、L 夾、MENU、信封袋、信紙、雨傘、袖套、紅包袋、公車車體等...許多人笑我傻，不去做業績做設計，又沒賺多少錢，但如果透過我的努力使公司更好，相信大家會更開心，業績只是個人的，成交只有你一個人賺錢，但他們不會因為你有業績而生活更好。

吳念真導演在微電影中感念他的啟蒙老師-儉春伯，是他讓吳導明白『知識存在的意義』，然而『當我們有能力了，有知識了，會不會記得我們曾經被幫助過？』影片最後吳導說：「知識不光是用來謀取利益的，知識是可以用來奉獻的，知識是可以用來幫助別人的」。

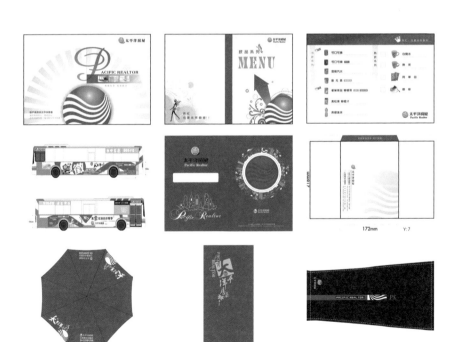

興趣玩到出神入化
帶給別人利多，不怕沒人脈

　　小慈興趣廣泛，因為有一顆「不安於室」的心，總覺得要像海綿寶寶一樣，不斷的學習才覺得自己還活著，充滿色彩的人生，我的生命才有價值。

　　這樣一來跟客戶朋友有許多的話題可以聊，才不會拘泥於本業，讓人覺得有壓迫感，許多客戶朋友都會來請教一些興趣上的東西，我會跟他們無私的分享，進而成為很好的朋友及客戶，建議多充實自己，「你若芬芳，**蝴蝶自來**」。

幫客戶拍婚紗照
格林奇幻森林 婚紗攝影基地 – 懶人最愛
地址：苗栗縣西湖鄉高埔村筧窩 7 號

5 人以內攝影團隊 收費 NT 2,500 元 / 次
※ 5 人團隊僅提供 1 台專業相機拍攝、1 輛車免停車費。

幫客戶做婚紗道具
雙囍臨門

幫客戶設計 LOGO 名片及招牌
樂培坊手作烘焙教室
TEL：04-2707-0876
地址：西屯區文華路 138 巷 20 號

　　這客戶是十年前，我在做大樓秘書時，社區裡的住戶，當時跟他們感情都很好，我幫社區辦活動，跟他們一起練舞，沒想到十年後，她透過 FB 找到我，跟我分享她開這家店的理念，我相當認同，她也是一個散播歡樂、散播愛的老闆娘，她本身是營養師，所以希望可以教更多人學習到正確又健康的手作烘焙，大家如果有想送客戶手作餅乾或是送另一半蛋糕，都可以去學習喔！

約書亞文理短期補習班
TEL：04-2252-3330
地址：中市南屯區河南路四段 334 號

　　這個客戶原本是開在黎明社區內，小小一間只可容納 5-8 位學生，但他們夫妻一直認為孩子的學習是該走出戶外，不該是填鴨式教育，帶著孩子去體驗去探索，讓他們在過程中去感受如何跟大家互動，他們期待訓練出來的孩子，除了知識的追求之外，還能勇於探索及對於未來充滿自信與活力，我聽完他們的理念覺得很棒，算是滿創新的思維，從他們的裝璜也做了大大的突破，我從 LOGO 名片及招牌設計，也參與他們的裝璜設計，目前已開業將近二年，生意越來越好，準備再加開一間，因為現代人孩子生的少，每個家長都希望孩子有一個健全的學習教育環境，祝福他們生意興隆！

　　小慈希望有夢想的人，可以透過我們彼此地溝通，跟我分享您的理念及規劃，我會盡全力去協助你們，設計費也會部份做為公益捐款，讓我們一起幫助更多需要的人，把這份愛傳遞下去吧！！

勝祥機車行

TEL： 02-23033926

地址：台北市汀州路一段358號

　　這位客戶是我姐夫的哥哥，雖然他很年輕，但還是要叫聲「大伯」，這間機車行是從親家那年代就開始做了，已經有40幾年歷史，他們做事細心，客源都很穩定，這二年已放手給兒子來接管，大伯跟我一樣「雙魚座 B 型」天馬行空樂天派，有夢就去追，不斷嚐試著新鮮事物，前幾年他去澳洲留學，還去過許多獨特的國家，記錄了很多稀奇古怪的事物，挺有趣的。

　　回國後接管機車行，便打算重新設計 LOGO 及招牌，找了我討論，因為他出國探險的際遇獨特，曾上過雜誌，而這張若隱若現的「全裸」照，成為他的代表作，我就將這張圖結合在他們的店名上成為 logo 還不賴吧！大伯平常也是個閒不下來的人，放假就一定要上山下海，不然就是學一些獨特的樂器，或是用廢料設計成實用的工業產品，也算是個奇葩，我想他跟我一樣，覺得活著就是要勇敢去追夢，不要只想著賺錢，要活出精彩的人生，當然也要有個全力支持的另一半，祝福他生意興隆，每個夢想都達成！

波比設濟 SUPER TZU

SUPER TZU

設計作品

其他類作品請至「超業小慈 – 造窗女孩」痞客邦

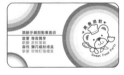

DM 型錄

造窗女孩 SUPER TZU

老天為你關了一扇門，就會再為你開一扇窗

作　　　者	張慈芸
總 編 輯	張慈芸
封 面 設 計	張慈芸
內 頁 設 計	張慈芸
插 畫 設 計	張慈芸
美 術 編 輯	張慈芸
完 稿 印 刷	張慈芸
出 版 發 行	張慈芸

經銷代理商	白象文化事業有限公司
經銷商地址	台中市東區和平街228巷44號 (經銷部)
經銷商電話	(04) - 2220-8589
初版一刷	2018年7月
定　　　價	360元

國家圖書館出版品預行編目資料

造窗女孩 / 張慈芸 著. - 初版. - 臺中市

張慈芸 ，2018.07

ISBN 978-957-43-5691-1 (平裝)

1.成功法 2.生活指導

177.2　　　　　　　　　　　　　　　107009802